浙江省哲学社会科学重点研究基地（浙江省浙江历史文化研究中心）课题成果（编号：13JDLS03YB）
浙江省社会科学界联合会年度立项课题成果（编号：2012N010）

民间信仰的湖州镜像

一种区域社会视野下的『公共知识』探究

施敏锋 著

浙江工商大學出版社
ZHEJIANG GONGSHANG UNIVERSITY PRESS

图书在版编目(CIP)数据

民间信仰的湖州镜像：一种区域社会视野下的“公共知识”探究 / 施敏锋著. —杭州：浙江工商大学出版社，2016.9

ISBN 978-7-5178-1617-1

Ⅰ. ①民… Ⅱ. ①施… Ⅲ. ①信仰—民间文化—研究—湖州市 Ⅳ. ①B933

中国版本图书馆 CIP 数据核字(2016)第 079336 号

民间信仰的湖州镜像

——一种区域社会视野下的“公共知识”探究

施敏锋 著

责任编辑 王黎明
封面设计 林朦朦 肖晓舟
责任印制 包建辉
出版发行 浙江工商大学出版社
(杭州市教工路 198 号 邮政编码 310012)
(E-mail:zjgsupress@163.com)
(网址:http://www.zjgsupress.com)
电话:0571-88904980,88831806(传真)
排　　版 杭州朝曦图文设计有限公司
印　　刷 杭州五象印务有限公司
开　　本 710mm×1000mm 1/16
印　　张 12.5
字　　数 193 千
版 印 次 2016 年 9 月第 1 版 2016 年 9 月第 1 次印刷
书　　号 ISBN 978-7-5178-1617-1
定　　价 39.00 元

浙江工商大学出版社营销部邮购电话 0571-88904970

目　录

第一章　“民间”何在　谁之“信仰”

信仰，又作仰信，信心瞻仰之意。信，即信奉。仰，即仰慕。《现代汉语词典》(第6版)对“信仰”的解释是：对某人或某种主张、主义、宗教极度相信和尊敬，拿来作为自己的榜样或指南。古斯塔夫·勒庞说：“在人类所能支配的一切力量中，信仰的力量最为惊人。”①近年来，所谓“信仰危机”等信仰问题纠缠着中国人，也纠缠着中国社会的各个阶层。实际上，无数中国人心中并不缺乏自己选择与认定的信仰。然而，人们需要的信仰是什么样的信仰？是为了什么去信仰？在丰富多样的信仰关系面前，这些信仰能够给人以真实的关怀，或提供彼此认同、建构社会诚信的伦理规范吗？这是问题的关键所在。而其中的重大问题，即民间信仰，是不是中国人信仰的基本构成？如果民间信仰已经成为中国人信仰的一个部分，那么关于“信仰危机”或“信仰缺失”的议论，是否已经包括了在中国基层社会具有普遍影响的民间信仰？如果没有把民间信仰包含在这些问题之中，那是什么价值判断方式把民间信仰排斥在中国人信仰的范畴之外？从古至今，大多数民间信仰蛰伏在社会基层，但根深蒂固，生机不绝。自五四运动之后，近代化、现代化的浪潮席卷中华大地，民间信仰跌入低谷，逐渐式微。改革开放之后，社会结构的变革引起利益格局关系的调整，出现利益主体多元化，导致社会文化的多元化。社会发展的日益宽容，使各种精神信仰文化获得蓬勃发展的空间，当代民间信仰的崛起，已经日益成为引人注目的社会现象。② 所以，我们认为，在考虑中国人信仰问题的时

① [法]古斯塔夫·勒庞：《乌合之众：大众心理研究》，冯克利译，中央编译出版社2004年版，第128页。

② 习五一：《当代社会民间信仰的一个雏形》，《中国民族报》2007年4月24日，第6版。

候，如果遗忘了民间信仰，那么有关中国人信仰的议论或研究可以说是不完整或者是不充分的。

一、缘起与学术史回顾

民间信仰作为一种社会文化现象，在20世纪二三十年代就曾有不少学者关注与研究，如顾颉刚、钟敬文、李亦园等人。20世纪80年代后期，伴随着中国社会史与社会文化研究的不断深入，作为民间社会文化重要组成部分的民间信仰，开始受到国内外历史学、民俗学、人类学和社会学等方面的关注，民间信仰成为全面了解中国传统社会和普通民众的一个独特视角。这些研究大多集中在国家与社会的关系方面，考察民间信仰与社会秩序、民间信仰与社区活动及其内部规则，或者考察民间信仰的仪式，把"民间信俗"作为非物质文化遗产进行研究，使民间信仰成为中国社会文化和信仰研究领域一个备受关注的热点。可以预见，民间信仰作为观察中国传统社会的一个独特视角，特别是在中国社会经济进入新常态、传统文化得以不断复兴的时代背景下，民间信仰研究在未来仍将会是学术领域的一大热点。

（一）民间信仰及其研究价值

学界对"民间信仰"的认识基本上是"众说纷纭"，社会学、人类学、民俗学、宗教学、民族学、历史学莫衷一是。其最根本的分歧在于：民间信仰究竟是不是宗教？如果是宗教，又是一种什么样的宗教，其内容、传承方式等又有什么用处？部分学者认为民间信仰不是宗教，如乌丙安认为民间信仰"是指从远古传承下来的在民间广泛而普遍存在的日常信仰事象"①，并从组织机构、崇拜对象、最高权威、规约戒律、固定场所、宗教意识等十个方面对民间信仰与制度化宗教进行了区分②。钟敬文认为民间信仰"是在长期的历史发展过程中，在民众中自发产生的一套神灵崇拜观念、行为习惯和相应的仪式制度"③，代表了民俗学界对民间信仰研究的普

---

① 乌丙安：《中国民俗学》，辽宁大学出版社1985年版，第242页。

② 乌丙安：《中国民间信仰》，上海人民出版社1995年版，第2页。

③ 钟敬文主编：《民俗学概论》，上海文艺出版社1998年版，第187页。

遍性认识。赵世瑜认为:“所谓民间信仰,是指普通百姓所具有的神灵信仰,包括围绕这些信仰而建立的各种仪式活动。它们既是一种集体的心理活动和外在的行为表现,也是人们日常生活的一个组成部分。”①王守恩认为:“民间信仰是非教徒民众的超自然信仰。这种信仰的主体是广大普通民众,对象是超自然的各路神仙鬼怪精灵,内容是与神灵崇拜相关的各种观念及活动,神灵崇拜是民间信仰的核心。”②

而相当一部分学者则认为民间信仰是一种宗教体系。在李亦园“普化宗教”③的基础上,余欣提出了“民生宗教”的概念,并初步构建了理论框架④。还有学者主张“依据中国汉族自发的、固有的宗教实践崇拜的对象是所谓神仙”命名为“神仙教”⑤。最有代表性的是牟钟鉴提出的“宗法性传统宗教”的观点,他认为:在中国历史上,于佛道儒之外,确实存在过一个绵延数千年的正宗大教,它以天神崇拜、祖先崇拜和社稷崇拜为主体,以日月山川等百神崇拜为翼羽,以其他多种鬼神崇拜为补充,形成相对稳固的郊社制度、宗庙制度,以及其他祭祀制度,它的基本信仰是“敬天法祖”。它没有独立的教团,其宗教组织即是国家政权系统和宗族组织系统,天子主祭天,族长家长主祭祖,祭政合一,祭族合一,既具有国家宗教的性质,又带有全民性,故也可以称之为“传统的国家民族宗教”。它的崇拜对象大致有天神、地祇、人鬼、物灵四大类。它的经常性宗教活动是郊祭天地,宗庙祭祖,坛祭社稷、日月星辰,连带祭祀各种神灵。⑥ 刘道超在“宗法性传统宗教”的基础上又提出了“社祖教”的观点,认为“社神、祖先神既是众神的中心或皈依,同时也是民众信仰的中心。社神是民众信仰的地缘中心,祖先神则是血缘中心。后者将同一姓氏的宗族凝聚在一起,

---

① 赵世瑜:《狂欢与日常——明清以来的庙会与民间社会》,生活·读书·新知三联书店 2002 年版,第 13 页。

② 王守恩:《诸神与众生——清代、民国山西太谷的民间信仰与乡村社会》,中国社会科学出版社 2009 年版,第 3 页。

③ 李亦园:《人类的视野》,上海文艺出版社 1996 年版,第 274 页。

④ 余欣:《神道人心——唐宋之际敦煌民生宗教社会史研究》,中华书局 2006 年版,第 21 页。

⑤ 石奕龙:《中国汉人自发的宗教实践——神仙教》,《中南民族大学学报》(哲学社会科学版)2008 年第 3 期。

⑥ 牟钟鉴:《中国宗法性传统宗教试探》,《世界宗教研究》1990 年第 1 期。

前者则将同一地域的不同宗族结合在一起。二者相互依托、补充、支撑起中国民间信仰之广阔天地"[①]。

应该说,这些观点对我们进一步探索、理解中国民间信仰的特点、本质及规律是有非常大的启发意义的。从研究的方便性出发,我们以王健对"民间信仰"的定义作为基准,即民间信仰是指"与制度化宗教相比,没有系统的仪式、经典、组织与领导,以草根性为其基本特征,同时又有着内在体系性与自身运作逻辑的一种信仰形态。就崇拜对象来说,一般而言往往包括三类:一是非生物,如日月星辰、山石水火等;二是生物,主要就是指动植物;第三类就是以突出人物为原型的超自然的鬼神崇拜。在这三类中,前两类随着社会的发展,在民间信仰中所占比例呈下降趋势。"[②]本书以地处江南太湖流域的湖州为研究对象,因此,所涉及的绝大部分民间信仰也以第三类为主,其他两类则由于本身存在数量少而少有涉及。事实上,在中国汉族民间信仰中也正是第三类要比前两类有着更为丰富的内涵。[③]

社会信仰是不同类型的个人信仰相互作用的结果,是特定文化共同体的普遍性信仰。传统社会没有真正的社会信仰,因为传统社会的神圣性表达,基本上都是委身于一个或多个具体的体制宗教。只有当社会的神圣性超越了具体的体制宗教所必需的神秘主义限度时,一个社会的社会信仰、个人信仰才有可能被显现出来,并在社会的普遍层面进行实践。实际上,社会信仰在理论层面上不仅与现实社会没有丝毫矛盾,还是现实社会整合的价值基础。就社会学意义来说,社会信仰指的是底层社会价值意识,以至整个底层社会公共生活中宗教性的建构,它可以经由一系列的信仰象征、神圣化符号和信仰仪式,使底层社会的具体社会经验、人际

---

① 刘道超:《筑梦民生——中国民间信仰研究》,人民出版社 2011 年版,第 68 页。

② 王健:《利害相关:明清以来江南苏松地区民间信仰研究》,上海人民出版社 2010 年版,第 13 页。

③ 在民俗学中,对民间信仰一般都取一种狭义的理解,主要是指以具体的神灵崇拜为中心的一种信仰形式。本书所指称的民间信仰主要是广义上的,即姜彬先生提出的民间信仰"四大系统":原始时代遗留的各种崇拜,如自然崇拜、图腾崇拜和鬼灵崇拜等;民间的迷信组织和信仰活动,如占卜、厌胜、巫医、禁忌、符咒等;民间的习俗信仰,包括生产习俗信仰、生活习俗信仰和岁时习俗信仰;宗教信仰和数量众多的民间鬼神信仰。参见姜彬主编:《吴越民间信仰民俗》,上海文艺出版社 1992 年版,第 12 页。

交往被赋予一种神圣的普遍意义，并要求个体守护和遵守。因此，民间信仰作为一种民间叙事形式，个体能够基于民间信仰建立起底层社会的基本共识，体会出人之为人、神之为神、社会之为社会的共同价值纽带。个体借助于民间信仰的实践与表达方式，呈现一个底层社会、人际交往、善恶规范的运作形式。从这一意义出发，民间信仰的构成与实践方式，实际上就是中国底层社会的一种“公共知识”，为社会各个成员提供共同感知、共同想象的社会知识。它能够超越成员个体的直观经验，超越具体的时空感受。正是在此层面，我们把民间信仰视为底层社会、草根社会、百姓社会的社会信仰。

美国社会学家杨庆堃提出的“扩散型宗教”这一概念，已经形成了对当代中国固有宗教定义的一种挑战。因为，几乎所有的民间信仰活动都不是在《宗教事务条例》中规定的宗教互动场所中进行的“正常的宗教活动”，甚至有些民间信仰组织及其仪式、庆典、互动，也是未经政府有关部门正式批准的。这就意味着，目前中国沿用的宗教定义不能包含中国各地民间信仰的仪式实践及其范围。它反而将民间信仰在中国基层社会的实践形式劈成了碎片，进而无法展现民间信仰的基本社会功能。而实际上，在民间社会，信仰的社会组织不仅成功地组织实施了信仰仪式或祭祀活动，而且增强了个体的地域认同感，规范着个体的日常行为，维护着底层社会的合理秩序，稳定着底层社会的交往伦理。可以说，民间信仰是现代中国民间社会神圣性的非宗教表述，它的基础是民间社会与文化建设。因此，建构作为“公共知识”的民间信仰的出发点和归宿，在于复归名副其实的民间社会，进而将民间社会道德与公民社会道德的双重建设统一起来。

（二）民间信仰研究状况与对象选择

在国外学者中，从社会学的角度考察中国民间信仰，最负盛名的首推杨庆堃，其在《中国社会中的宗教：宗教的现代社会功能与其历史因素之研究》一书中探讨了宗教与家庭、社会、国家等各个层面的关系，认为宗教可以从组织结构的程度和特性上分为“扩散型宗教”和“制度型宗教”，并将民间信仰纳入“扩散型宗教”的体系中。王斯福、武雅士、魏勒、芮马丁、丁荷生等人则关注象征体系与社会体系两者之间的联系，力图在中国人的信仰、仪式和象征体系中发掘中国文明与社会构造的模式，阐明信仰和社会结构之间的关系，强调民间信仰的职能及系统特征。杜赞奇、孔飞力、韩森等则运用史学研究的方法对中国民间信仰进行了研究，提出了“权力的文化网络”“区域性神祇崇拜”“唯灵是信”等概念。日本学术界亦注重从传统史料的开掘入手，研究中国的民间信仰。金井德章、中村裕一、水岛毅、须江隆等分别对东岳、城隍、文昌等信仰做了深入研究。滨岛敦俊从经济社会史的角度出发，把明清时期江南地区民间信仰的演变与社会经济的发展联系起来，考察了城隍、刘猛将、金总管等信仰。国外学界的研究，充分展示了我国民间深厚的传统文化体系和信仰根源，是代表有关“民间信仰”内在特点的研究报告，是国际上对中国民间宗教和仪式研究的主要成果。

在西方社会人类学理论的影响下，当前国内学术界的民间信仰研究关注的焦点主要集中于：一是从宗教学与民俗学角度出发对民间信仰进行考察，在探溯源流、考辨真伪的基础上，探讨中国民间信仰的体系、分类、特点及规律等，代表人物有金泽、乌丙安、郑土有、张紫晨等。二是从民间信仰的角度关照传统中国国家与社会的关系。在民间信仰传统形式外表之内，已经融合或渗透进了当代国家治理技术和权力关系，国家与民间信仰在实践中相互使对方“成为可能”。国家象征和权力存在于民间信仰仪式中，国家与社会相互形塑和渗透，各自的边界变得模糊已成为学术界的共识。三是区域民间信仰的调查研究取得一定成绩，如顾希佳对江南尤其是浙江民间信仰做了相当多的田野考察；姜彬则从神歌、仪式歌、宝卷、戏曲、传说故事等入手，对吴越地区的民间信仰做了深入研究。苑利等对华北地区的民间信仰做了多方面研究，发表了一系列高质量的学术论文。四是庙会研究成为关注的热点。赵世瑜先后撰文对华北庙会、江南庙会做了研究。朱小田也先后出版了《吴地庙会》《在神圣与凡俗之间——江南庙会论考》等著作，对江南庙会做了专门的研究。五是民间信仰与现代化关系研究。周大鸣等学者分析了民间仪式复兴的过程、特点，探讨了其与现代化的关系以及复兴的多重动因，提出了民间信仰现代适应的对策。

具体到湖州民间信仰的个案而言，钟伟今主编的《湖州风俗志》(浙江省湖州市群众艺术馆、湖州市民间文艺研究会，1986 年)一书，可谓是湖州民间信仰研究的滥觞，该书对信仰与神祇、庙会、禁忌等内容予以专门介绍。1986年，《浙江风俗简志》出版，这是我国第一部省级民俗志著作。该书按照浙江行政区划来划分章节，每个地市一章，在每一章中，都有民间信仰的内容。在徐可教授所著的《湖州民俗研究》(2007年)和其主编的《湖州岁时节令习俗》(2010年)等书中，民间信仰的内容也占到了相当大的比例。稻作文化和蚕桑文化是湖州地区的重要文化特色，给湖州民众的生产、生活带来巨大影响，产生了一系列民间信仰事象。《稻作文化与江南民俗》一书，专门有三章介绍稻作生产与民间信仰，包括"稻作生产与自然界崇拜""稻作生产与民间巫术""稻作生产与民间神祇信仰"。顾希佳在《东南桑蚕文化》一书中，对杭嘉湖地区桑蚕生产和生活中的信仰事象进行了细致全面的描述。陈华文等著的《浙江民俗史》，作为"近年来我国公开出版的第一部区域民俗史著作，填补了中国民俗史领域中区域民俗史研究的一项空白"①，该书所述及的每一个历史时段中，都有对本时段民间信仰的叙述。在湖州民间信仰史的研究方面，还有两部著作值得关注。一部是美国学者韩森的《变迁之神：南宋时期的民间信仰》，通过对大量史料的细致分析，论述了南宋时期人与神的关系，政府对民间信仰的态度，以及唐宋之际经济生活变迁对民间信仰的影响等问题。在该书所研究的南宋时期，浙江是中心区域。书中使用的史料，多数涉及浙江的内容，尤其是第五部分"湖州个案"，讨论了湖州神祇信仰与地域环境和社会经济发展的关系。朱海滨的《祭祀政策与民间信仰的变迁——近世浙江民间信仰研究》一书，是对宋元明清时期浙江民间信仰进行较为全面研究的著作，通过对杭嘉湖、宁台处、金衢严等不同区域的地方性神灵的比较研究，探讨影响地方神信仰差异的主要因素。在湖州民间信仰的调查与研究中，神祇与仪式的研究成果最为突出。在防风信仰方面，学者进行了多角度综合审视和研究。钟伟今主编的《防风神话研究》，钟伟今与欧阳习庸合编的《防风氏资料汇编》，董楚平的《防风氏的历史与神话》，这些成果主要采用文献学、训诂学、音韵学、语言学等方法，对防风氏的神格族属、防风神话发生的时空、防风神话历史文化遗存、防风文化与吴越文化和良渚文化的关系等方面进行探索研究。在蚕神信仰方面，学者们从湖

① 叶涛：《浙江民间信仰研究管窥》，《温州大学学报》(社会科学版)2010年第4期。

州民间蚕神信仰及其社会影响、民间蚕神故事、民间蚕神信仰的基本形态等维度做了探讨。

通过近年来的研究，学者们普遍认识到民间信仰的重要性。他们在研究过程中，往往能够从各个不同的角度，如信仰与仪式、信仰与国家关系等方面对民间信仰问题进行审视。但是，在取得成绩的同时，无疑也存在着一些不足。诸如在研究视角上，很少有从社会功能这个视角去研究民间信仰，即民间信仰之所以能复兴，必定满足了人们特定的需求，而在过往研究中明显忽视了从这一视角研究民间信仰。国内的很多研究还存在着就信仰论信仰、就仪式论仪式的现象，在很大程度上没能从整体的视野、社会结构上去把握民间信仰问题。这使得对民间信仰的大多数研究停留于对表面事物的简单描述和分析或形而上学的辩论之上，因而难以发现更深层次的问题。同时，在研究地点的选择上也存在着畸重畸轻的现象。这主要表现在两个方面，一方面是对一些全国性的信仰，如关羽、城隍等有着较为深入的研究，但对于某一地域信仰的深入研究则较为少见；另一方面是目前华南地区的民间信仰研究大大超前于其他地区民间信仰的研究，这两种状况都亟待改变。

湖州地处浙江省北部，东邻上海，南接杭州，西依天目山，北濒太湖，与无锡、苏州隔湖相望，是环太湖地区唯一因湖而得名的城市。湖州市位于东经119度14分至120度29分、北纬30度22分至31度11分之间，东西长度126公里，南北宽度90公里，处于浙江北部，太湖南岸，紧邻江苏、安徽两省。现辖德清、长兴、安吉三县和南浔、吴兴两区。东部为水乡平原，西部以山地、丘陵为主，俗称"五山一水四分田"。湖州是一座具有两千多年历史的江南古城。楚考烈王十五年(公元前248)，春申君黄歇徙封于此，在此筑城，始置菰城县，以泽多菰草，故名。隋仁寿二年(602)，置州治，以滨太湖而名湖州，湖州之名从此始。新中国成立后，先后设浙江第一专区、嘉兴专区和嘉兴地区，治所长期设在湖州。1983年10月，实行撤地建市，撤嘉兴地区，建湖州、嘉兴两个省辖市。湖州市下辖德清、长兴、安吉三县和城区、郊区。1988年撤销城、郊两区建制，1993年设立城区、南浔、菱湖三区管委会。2003年撤销城区、南浔、菱湖三区管委会，设立吴兴、南浔两个建制区。本书之所以选择湖州作为研究对象，主要出于三方面考虑。一是湖州作为江南地区的核心城市，"就其地形而言，是整个长江下游地区的缩影”[①],“长江下游南北岸及夹浙水之西,实近代人文渊薮。……大抵以江以南之苏常松太,自浙西之杭嘉湖,合为一区域”[②];二是湖州历史上民间信仰较为活跃,“吴兴郡人尚鬼好祀”[③];此外,明初原理主义色彩较浓的祭祀政策也与浙西包括湖州地区的精英阶层不无相关[④]。从这三层意义而言,考察湖州地区的民间信仰现象,对揭示江南乃至中国民间信仰的全息“镜像”来说,自有其不言而喻的意义。

二、经典理论及其应用路径

(一)马克思主义宗教观

马克思宗教观主要是指马克思、恩格斯、列宁等对宗教和宗教问题的基本立场、观点和方法。马克思主义经典作家根据他们当时所处的经济社会状况和时代特征,对宗教及其社会作用等进行了具体论述,形成了马克思主义宗教观的基本内涵。

在对宗教本质认识的问题上,马克思立足唯物史观,反对费尔巴哈把宗教的本质归结于人的本质,坚持认为对宗教本质的探讨离不开宗教发生、发展的历史背景和现实社会物质条件。因为“宗教从一开始就是超验性的意识,这种意识是从现实的力量中产生的”[⑤]。在《德意志意识形态》中,马克思对此做了进一步阐述,认为“宗教本身既无本质也无王国”[⑥]。一切宗教的内容都是以人为本源的,只有到具体的社会历史条件中,“到宗教的每个发展阶段的现成物质世界中去寻找这个本质”[⑦]。随后他指出,是人自己创造了宗教,“宗教是还没有获得自身或已经再度丧失自身

---

① [日]斯波义信:《宋代江南经济史研究》,方健、何忠礼译,江苏人民出版社 2000 年版,第 114 页。

② 梁启超:《梁启超哲学思想论文选》,北京大学出版社 1984 年版,第 457 页。

③ 同治《湖州府志》卷二十九《舆地略・风俗》。

④ [日]滨岛敦俊:《明清江南农村社会与民间信仰》,朱海滨译,厦门大学出版社 2008 年版,第 114—125 页。

⑤ 《马克思恩格斯全集》第 1 卷,人民出版社 2009 年版,第 587 页。

⑥ 《马克思恩格斯全集》第 3 卷,人民出版社 2009 年版,第 170 页。

⑦ 《马克思恩格斯全集》第 3 卷,人民出版社 2009 年版,第 170 页。

的人的自我意识和自我感觉"[①]。恩格斯则从认识论的角度，进一步发展了马克思关于宗教本质的理论。他在《反杜林论》中概括指出："一切宗教都不过是支配着人们日常生活的外部力量在人们头脑中的幻想的反映，在这种反映中，人间的力量采取了超人间的力量的形式。"[②]在恩格斯看来，宗教是以一种超自然、超人间的神的形式对社会存在的颠倒的反映，这就清楚地说明了宗教的本质。列宁从当时俄国的社会状况出发，在继承马克思、恩格斯思想的基础上，用阶级和阶级分析的方法对宗教及其本质进行了论述。列宁指出："对于工作一生贫困一生的人，宗教教导他们在人间要顺从和忍耐……宗教是人民的鸦片。宗教是一种精神上的劣质酒。"[③]后来，他又对马克思"宗教是麻醉人民的鸦片"的命题做了进一步阐释，指出"宗教是麻醉人民的鸦片。——马克思的这一句名言是马克思主义在宗教问题上的全部世界观的基石"[④]，明确指出了宗教在阶级社会里为特定阶级服务的本质。

马克思主义经典作家对宗教的本质及其社会作用的认识，"是基于当时存在剥削和压迫的资本主义历史条件以及社会主义制度刚刚确立的状况。他们的宗教观是其所处的社会历史条件或特定国情下的产物，他们从意识形态和社会政治的角度，以阶级、阶级斗争的观点和阶级分析的方法对待宗教，具有历史阶段性。这就决定了在那个时代，宗教被当作一种工具"[⑤]。但随着社会条件的变化和时代的发展，我们客观地认识到，宗教作为一种文化现象和人类文明，对社会的文明进步的确有着广泛而深刻的影响，在社会发展进程中起着重要作用。在我国社会主义社会中，宗教的社会作用仍然具有"二重性"；而且传统的马克思主义宗教观，主要针对的是"正统宗教"而言，那么在政治范畴内被认为是"非正统"的民间信仰是否也被纳入马克思主义关于"宗教"的界定之中？如果是，民间信仰是否与正统宗教具有相同的特性？列宁认为的"宗教是麻醉人民的鸦片"，

---

① 《马克思恩格斯全集》第 1 卷，人民出版社 2009 年版，第 3 页。

② 《马克思恩格斯全集》第 9 卷，人民出版社 2009 年版，第 333 页。

③ 《列宁全集》第 12 卷，人民出版社 1987 年版，第 131 页。

④ 《列宁选集》第 2 卷，人民出版社 1995 年版，第 247 页。

⑤ 陆树程、方文：《马克思主义宗教观及其当代价值》，《马克思主义研究》2010 年第 5 期。

民间信仰是否也是如此？笔者认为，必须从经典原著的文本诠释出发，立足于历史唯物主义的方法论，才能把马克思主义宗教观落实于中国民间信仰研究之中。

马克思在《路易·波拿巴的雾月十八日》中曾经指出：“小农人数众多，他们的生活条件相同，但是彼此间并没有发生多种多样的关系。他们的生产方式不是使他们互相交往，而是使他们互相隔离。……而各个小农彼此间只存在地域的联系。”①马克思的这一论述，对于指导我们研究民间信仰，具有十分重要的意义。地缘关系和血缘关系，对传统农民来说是最重要的两种社会关系。在乡村，血缘和地缘的关系十分复杂，反映到民间信仰中，神明与祖先，庙宇与宗祠，大量存在相互融合的现象，有的甚至可以相互转化。民间信仰的这些现象，非常值得研究，正如马克思在《论犹太人问题》中所说：“我们不把世俗问题化为神学问题。我们要把神学问题化为世俗问题。相当长的时期以来，人们一直用迷信来说明历史，而我们现在是用历史来说明迷信。”②但是，民间信仰到底能够发挥消极的还是积极的作用，关键还是在于我们如何结合当下我国社会实际，正确运用马克思主义宗教观去认识和看待它，并加以引导。民间信仰传统中历来有主张公平正义、诚信友爱和人与自然和谐相处的思想，这些有益思想与当前我国社会发展要求具有一定的一致性。民间信仰作为文化大系统的成员，蕴含着的积极的思想，在坚持社会主义核心价值观的引领下，我们可以批判地借鉴和吸收。

（二）宗教生态论

所谓“宗教生态”，指的是社会中各种宗教的存在状况。在正常情况下，各种宗教之间应该是互相制约的、自由自发地达到一个彼此的平衡状态，即各类宗教各得其所，都有它们的市场，满足不同人群的需要。③但是，如果不适当地加以人为的干预，或者说政教关系畸形发展，就会破坏宗教信仰间的互动与平衡，造成有些宗教发展极其迅速，有些凋零，有些

---

① 《马克思恩格斯全集》第1卷，人民出版社2009年版，第603页。

② 《马克思恩格斯全集》第1卷，人民出版社2009年版，第425页。

③ 李向平：《“宗教生态”，还是“权力生态”——从当代中国的“宗教生态论”思潮谈起》，《上海大学学报》（社会科学版）2011年第1期。

则被压制。然而,如果把这些论点放在讨论中国宗教特别是中国基督教的发展问题中,就会呈现为一种"宗教生态失衡论"的思潮。其主要论点是,基督教的兴起,主要是因为其他宗教信仰形式特别是民间宗教、民间信仰的衰落或发展不足。

此类观念的始作俑者,乃香港基督教界的梁家麟,他认为,民间信仰在农村遭到全面取缔后,妨碍民众接受基督教的社会和心理因素均告去除,于是,农民便将自己的感情投向基督教,基督教成了原有宗教的替代品。[①] 大致说来,宗教生态论代表性论点有:宗教生态失衡是基督教快速发展的一个重要原因或是根本原因。[②] 具体而言,民间信仰的衰落才使基督教的发展成为可能;民间信仰与基督教的关系成为反向关系。基督教在乡村社会的发展,挑战了传统社会的价值观念,破坏或颠覆了一向借民间信仰活动得以维系的社群关系。国家宗教战略出现偏差,导致民间信仰与民间宗教发展不足,基督教一派独大。因此,宗教生态论者大力呼吁国家调整宗教发展战略。中国人的精神家园,只能在传统宗教信仰之中才能找到。但实际上,社会、宗教、文化与信仰的多元发展,宗教生态的真正平衡,关键在于权力生态的平衡,政教关系的平衡,社会信仰与国家权力的平衡,"不是宗教生态的失衡才会造成基督教的发展;而是社会结构的变迁才构成了基督教的一定发展"[③]。

宗教生态论的背后,隐藏着另外一种宗教信仰关系的要求,这就是为传统的民间信仰与民间宗教直接张本,争取在当代中国五大宗教之外的合法性发展空间。宗教生态论者的主要论点是,政府以"迷信"的政策对待民间信仰和民间宗教,使基督教得以大肆发展,从而提出政府要开放、认可民间信仰和民间宗教,以抵制基督教以及西方文化霸权的发展。宗教学意义上的迷信如同民间信仰,即非制度宗教的信仰方式与实践。"国家权力与意识形态层面所强调的所谓迷信,乃与国家权力认可的正常信仰(正祀)与非合法的信仰方式(淫祀)相比较而言的,是与正统信仰相对

① 梁家麟:《改革开放以来的中国农村教会》,香港建道出版社 1999 年版,第 2 页。

② 王爱国:《民族民间宗教信仰对于宗教生态平衡机制的维系》,《中国民族报》2010 年 1 月 12 日,第 6 版。

③ 李向平:《信仰但不认同——当代中国信仰的社会学阐释》,社会科学文献出版社 2010 年版,第 512 页。

的价值体系，从而才有保护正常的宗教活动，坚决取缔‘封建迷信’的管理模式。”[①]但是，民间信仰对于合法性的要求，也内涵有一种宗教自由的诉求。就此方面而言，争取民间信仰的合法性及其发展无疑是有其现实意义和理论意义的，它能通过去迷信化而产生去意识形态化的某种现代功能。

信仰与“宗教并不是个人与超自然力的任意关联，而是一个团体的所有成员与一种力量的关联，这种力量从最深处有利于该团体，它保护该团体的法律与道德秩序”[②]。从宗教生态论中我们不难看出民间信仰与民间宗教的合法性发展空间不足的问题，关键在于宗教制度的相关设置及其意识形态话语系统的制约，难以归咎于制度宗教在当代社会的发展。特别是因为许多民间信仰的仪式活动都是以家庭为单元，于是在宗教上也就保留了传统的活力。但经由近年来的城镇化，家庭在承担民间信仰的表达功能方面却大大减弱了。同时，也因为现代化教育的作用及其影响，尤其是对扩散型的宗教，会使得教义不成完整体系的民间信仰产生负面的冲击，促成民间信仰者的大量减少[③]。承受着“权力—信仰”结构的制约与影响，中国宗教信仰之基本关系，同样也存在着与此相应的两种宗教信仰的国家想象力。一个是自上而下由国家规训所规定并控制，另外一个是自下而上的民间信仰策略。我们“应当摆脱国家权力与民间信仰那种二元对立的思维方式，去研究当代中国民间信仰及其与国家权力间的交往互动，更应该通过信仰类型和民间信仰关系的研究，最终建立一种新的权力治理模式和新型的民间信仰模式”[④]。

(三)地方性知识

关注民族民间社会的地方性知识是人类学传统的学术禀性，从早期

---

① 李向平：《信仰、革命与权力秩序——中国宗教社会学研究》，上海人民出版社2006年版，第132页。

② [意]罗伯特·希普里阿尼等：《宗教社会学史》，高师宁译，中国人民大学出版社2005年版，第57页。

③ 瞿海源：《宗教、术数与社会变迁》，台湾桂冠图书公司2006年版，第34页。

④ 李向平：《信仰、革命与权力秩序——中国宗教社会学研究》，上海人民出版社2006年版，第41页。

的域外民族志记录到后来对异文化的观察描述，无不体现了对地方性知识的存续与表达。在人类学的理论发展史上，一直存在着所谓的“普遍主义和历史特殊主义之间的方法之争”①。普遍主义者认为并力图在研究中发现或者寻找人类文化的共同结构或者普遍规律。历史特殊主义者则强调各种不同文化的特殊性、差异性，主张通过具体的田野调查和个案研究，揭示和解释不同的文化现象。他们不再追求普遍性和宏大的建构，而只进行具体细微的描述和经验性研究。20 世纪后半叶，以克利福德·吉尔兹为代表的学者解释人类学的兴起，把地方性知识作为具有独特意义的文化系统来进行描述和阐释，以建构起一个区别于西方文化中心观下学科知识体系的本土性文化知识系统。对于“地方性知识”，吉尔兹虽然没有直接进行定义，但是他却“从比较的观点来看事实和法律”这一角度举例进行了具体阐释和注解。他明确指出：“法律就是地方性知识，地方在此处不只是指空间、时间、阶级和各种问题，而且也指特色。即把对所发生的事件的本地认识与对可能发生的事件的本地想象联系在一起。这种认识与想象的复合体，以及隐含于对原则的形象化描述中的事件叙述，便是我所谓的法律认识。”②

“地方性知识”之“地方性”由来，即在于其产生于特定的社区与文化传统之中，并构成和体现了生活于此社区与文化传统之中的人们的独特经历，是特定自然环境与社会环境相作用的文化生态学结果。“地方性知识”不仅仅具有特定的地域与地理意义，而且还涉及在知识的生成与运用中所形成的特定的语境或情境，包括由特定的社会历史条件所形成的族群与地域群体的价值观和世界观，由特定的利益关系所决定的立场和视角等。吉尔兹认为：“作为由可以解释的记号构成的交叉作用的系统（如果忽略狭义的用法，我本可以称之为符号），文化不是一种引致社会事件行为制度或过程的力量；它是一种风俗的情景，在其中社会事件、行为、制

① 叶舒宪：《文学与人类学——知识全球化时代的文学研究》，社会科学文献出版社 2003 年版，第 32 页。

② ［美］克利福德·吉尔兹：《地方性知识——阐释人类学论文集》，王海龙、张家瑄译，中央编译出版社 2004 年版，第 61 页。

度或过程得到可以被人理解的——也就是说，深的——描述。”[①]也就是要从“文化持有者的内部眼界”出发，通过对文化的文本中各种符号（符号指任何一种承担传递概念的媒介的客体、行为、事件、性质或关系）进行“深度描述”，从而揭示出文本的底蕴，达到对理解的理解，也就是对文化的理解。在吉尔兹看来，一种温和的“文化相对主义”思想是获取特定“地方性知识”的基本原则和立场。只有从这一基本点出发，人类学者才能获取一种“文化持有者的内部视界”，才能进入真正横跨主、客位的“深度描述”，并以此为手段和方法，实现“文化的解释”，从而获取特定的“地方性知识”[②]。基于适应和利用多样性资源的环境胁迫，人类形成了不同的社会经济生活，进而产生不同的民族（族群）文化。不同民族对自然、环境、资源的认识不同，因而其适应方式也不同。相对于科学技术具有的普适性特点，地方性知识则具有深刻的文化属性和地域属性，总是与知识所有者及其所处的自然与生态系统有着密切关联。无论是脱离哪一方面进行简单移植，其知识的有效性都有可能大打折扣，甚至完全失效，更有甚者还会造成适得其反的效果。基于此，我们在研究中运用“地方性知识”概念的同时也就意味着：我们对民间信仰的考察不宜去寻求一种普遍的准则，而是要立足于其形成与运用的具体语境和历史情境，即我们应该具有一种能够站在作为文化主体的他者的立场和角度，来审查和评价其文化的相对主义情怀。

（四）祭祀圈理论

“祭祀圈”是随着祭祀的产生而产生的，在历史上早已客观存在，但“祭祀圈”这一概念却是由日本学者冈田谦在1938年提出的。按照冈田谦的说法，“祭祀圈”是指“共同奉祀一个主神的民众所住之地域”[③]。20世纪60年代中期以后，中国台湾学者许嘉明、施振民等在台湾汉人传统

---

① [美]克利福德·吉尔兹：《文化的解释》，韩莉译，译林出版社1999年版，第17—18页。

② [美]克利福德·吉尔兹：《地方性知识——阐释人类学论文集》，王海龙、张家瑄译，中央编译出版社2004年版，第294页。

③ [日]冈田谦：《台湾北部村落汇於に於けろ祭祀圈》，《民族学研究》1938年第4期。

社会研究中,开始把祭祀圈和地方组织结合起来考察,通过祭祀圈的层次划分来说明地方组织形成的原则和方式,主要集中于台湾汉人民间信仰与民俗文化研究、台湾汉人地区开发史与社会发展史研究、台湾汉人社会组织研究、台湾汉人族群研究等四个领域。施振民是台湾学者中较早给"祭祀圈"概念下定义的,他指出:"祭祀圈是以主神为经而以宗教活动为纬建立在地域组织上的模式。"①许嘉明则认为:"祭祀圈是指以一个主祭神为中心,信徒共同举行祭祀所属的地域单位。其成员则以主祭神名义下之财产所属的地域范围内之住民为限。"②台湾著名人类学家林美容教授继承了前人对祭祀圈的研究成果,并结合自己在台湾中部南投县草屯镇调查的案例,给祭祀圈下了一个比较精确的定义:"祭祀圈是指一个地方社区的居民基于祭祀天地鬼神的共同信仰需求所形成的义务性祭祀组织。这个定义包含三个要点:首先,要有一个地方社区及居民;其次,该地居民不只拜一个神,天地鬼神都要拜;再次,这个祭祀组织是义务性的。"③林美容教授在对草屯镇祭祀圈的研究中,进一步确定六项划定祭祀圈的指标,它们分别是:建庙和修庙共同出资;有收丁钱或募捐;有头家炉主;有演公戏;有巡境;有其他共同祭祀的活动,如宴客等。满足六项指标中的一个即存在祭祀圈,若同时满足几个指标,则祭祀圈的特征就更明显了。这六项指标的确定,为后世人类学者们划定祭祀圈提供了较为科学、全面的方法和依据。

在西方人类学发展史上,曾有过德奥"文化圈"与美国的"文化区"等理论与方法,它们与台湾人类学研究中的祭祀圈有很大区别。文化圈与文化区只是一种理论分析框架,是主观性的东西,其作为社会组织实际上是不存在的。而台湾汉人民间信仰的祭祀圈则不同,它们是实际存在的社会组织(地域性的祭典组织),有完全肯定的人群在推动其存在与发展。由此我们看到,祭祀圈研究从一开始,就有明确的研究对象与具体的研究

---

① 施振民:《祭祀圈与社会组织:彰化平原聚落发展模式的探讨》,《"中央研究院"民族学研究所集刊》1973 年第 36 期。

② 许嘉明:《祭祀圈之于居台汉人社会的独特性》,《中华文化复兴月刊》1978 年第 6 期。

③ 林美容:《由祭祀圈来看草屯镇地方组织》,《"中央研究院"民族学研究所集刊》1986 年第 62 期。

内容。台湾人类学研究中的祭祀圈概念，已是基本成熟的理论与方法，之所以这样说，除了具有明确的研究对象与具体的研究内容外，更主要的是，在较为长期的应用实践中，这个概念已被证明是一个可操作并能取得丰硕成果的理论与方法。正是借助这一方法，台湾汉人的民间信仰与社会组织的研究才进行得如此彻底，以至一些重要领域及其问题均得到了相当深入的研究，研究对象的本质也得到了较全面的揭示，显示了这一理论与方法论工具的较强的描述与解释能力。换而言之，“祭祀圈”本来就是台湾汉人民间信仰与社会组织之实在的客观现象，难得的是，台湾人类学者在其研究中，体现了既尊重客观现实，又积极发挥主观能动性的良好学风，不失时机地把对客观现实的认识规律化、范式化，从而取得了丰硕的成果。可以说，祭祀圈作为台湾汉人民间信仰的重要现象，是客观存在的，但作为一种实用的研究理论与方法，则是台湾人类学界的一个独创。

虽然台湾人类学的祭祀圈研究也有不足之处，如对台湾汉人民间信仰的研究总体倾向于现象描述，对其理论内容与实质挖掘不够，但具体到湖州民间信仰研究的操作层面上看，“祭祀圈”是一个既能用于描述，也可用于解释的工具。在作描述工具使用时，可从以下几个方面入手，即主祭神（主神）、庙宇组织、祭祀活动、地域范围等，这是划分祭祀圈的标准。在作解释工具使用时，主要是针对湖州民间信仰与社会组织的一些重要现象或问题，进行理论说明与解释，诸如怎样看待祭祀圈的实质，湖州民间信仰的来源与流向如何，民间信仰对湖州社会的影响怎样，湖州民间信仰在历史上如何被开发并经历了怎样的传承过程，湖州社会或地域组织的构成原则如何，等等。

三、研究方法及框架构想

（一）文献资料与研究方法

本书研究所用的文献资料主要来自嘉泰《吴兴志》、成化《湖州府志》、弘治《湖州府志》、万历《湖州府志》、天启《吴兴备志》、崇祯《乌程县志》、乾隆《乌程县志》、同治《湖州府志》、光绪《归安县志》、光绪《乌程县志》、同治《长兴县志》、光绪《长兴志拾遗》、乾隆《安吉州志》、同治《安吉县志》、光绪《孝丰县志》、嘉靖《武康县志》、康熙《德清县志》、乾隆《武康县志》、嘉庆

《德清县续志》、道光《武康县志》、道光《德清县新志》、同治《晟舍镇志》、正德《新市镇志》、嘉庆《新市镇续志》、光绪《仙潭后志》、同治《南浔镇志》、道光《南浔镇志》、民国《南浔志》、乾隆《东西林汇考》、民国《双林镇志》、民国《双林镇志新补》、同治《菱湖志》、光绪《菱湖镇志》等,以及《两浙金石志》《吴兴金石志》等百余部地方志。同时,民间故事、神话、传说、歌谣等虽然不是严格意义上的历史资料,但是"它们受到的歪曲较少,包含着民众的历史记忆,反映了一定的社会实情,特别是体现在民间信仰上更具有极高的史料价值"[①];虽然是"常常使历史学家跌跤的绊脚石"[②],但在描绘过去民众"精神相"的探索中却是一块不可或缺的敲门砖。此外,2008—2013年,笔者通过长期的田野调查,采访了50余位70岁左右的老人,整理了近10万字的口述资料。这些资料来源于讲述者的亲身经历,可以在一定程度上弥补文献记载的不足。

本书的研究,首先借鉴传统民间信仰研究的社会学、人类学、宗教学、民俗学等方法。此外,我们认为,在民间信仰研究方法论与史学的结合上,还应寻找适当的"端口",避免生搬硬套。赵世瑜教授等业已证明了区域社会史理论的"合法性",无须赘述。但这里仍需简要说明理论借鉴的"合理性"。作为方法论意义上的民间信仰研究的区域社会史视角,包含了三种重写历史的方法:一是新材料。区域社会史与传统史学对新材料的理解是不同的,在前者看来,"把传统史学研究中的非经典性材料作为新材料,将这些新材料与传统史料特别是'正史'结合起来,从区域社会史的本位出发借鉴人类学、民俗学等学科的方法和理论,并运用福柯的'知识考古学'的方法,解读新材料,理解'过去的他者'的'历史记忆',揭示真实的历史信息,挖掘出被丢失的'历史的瑰宝'——这就是区域社会史视野里的新材料概念"[③]。近500则民间神话、传说故事,1000多则祠庙的碑刻资料,由于和"迷信"相捆绑,不仅属于典型的"非经典性材料",而且

① 王守恩:《诸神与众生——清代、民国山西太谷的民间信仰与乡村社会》,中国社会科学出版社2009年版,第21页。

② [英]爱德华·B·泰勒:《人类学:人及其文化研究》,连树声译,广西师范大学出版社2004年版,第363页。

③ 周详森、张香凤:《区域社会史的革命——评赵世瑜著〈小历史与大历史〉》,《史学月刊》2007年第12期。

被长期丢弃在“历史的垃圾箱”中，以致难以被传统史学的叙述框架接纳；但在区域社会史的概念中显然是属于可以用来重构作为“公共知识”的民间信仰的“新材料”。二是对材料的新的解读模式。区域社会史对材料的解读，是把它们纳入社会史的视野和范畴中，“并赋予它们以解释‘过去的他者’的社会实践活动和物质生活、精神生活条件的功能”①。地方文献尤其是民间传说、碑刻资料等本身即是古代社会实践的产物，正可谓是“百姓日用而不知”，其社会性毋庸置疑；此外，作为一类文本“不仅是我们了解另外一个历史真相的材料，同时它本身就是一个历史，也就是一个思想史的过程”②，从而具备了建构区域社会“公共知识”的新价值。三是新的阐释视角。区域社会史以一定的“区域”为历史解释的单元，是出于“技术上的考虑，即一个相对有限的空间对于研究者把握起来相对容易”③。湖州旧时的民间信仰镜像到底是什么模样，至今仍有相当多的地方比较模糊；而兼具浓郁地域特征的地方文献、民间传说、碑刻资料等无疑是复原湖州社会轮廓的历史要素。当然，区域社会史的宏旨并非视分析区域为根本目的，而是要关注“如何从地方的视角去重新理解中国和世界，而不是像以往或现在许多论著依然如故的那样，恰好倒过来”④，当下湖州保存的地方文献、民间传说、碑刻资料等虽然也具有这方面的价值，但就现阶段的任务来讲，仍是以复原湖州民间信仰镜像为第一要务和主旨；但从湖州地方的视角去重新理解古代江南乃至中国的民间信仰状况，始终是本书追求的目标和学术要求。

（二）基本思路与叙述框架

本书选择湖州这一特定区域，采用宏观与微观、整体与个案、文本解读和田野调查相结合的研究思路，以民俗学、人类学、历史学、宗教学、历

---

① 周详森、张香凤：《区域社会史的革命——评赵世瑜著〈小历史与大历史〉》，《史学月刊》2007年第12期。

② 赵世瑜：《小历史与大历史——区域社会史的理念、方法与实践》，生活·读书·新知三联书店2006年版，第368页。

③ 赵世瑜：《小历史与大历史——区域社会史的理念、方法与实践》，生活·读书·新知三联书店2006年版，第2—3页。

④ 赵世瑜：《小历史与大历史——区域社会史的理念、方法与实践》，生活·读书·新知三联书店2006年版，第25页。

史地理学等相关理论为指导，把民间信仰置于地方社会情境中进行考察。在以历史时期士人书写的文献为主线，结合田野考察，走近历史现场的基础上，采用统计计量分析法对民间信仰的物质载体即祠庙进行量化分析；并采取比较分析法，将民间信仰的内容、形式等与相应历史时期的社会经济发展水平进行横向对比分析。进而在对史料的分类排列与相互比对的基础上，将湖州民间信仰纳入空间与时间的坐标轴中，分析其作为一种地方性公共知识之内部多样性与区域整体性的特点，探讨其在各个特定历史时期的社会环境中，在发展演变上所表现出来的特点及其形成因素，以凸显其不可忽视的社会文化史意义。同时从动态的角度出发，利用田野调查观察和参与当前湖州民间信仰中的真实事件，把握社会转型与民间信仰变迁的互动关系，提出湖州民间信仰现代适应的新路径。任何"地方性知识"都不可能是脱离整体的一种绝对意义上的"地域特殊"。因此，本书对于湖州民间信仰历史镜像与实存状态的描述，始终将其放置于江南乃至中国民间信仰传统及其变迁的整体背景之中。

重构和完善湖州民间信仰中的神祇谱系。首先对当下学术界反映神灵等级、来源、礼制地位、流行范围等属性的已有谱系划分标准进行全面解读，分析其利弊；进而从文本角度出发，对湖州地方志所载的神祇进行详细的分类、制图，从形貌、数量、神格、祭祀圈等方面加以总结和比较；在此基础上，联系地方民众之信仰与世界观，分理出方志典籍神灵叙述中所包含的秩序化神灵与地方性神祇，从"天下"与"地方"两个维度分别考量神圣世界与现实世界的文化地理坐标；最后，结合集体记忆进行深入探讨，以神祇的社会职能为依据重构湖州民间信仰中的神祇谱系，还原其作为一种族群记忆的本来面目，并从社会史角度出发，充分展现其在与国家记忆相冲突的状态下如何被搁置、被侵蚀而呈现出的文化"层累"镜像，从而达到对湖州民间诸神整体认识和宏观把握的目的。

探究湖州民间信仰活动的组织、参与主体。通过对宋元明清以来湖州地方政府（或官员）与民间信仰关系的考察，全面梳理地方民间信仰与官方施政的动态平衡，从国家对民间信仰符号的吸收、改造及其结果，地方政府（或官员）的毁淫祠、神灵敕赐活动及其原因、开展方式等维度，集中考论国家权力在民间信仰中的存在及其作用；结合湖州地域特点，考察地方宗族与士绅阶层在民间信仰中的态度与作用，重点从观念角度入手，探讨士绅的祠祀观念与行为，考察其对神灵态度转变、分化背后深刻的社会历史背景；从社会阶层、职业行当、年龄结构等维度，研究湖州妇女在民间信仰活动中的目的需求、参与方式、角色分担等，梳理社会“大传统”与“小传统”对此的不同反应。

阐明民间信仰与湖州地域经济、社会发展的互动关系。通过湖州地区村落内、跨村落、全镇性与跨镇的祭祀圈形成、迁变、分裂来摹画其经济特质，探讨晚明以来湖州商品经济的发展对祭祀圈构建产生的影响；对地方志中记载的民间信仰的奢侈风尚进行梳理、解读，从道德与经济两个维度进行历史主义分析、评判，全面反映明清时期湖州市镇工商业的发达给民间信仰带来的市井、商业色彩，在本质上揭示民间信仰的世俗特性；从历史地理学的角度出发，探讨明清以降湖州地区的聚落、乡脚、市镇等问题，围绕地方神庙形成的共同体对湖州民众生存活动空间拓展的影响，展现近代以来湖州民众的共同性或生活空间的实态，结合个案分析，重建湖州乃至江南市镇集结、形成及空间变构的地方民间信仰路径。

勾画湖州民间信仰结构的双重特质。运用马文·哈里斯的文化唯物主义理论，在时空结构上，考察地方神灵及其庙宇的存在对于湖州社会公共活动空间的世俗性资源意义，从作为民间风俗的岁时节令的各种祭祀活动入手，探讨其对民众直观感觉、体验神的威灵的神圣性周期倾向；运用符号学理论，以地方迎神赛会的分布、会期、人员构成、组织管理等为核心，构建民间信仰典型的象征符号结构，考察其在神圣空间与凡俗空间规律性交替中的节点意义，探讨仪式、活动等子符号系统在地方民众日常生活中的存在及其价值；以文化的心灵范式为视角，从信仰的地域特性与表征出发，考察信众的表层心理结构，结合田野调查，从不同社会阶层对民间信仰的再解释及其成因出发，考察其中层心理结构，从民间信仰对地方传统道德观、价值观的影响出发，考察其深层心理结构。

复原主观叙事在湖州民间信仰语境中的展演。这种叙事类型运用阿尔伯特·贝茨·洛德的口头理论，通过对湖州民间信仰的祝词、咒语、歌诀、神话、传说、灵验故事等在祭祀仪式场合展演的全景描述，揭示信仰的神圣时空对于相关主观叙事系统的形成所具有的文化语境内涵；通过对主观叙事系统渊源嬗变的考察，充分把握其生成、展演与湖州民间信仰之间的相互构建和调适的运动状态；通过对田野调查中获得的口述史料进行文本层面的对照分析，揭示民间信仰语境中主观叙事"神圣特征"的文化生长机制，探求湖州民间信仰对于主观叙事系统的动力学意义；从主观叙事系统展演的具体情境出发，以祭祀仪式为关照点，对主观叙事受湖州民间信仰规约文化的"活形态"叙事特征进行思考，从主观叙事在民间信仰语境的当代文化展演中窥见其保持旺盛生命力的源泉。

分析湖州民间信仰的现实生长力及转型适应研究。按照社会与经济两个功能维度，从人与社会的角度出发，通过田野调查、口述史等发掘新中国成立以来湖州地方民众生活需求及民间信仰内容、形式、功能的发展演变轨迹；进而在分析民间信仰的美学、心理学、宗教、史学等价值的基础上，探讨其对当下民众精神生活的影响，深化对民间信仰在基层自治、社会组织机能和社会心理调适等功能上的认识和理解；对湖州民间信仰现存文化载体进行系统整理、归纳与分类，结合个案研究考察民间信仰在社会转型期的生存空间和发展特点，挖掘民间信仰中蕴含的民间权威文化符号和信息，探究其内蕴的有利于现实民众生活和社会公共秩序的合理文化因素，构建当代民间信仰与和谐社会建设相调适的新路径。

第二章　湖州民间信仰的神祇谱系

神祇崇拜是民间信仰的核心，不论民众心目中是否有神祇谱系，学术研究都可以构建一个，以深化对民间诸神的整体认识和宏观把握。武雅士、王斯福将汉民族民间信仰的对象划分为“神、祖先和鬼”三类[①]；林美荣把汉人民间信仰分为“祖先崇拜、人鬼、神明、自然、巫术信仰”五类[②]；钟敬文把民间信仰的对象分为“灵魂、自然神、图腾、祖先神、生育神和行业神”六类[③]；郑土有则将其细分为“天体天象、地形地象、动植物崇拜，创世神、神化名人、保护神、地方神、民间俗神、仙人、鬼魂、精怪、巫术和他者信仰”十三类[④]……上述神祇谱系或简或繁，不一而足，皆有其理据。从区域社会史的角度对民间信仰进行考察，最应注重的是神灵的职能。民众之所以崇拜某神，是因为该神祇具有与其生产、生活密切联系的职能，万神殿的出现是伴随着诸神的特定化与个殊化，以及不断地划归(同时也区分)他们各自的“权限”[⑤]。综合学界已有研究成果，我们将湖州民间信仰的神祇谱系粗略划分为农业神祇、监护神祇、命运神祇、全能神祇四大类。完美的神祇谱系划分似乎是难以企及的，这一谱系可能并不能反映湖州民间信仰的神祇全景，我们只能把焦距对准神灵的职能，唯期有助于我们看到民众生活的实况和需求，认清民间信仰的社会地位与作用。同时，“一

---

① [英]王斯福:《帝国的隐喻:中国民间宗教》，赵旭东译，江苏人民出版社 2009 年版，第 4—5 页。

② 林美容:《台湾民间信仰研究分类》，“中央研究院”民族学研究所 1991 年版，第 2—7 页。

③ 钟敬文主编:《民俗学概论》，上海文艺出版社 1998 年版，第 188—193 页。

④ 郑土有:《中国民俗通志 · 信仰志》，山东教育出版社 2005 年版，第 7—10 页。

⑤ [德]马克思 · 韦伯:《宗教社会学》，康乐、简惠美译，广西师范大学出版社 2005 年版，第 12 页。

种地方神明信仰成熟的首要标志是祠庙的建立,而祠庙的建造状况往往直接反映这种信仰的兴盛程度"[①],对湖州民间信仰神祇谱系演变总体过程的具体还原,必须依托民间信仰最重要的地域支点——祠庙。

一、农业神祇

美国民俗学家 W. G. 萨姆纳指出:"形成民俗的直接原因有二:其一是个人和群体的生存利益;其二是人类生而固有的饥饿、性欲、恐惧和虚荣四种本能欲望。"[②]一方面,湖州为典型的江南水乡,"处溪谷之间,篁竹之中,习于水斗,便于用舟,地深昧而多水险"[③]的自然环境造就了该地区生产和生活结构上的独特状态,形成了以水稻、蚕桑为主的传统的社会生产结构,"食鱼与稻,以渔猎为业"[④],"岁之丰凶视田亩,田亩盈虚视旱涝"[⑤],在这种经济形态下,农业的作用至关重要,使先民充满了对各种农业神祇的敬畏。可以说,农业神祇信仰和崇拜的产生,在一定程度上是民众现实的生存需要在观念上的反映,是一种生活的必需。另一方面,在自古以来就有的"信鬼神,好淫祀"[⑥]民风影响下,民众很容易将对大自然的敬畏和恐惧转化为农业神祇信仰的意识。

(一)气候资源神

"人的依赖感是宗教的基础,而这种依赖感的对象,亦即人所依靠,并且人也为自己感觉到依赖的那个东西,本来不是别的东西,就是自然。自然是宗教最初最原始对象;这一点是一切宗教和一切民族的历史所充分证明的。"[⑦]社会处在一定的地域范围之中,自然力(包括日、月、风、云、雷、雨、火等)是社会存在发展的自然基础,而民间信仰是民众在此环境中生活所获得经验的反映,是民众适应环境谋求生存与发展的手段。它为民

---

① 林拓:《文化的地理过程分析》,上海书店出版社 2004 年版,第 282 页。

② 转引自王铭铭:《西方人类学思潮十讲》,广西师范大学出版社 2005 年版,第 7 页。

③ 《汉书·严助传》。

④ 《隋书·地理志》。

⑤ 光绪《孝丰县志》卷二《水利志·塘坝》。

⑥ 《隋书·地理志》。

⑦ [德]费尔巴哈:《宗教的本质》,王太庆译,人民出版社 1992 年版,第 13 页。

众构筑了一个“万物有灵”的世界，形塑了其知识系统，包括其对生存环境的认识和解释。这种意识把人类与自然、自然与超自然融为一体，塑造了气候资源神。这些神灵执掌地方社会存在发展的自然基础、物质条件，受到当地民众的崇拜。

大自然中的“天、地、水”被称为“三官”。“三元日，上元天官，中元地官，下元水官，各主录人善恶”[①]。“（正月）十五日上元节，俗皆礼拜三官神，聚众设斋，诵经礼忏，谓之‘三官会’。”[②]“（正月）十五日为上元，天官赐福之辰，煮年糕汤，祀土地、祀灶……儿童至华严庵拜三官（庵即三官殿）。乡间有三官会，各于门前立高灯。”[③]“仁渡庵，即三官殿，不详何年创建。同治季，里人沈玉陛等募资重修，内有镇广明王祠”[④]，“三官殿，在射村东南，未详创自何代。国朝初废，乾隆间，观察曹绳柱重建。内有古铜三官圣像，县令某毁之。观察莅湖，梦三神来谒，遂建前后两殿，复奉神像如初”[⑤]，“三官堂，雍正三年（1725）建，乾隆二年（1737），上肖文昌像。署同知罗元振额曰‘文昌阁’”[⑥]，“三官殿，在谨二三圩观音堂东，顺治初建，渐圮。嘉庆庚午（1810），闵茗勇重建，同治壬戌（1862）毁，辛未（1871）复建三楹”[⑦]，“保命庵，在西栅下塘，俗名三官堂，咸丰时毁于兵，光绪中重建”[⑧]。

除“三官”外，与全国其他地方一样，湖州也有对风、云、雷、雨等自然现象的祭祀。“祀为国之大事，凡在祀典者有其义，有其数，均当祗承故。……社稷山川，阖施云雨，生百谷以养民，……尤甚盛典也。”[⑨]从明代起，湖州府及所辖各县，均建有风云雷雨山川坛。其中“本府坛在郡城南安定门外一里许，洪武二年（1369）置，岁久凋敝。弘治二年（1489），知府王珣

① 《宋史·方技传》。

② 同治《安吉县志》卷七《风俗》。

③ 民国《双林镇志》卷十五《风俗》。

④ 光绪《菱湖镇志》卷七《庙宇》。

⑤ 嘉庆《宝前两溪志略》卷五《寺观》。

⑥ 乾隆《乌青镇志》卷五《乡村》。

⑦ 同治《晟舍镇志》卷一《庙宇》。

⑧ 民国《南浔志》卷十三《寺庙》。

⑨ 康熙《孝丰县志》卷二《建置·祠祀》。

复加修缮，命道士守之"[①]，"坛侧设神厨、宰牲房、神库房、斋宿房各一所"[②]，"程、安二县统祀于府。安邑备祭品，春秋上巳日致祭"，"雩祭，乾隆二十一年(1756)，奉文遵旨即于先农坛举祭。岁孟夏诹吉，陈设仪注同前。若间不雨及潦，诹宜祀之辰，具祝文，备牲牢、笾豆、香帛、尊爵、炉镫，守土大吏率属素服祈祷，为民请命，行礼仪节与常祀同。既应而报，陈设供具，朝服行报祀礼，仪均与祈祀同。"[③]"(长兴县)常雩坛，附于山川坛。国朝乾隆二十一年(1756)，奉文祭祀。孟夏诹日行礼如前。祭品羊一、豕一、帛三，祭器笾十二、豆十二、簠二、簋二、铏三、登三、爵九、尊三、罍一、炉三、镫六、篚箱六、巾一、幂一。"[④]

火，在中国古代是一个较早为人所认识的自然现象和具有毁灭性的自然力。"火，化物也，亦言毁也，物入即皆毁坏也。"[⑤]自然火的发现和驯服，是人类生活的头等大事。人类崇拜火之所以超过了崇拜其他自然物，"不仅是因为在直观直感中火的自然威力具有极大的神秘性，更重要的是火的利用关联着人类原始文化的诞生和人间物质文明的划时代进程"[⑥]。约翰·古德斯布洛曾从用火对前农业社会的影响、火与农业化、火在定居的农业社会中等三个维度详细阐述了火在农业社会中的影响[⑦]。"中国民众对待神，不考虑它是道教的神，还是包含着很多佛教内容的神。只有困难时候的神，才是最高的，必需的。"[⑧]火与人的切身利益和身家性命有着重要的联系，它是古人在困难时候产生的神，根据当事者行为来应人之需，由此进一步产生了火神信仰。旧时仪凤桥西北有火神庙，"春秋二仲月诹吉致祭"，吴荣光《吾学录》云："今直省及府、州、县用少牢行礼兴祭神

① 弘治《湖州府志》卷十一《祠祀》。

② 同治《湖州府志》卷四十《政经略·祀典》。

③ 乾隆《乌程县志》卷九《祠祀》。

④ 嘉庆《长兴县志》卷十《坛庙》。

⑤ 《释名·释火》。

⑥ 乌丙安：《中国民间信仰》，上海人民出版社 1995 年版，第 37 页。

⑦ [荷]约翰·古德斯布洛：《火与文明》，乔修峰译，花城出版社 2006 年版，第 35—89 页。

⑧ [日]福井康顺：《道教》第 1 卷，朱越利等译，上海古籍出版社 1990 年版，第 101 页。

祇坛,同弭灾患,以为民祈福也。"[①]长兴县城有三座火神庙,"一在县治东南大雄寺内,国朝乾隆三十三年(1768)建;一在嘉会门月城楼,同治七年(1868),邑人徐汝翼捐资重修"[②],"一在四安顺兴桥南,久圮,移祀于古城隍庙正殿之右。谨按:火神,康熙二年(1663),祀见礼部则例,实直、省通祀也。四安自粤匪蹂躏,街后多毗草房,常有火灾。光绪十八年(1892)七月朔,巡检朱镇默祷于神,终镇之。任草房无延烧瓦房,其灵应如此。"[③]菱湖镇在永宁院亦建有火神水神庙[④],唐栖镇火神殿"设于镇之北方,取以水济火之义,乾隆庚辰(1760),羽士沈尚贞募建"[⑤],南浔镇"坎离宫,在南栅,即积善庵故址,俗称火神庙,咸丰七年(1857)建,随毁,光绪六年(1880)重建","积善庵,在南栅报国寺之南。康熙四十一年(1702)修,乾隆中复修,久圮,今建为火神庙"[⑥]。孝丰县"司火神祀礼:岁以季夏下旬三日致祭。神位南向,帛一、牛一、羊一、豕一、果实五盘、尊一、爵三,承祭官朝服行三跪九叩礼。迎神、上香、奠帛、读祝、三献爵、送神、望燎均如仪"[⑦]。

(二)环境资源神

"地,底也,言其底下载万物也","土,吐也,吐生万物也"。[⑧] 在人类社会早期,人们主要以采集、渔猎为生,所赖以生存的食物是野菜、果实和动物,土地对人类的生存并不产生直接的影响。因而,人们也就不会去想象土地、神化土地、崇拜土地。原始农业出现之后,人类社会发生了巨大的变革,由简单地向自然界索取过渡到用自己的双手生产生活资料,由攫取性的生产方式过渡到生产性的生产方式。人们直接与土地发生关系,在土壤上栽种各种农作物,并对自己亲手栽种的农作物特别关注。然而,土壤有肥有贫,农作物在肥沃的土地上长得很茂盛,结的果实多而大;在贫瘠的土地上则长得矮小,结的果实也少。不同时间在同一块土地上种植

---

① 同治《湖州府志》卷四十《政经略·祀典》。

② 光绪《长兴县志》卷十二《坛庙》。

③ 光绪《长兴志拾遗》卷下《庙祀》。

④ 光绪《菱湖镇志》卷六《祠墓》。

⑤ 光绪《唐栖志》卷六《祠庙》。

⑥ 民国《南浔志》卷十五《寺庙》。

⑦ 光绪《孝丰县志》卷三《建置志·祀礼》。

⑧ 《释名·释地》。

的作物也时好时坏，若风调雨顺，收成会很好；若雨少干旱，则歉收甚至不收。原始时代的农民不理解土地的肥贫差别，不清楚气候对农作物的影响，误以为土地也像人和动物一样有灵魂，有喜怒哀乐，它在控制着农作物的生长。土地高兴时，人们就会获得丰收，否则就相反。于是，土地神观念便在原始时代人们的心目中产生了。土地神观念产生之后，又不断地发展、变化，形成多种不同的观念。其中，丰产之土地神观念，是各种土地神观念中最早的一种，它是在土地有灵观念的基础上产生的。“当人们用各种巫术仪式并不能促使农作物丰产时，便重新想象土地，猜想土地之奥秘，以为土地和万物一样，由一种神灵主宰着，农作物生长、结果，完全由它控制！收成的多与少，取决于它的喜与怒。”[①]它不是巫力所能征服的，而人们必须用祭祀、祈求的方式才能打动它，才能求得它赐予丰收。于是，便形成了丰产之土地神观念及其有关的祭祀仪式。

土地神，又称“福德正神”“土地公公”“土地公”“土地爷”，是民间信仰最为普遍的众神之一。土地载万物，又生养万物，长五谷以养育百姓，此乃中国人亲土地而奉祀土地的原因。“凡有社里，必有土地神，土地神为守护社里之主，谓之‘上公’。”[②]湖州农民普遍存在土地崇拜，认为五行之中土最根本。“万物土中生”，“呒不一样勿是土中来，呒不一样勿是土中去”，故有“敬老有福，敬土有谷”的俚语。安吉县的土地祠分为三类，“州土地祠在州治仪门东，吏目衙土地祠在吏目衙头门侧，康熙四十年(1701)，吏目张希思修；乾隆二年(1737)，吏目叶坚重修。仓土地祠二，一在州治仪门东，一在梅溪镇便民仓”[③]。长兴县治仪门左的土谷祠，系“国朝嘉庆四年(1799)重建”，“一在便民仓厅左，名‘土地祠’，明万历已未(1619)，邑人臧懋循为碑记”[④]。莫干山中则将土地庙称为社庙，“凡有村庄，几于无处无之，其崇丽者，殿前必有戏台，兼有财神堂”[⑤]。“二月二日，俗以是日为土地神诞，里人醵祝聚饮，曰‘土地会’”，“立夏，里社屠牲祀土

① 何星亮:《土地神及其崇拜》,《社会科学战线》1992 年第 4 期。

② 《左传・通俗篇》。

③ 乾隆《安吉州志》卷六《坛庙》。

④ 光绪《长兴县志》卷十二《坛庙》。

⑤ 民国《莫干山志》卷五《寺庙》。

地之神，谓之‘烧夏福’”，“立秋，里社屠牲祀土地，谓之‘烧秋福’”①。

除了土地外，旧时湖州的潭、洞乃至石头均被先民们奉为农业占验或祈祷的对象。“碧玉潭，在（武康）县西十里响应山之下，本名响潭。《统记》云：响潭，在县八里。《山墟名》：山清虚洞澈，每有声响，必随应，故以为名。清泉怪石，茂林修竹，为邑中佳景。元和七年（812）五月不雨，至于七月时，刺史裴君合祭名山溪洞，县令利汭以此潭灵异，遂率僚属祈祷，应时甘雨雾雹，稼穑皆稔，耆老谒贺，请附图籍。八年（813），符下从之。”②“五龙潭，深万丈，祈雨最灵，在埭溪上”③，“乌龙潭，在（长兴）县西南五十里方山顶，岁旱，取水祷之即雨”④，“碧邬，在归安县龙池山，石壁数仞，嵌空奇险，涧泉曲折赴壑。遇旱，乡民祈雨有验”⑤。“黄龙洞，在北去城廿里，枕太湖。怪石林立，中有一石最尊，上大其末小，危立如幢，自石上涌起。轻撼则动，稍加力排辄不动。洞旁壁立千仞，俯瞰不见底。投以石不应声，呼则答，深窅不测。每岁旱，郡民祷之。”⑥“梅溪山，在州北三十里。山根耸立一石，高百余丈。《续齐谐记》：吴兴故鄣县东三十里有梅溪山，山根直竖一石，青而圆，如两间屋大，四面陡绝，仰之千云。其上复有盘石，圆如车盖，恒转如磨，声如风雨。土人号为‘石磨’，转快则年丰，转迟则岁歉，验之无失。”⑦

（三）渔稻畜牧神

“先农坛，在东郊。国朝雍正五年（1727），乌程县知县王懋讷、归安县知县王锡年奉文建立坛宇，并合置耤田九亩八分。《浙江通志》按《大清会典》：直、省、府、州、县均岁以仲春吉亥，各于所治东郊建先农坛，朝服行礼，礼成更采服，率属行耕耤礼。祭品：羊一、豕一、铏一、簠簋各二、笾豆各四、尊一、爵三、帛一。《通志》坛制：坛中正祠五间，左右翼七间，后立寝

① 同治《安吉县志》卷七《风俗》。

② 嘉泰《吴兴志》卷五《潭》。

③ 康熙《归安县志》卷一《古迹志》。

④ 嘉庆《长兴县志》卷九《水》。

⑤ 民国《莫干山志》卷三《山水》引光绪《归安县志》。

⑥ 乾隆《乌程县志》卷二《山川》。

⑦ 同治《安吉县志》卷三《山川》。

室,内供先农炎帝神农氏之神、先农厉山氏之神、先农后稷氏之神,田在坛前","社稷坛,在迎禧门外。明洪武二年(1369)置。程、安二县统祀于府。国朝雍正三年(1725),奉颁称府社之神、府稷之神,祭以春、秋二仲月上戊。坛侧设神厨、宰牲房、神库房、斋宿房各一所"[①]。

除先农、社稷这类"直、省、府、州、县"通祀的神祇外,湖州地区渔稻畜牧神的典型当属蚕神。湖州是我国蚕业发源地之一,早在魏晋南北朝时期,境内田边塘旁就已遍植桑树,丝、绵、绫、绢等品种极其丰富。"以蚕桑为岁计"[②]和"蚕桑之利,莫盛于湖"[③]的状况历宋元至明代始终相延,至清代已"无不桑之地,无不蚕之家"[④]。在科学不发达的古代,蚕农们把蚕桑丰收的期望寄托于神灵的保佑,又有感于蚕本身的神奇,认定它是上天派下来的神灵,赐给了万民可以纺线织衣的蚕丝,因此进行各种祭祀活动,形成了对蚕神的信仰和崇拜。湖州境内主要丝绸大镇如南浔、双林、菱湖、新市、晟舍等都建有大大小小的蚕神庙(殿)。就目前见到的史料而言,湖州地区的民间蚕神信仰是极为多元化的:道教、佛教、人神信仰、动物崇拜等形式同时并存。

一是帝王始蚕型,即假托帝王或地位近似于帝王的贵夫人种桑养蚕的传说故事,将其作为神灵来信仰和祀奉。在湖州地区,比较典型的是嫘祖。嫘祖,相传是西陵氏之女,北周始被奉为"蚕神"。明清时期湖州蚕事最为兴盛之时,地方官府曾立嫘祖祠以供民众膜拜。"乾隆五十九年(1794),定浙江轩辕黄帝庙蚕神暨杭嘉湖属蚕神祠"[⑤],"湖州向奉先蚕黄帝元妃西陵氏嫘祖神位于照磨故署,……嘉庆四年(1799),抚浙中丞以浙西杭嘉湖三府民重蚕桑,请建祠以答神贶,奏奉谕允,乃建庙于东岳宫左,曰'蚕神庙'"[⑥],武康县先蚕祠"在城隍庙西偏桑果园旧址。嘉庆四年(1799),知县龚浚创建,祀古西陵氏之神"[⑦]。在帝王始蚕型的蚕神信仰谱

① 同治《湖州府志》卷四十《政经略·祀典》。
② 嘉泰《吴兴志》卷十三《蚕桑》。
③ 嘉靖《吴兴掌故集》卷十三《物产》。
④ 同治《湖州府志》卷三十一《舆地略·蚕桑下》。
⑤ 《清史稿·礼志·先蚕》。
⑥ 同治《湖州府志》卷三十《舆地略·蚕桑上》。
⑦ 道光《武康县志》卷十《建置志·坛庙》。

系中，蚕丛始蚕之说也有一定的市场。旧时，湖州地区也有乡村以蚕花五圣作为蚕神，“出火后始祭神，大眠、上山、回山、缫丝皆祭之。称蚕花五圣，谓之‘拜蚕花利市’”①，其形象为男性，有三眼六手，中间一眼为纵目，当是蜀地（四川）蚕丛氏青衣神的神话流传蜕变而成②。

二是死体化生型，即指由死体化变为蚕而被后人尊为蚕神的传说故事。尽管嫘祖身份高贵，教民蚕桑有功，但只限“有司祭祀”，乡民“虽瞻敬惟虔，而蚕时犹不敢亵祀先蚕”③。受湖州民众香火最盛的当属“马头娘”，在地方文献中记述甚多。“下蚕后，室中即奉马头娘，遇眠，以粉蚕、香花供奉，蚕毕送之。”④民国《双林镇志》亦载：“祀马头娘，盖蚕神也，春时祷祭甚盛”，并引清李兆镕《蚕妇诗》云：“村南少妇理新妆，女伴相携过上方，要卜今年蚕事好，来朝先祭马头娘。”⑤死体化生型的另一代表是三姑。三姑，又名“蚕三姑”“蚕姑”。湖州“俗呼蚕神曰‘三姑’，其占为：一姑把蚕，则叶贱；二姑把蚕，则叶贵；三姑把蚕，倏贱倏贵”，“又以寅申巳亥年为大姑把蚕，子午卯酉年为二姑把蚕，辰戌丑未年为三姑把蚕。大姑多损伤，二姑最吉，三姑则凶吉无定”⑥。元代湖州诗人马臻《村中即事》云：“村妇相逢还笑问，把蚕今岁是三姑？”⑦清代沈炳震在《蚕桑乐府・赛神》中这样描述：“今年把蚕值三姑，叶价贵贱相悬殊。侬家幸未食贵叶，唯姑所贶诚难诬。”⑧三姑的功能主要是占卜蚕桑生产的丰歉，当是历史上道教的紫姑崇拜在杭嘉湖蚕乡的一种流变，“湖以春迎庐姑卜蚕，即古紫姑遗意”⑨。

---

① 民国《南浔镇志》卷二十三《风俗》。

② 蚕丛氏青衣神到了湖州地区是如何转化为“蚕花五圣”的，至今仍是个难解之谜。据《陔余丛考》卷三十五《五圣宫》记载，吴俗中有“五通神”，其来历是明太祖定鼎后，梦中求封者甚众，于是，他下令在各地乡里立小庙，每祀五人，以仿照军中建制之意，俗称“五圣”。但“蚕花五圣”并非五个神，只是一个神。国内有学者认为可能是民间蚕农祭祀时借用“五圣”之名而引起的讹变，详细参见朱海滨：《祭祀政策与民间信仰变迁——近世浙江民间信仰研究》，复旦大学出版社2008年版。

③ 同治《湖州府志》卷三十一《舆地略・蚕桑下》。

④ 光绪《湖州府志》卷二十二《蚕桑》引《西吴蚕略》。

⑤ 民国《双林镇志》卷十三《农事》。

⑥ 同治《湖州府志》卷三十一《舆地略・蚕桑下》。

⑦ ［清］顾嗣立：《元诗选》，中华书局1987年版，第2714页。

⑧ 《钦定四库全书》集部三十八《别集类十二・增默斋诗集》。

⑨ 同治《湖州府志》卷三十一《舆地略・蚕桑下》。

《古今图书集成·神异典》引《异苑》:"世有紫姑女,……能占众事,卜未来蚕桑。"①

除了帝王始蚕型和死体化生型外,湖州地区还有其他类型的蚕神信仰,但影响相对较小。隋唐以来,道教把《搜神记》所记录的蚕马神话改编为叙述"九宫仙嫔"来历的仙话传说,收入《墉城集仙录》《三洞群仙录》《历世真仙体道通槛》之类的道教经典中②。《吴兴掌故集》载:"蚕神出《蜀郡图经》,曰'九宫仙嫔',蜀之先本有蚕虫鱼凫之说。"③及至宋代,出现了马鸣王化蚕的宗教故事。马鸣王,亦作马明王。马鸣,原系印度古代高僧,相传其能言善辩,连马也"垂泪听法,无念食想",后以马解其音,故名"马鸣"。他的生平与蚕并无关连,如何成为蚕神,现已不得而知④。旧时湖州民间也素有将马鸣王菩萨作为蚕神祭祀的传统。"马鸣王菩萨……乡人多祀之"⑤,"饲蚕者祭蚕神曰'马鸣王'"⑥。在民间焚烧的蚕神码纸中,蚕神头戴凤冠、肩披霞帔、身系百褶裙,双手捧茧端坐白马之上,在其身后立一侍从,打着一面大旗,上书"马明王"三个大字。

旧时,湖州民间还有"八蜡"神的信仰。八蜡是古代民众所祭祀的八种与农业有关的神祇:"蜡有八者:先啬一也;司啬二也;农三也;邮表畷四也;猫虎五也;坊六也;水庸七也、昆虫八也。"⑦八蜡分别指:先啬(神农)、司啬(后稷)、农(农夫)、邮表畷(茅棚、地头、井)、猫虎、坊(堤)、水庸(城隍)、昆虫。"八蜡、先啬,先农坛致祭,日用岁十二月上戊,常时供先啬、司

① 《古今图书集成》卷三十一《神异典》。

② 道教还在"九宫仙嫔"仙话传说的基础上创造了玄名真人化蚕的道教故事。集道教经典之大成的《道藏》中有《太上说利益蚕王妙经》,叙述灵宝天尊遣玄名真人化身为蚕,教民经络机织的故事,但在民间影响甚微。

③ 嘉靖《吴兴掌故集》卷十三《物产》。

④ 《阿婆缚抄》卷一一四和宋代道原《景德传灯录》中记载有马鸣化蚕的佛教故事。有学者认为这个故事是佛教为了树立自己的蚕神,以便在蚕桑业发达的地区获得更多的信徒,扩大香火,利用中国民间"蚕马同气"的信仰而编造出来的。详细参见顾希佳:《东南蚕桑文化》,中国民间文艺出版社1991年版;朱海滨:《祭祀政策与民间信仰变迁——近世浙江民间信仰研究》,复旦大学出版社2008年版。

⑤ 同治《湖州府志》卷三十一《舆地略·蚕桑下》。

⑥ 同治《安吉县志》卷七《风俗》。

⑦ 《礼记正义》卷二十九《〈郊特牲〉第十一》。

啬神牌于先农神牌之东西并南面,余六神列两旁,东西相向。"[①]长兴县城便民仓右建有八蜡祠,清康熙壬子(1672)年间,知县韩应恒筑仓(便民仓)既成,因"南人习尚土谷,不知有八蜡","复请上官建八蜡祠于文昌阁之右,中厅三间,塑八蜡神,外为门道,每岁定于十月致祭。又以庙有古帝神像,印官躬自行礼"[②]。除蚕神、八蜡外,"业田祭田公田母,业山者祭山神土地","(十月)晦日,田家以糯米蒸熟舂之作团,祭田公田母,分食力作者,乘月锄田,谓之'撩麦田'"[③]。

(四)图腾象征神

龙是湖州民间信仰中最常见的农业神祇,其实质应该是湖州先民的水神图腾崇拜。"图腾崇拜就其崇拜的直接对象来说,是自然物和动植物",这是因为"动物是人不可缺少,必要的东西。人之所以为人,要依靠动物;而人的生命和存在所依靠的东西,对于人类来说就是神。"[④]龙图腾的信仰,在吴地由来已久,史籍中多有关于吴地先民"断发文身"的记载。"文身断发,以避蛟龙之害"[⑤],"常在水中,故断其发,文其身,以象龙子,故不见伤害"[⑥]。事实上,真正的龙王神信仰是吴地的龙图腾观念和中原华夏族龙观念融合杂生的产物,"吴越地区的龙王崇拜不是本地的产物。龙信仰的盛行,是唐宋以后,伴随着求雨的需求而不断发展起来的"[⑦]。在民间信仰神灵体系中,龙的象征意义明确,功能分明,被赋予了呼风唤雨的能力,祭祀用以祈雨。

旧时龙王庙遍布湖州乡村,逐步形成了龙、雷公、电母为主的掌管乡间风雨的神灵系统。湖州弁山有黄龙洞,唐代以前称"金井洞","朱梁丙子(916),有黄龙破洞而出,石随龙势倾翻"[⑧],后人据此传说将其改名为"黄龙洞"。明代陶宗仪《辍耕录》载:"黄龙洞北枕太湖,其山皆怪石林立,

① 同治《湖州府志》卷四十《政经略·祀典》引《大清通礼》。
② 乾隆《长兴县志》卷四《庙祀》。
③ 同治《安吉县志》卷七《风俗》。
④ 刘毓庆:《图腾神话与中国传统人生》,人民出版社2004年版,第80页。
⑤ 《汉书·地理志下》。
⑥ 《史记·周本纪》。
⑦ 姜彬:《吴越民间信仰民俗》,上海文艺出版社1992年版,第48页。
⑧ 乾隆《金井志》卷一《山谷志》。

洞旁壁立千仞,俯瞰不能见底。每岁旱,郡民祷之。"[①]宋嘉泰《吴兴志》载:"旁有龙王祠、祥应宫,郡有水旱祷焉,知州事苏轼有刻。"[②]乾隆《金井志》载:"龙神庙在洞西,宋熙宁六年(1073)建"[③],"元丰三年(1080),敕封显利侯。今每岁五月二十日,郡守率僚属致祭……湖人称是日为"分龙日"……郡守与本县主其事,非大公出,不得委员,其余文武助祭者率八、九座。湖属祀典之盛,无逾此山也"[④]。同治《湖州府志》载:"(五月)二十日分龙,郡邑长率僚属至黄龙洞祭龙神。"[⑤]宋熙宁四年(1071),湖州遭受连续五年大水,七年(1074)大饥,太守孙觉率官员往黄龙洞祈晴,并赋《弁山黄龙祈晴》诗。孙觉好友苏轼时任杭州知府,作《和孙同年弁山黄龙洞祷晴》相酬唱:"吴兴连月雨,釜甑生鱼蛙。往问下山龙,曷不安厥家。梯空上巉绝,俯视惊谽谺。神井涌云盖,阴崖垂薜花。交流百道泉,赴谷走群蛇。不知落何处,隐隐如缫车。我来叩石户,飞鼠翻白鸦。寄语洞中龙,睡味岂不嘉。雨师少弭节,雷师亦停挝。积水得反壑,稻苗出泥沙。农夫免菜色,龙亦饱豚豭。看君拥黄绸,高卧放晚衙。"[⑥]元丰二年(1079)四月二十九日,苏轼"移知湖州","尝祷雨黄龙洞,赋诗刻石"[⑦]。明万历二十年(1592),归安人张睿卿"续昔人就山专祀之意,以志高山仰止之思,善乎先生之谢湖州也",而"复东坡先生祠堂"[⑧]。

除了弁山黄龙洞的黄龙庙外,旧时湖州各地均建有龙王庙。长兴县四安镇顺兴桥沙滩有龙神祠,"同治中,里人公置水龙四座,分贮桥东街、桥西街、盐场街、塔水桥街,以御火灾。光绪十六年(1890),董事宋钫等重修"[⑨]。武康县民众在每年的九月九日会到渊应庙祭祀龙神,"庙在县西十里响应山麓,山下有碧玉潭,神龙居之。唐元和间旱,县令刘汭祷雨辄应,请于朝,始载祀典。宋元符元年(1098)旱,县令毛滂驰祷,未出山而雨沛。

① 乾隆《金井志》卷二《文献考》引《辍耕录》。

② 嘉泰《吴兴志》卷六《宫观》。

③ 乾隆《金井志》卷一《山谷志》。

④ 乾隆《金井志》卷二《文献考》引《笠堂杂志》。

⑤ 同治《湖州府志》卷二十九《风俗》。

⑥ 〔宋〕苏轼:《苏文忠公全集》,江苏古籍出版社2007年版,第358页。

⑦ 乾隆《金井志》卷二《金石抄》。

⑧ 乾隆《金井志》卷二《金石抄》。

⑨ 光绪《长兴志拾遗》卷下《庙祀》。

刺史蒋之轮谴乌程县簿祷雪，即如所请。以事闻，赐今额。建中靖国间，邑人相与出赀立庙，元毁于兵。洪武二十八年(1395)，知县吴率正建。弘治十年(1497)，县丞许英重修庙三间，门一间，以上俱载祀典"①。渊应庙的祀典也相当隆重，"陈牲帛醴齑庶馐果品，用鼓吹。主祭官行三献六叩礼，七都、八都生员执事先是修整。时邑人出赀置产，于响应寺僧收息，祭毕饮福。庙制正厅三间、仪门三间、头门一间"②。

孝丰县金石乡章村有龙王庙，"称天目山之神，《山海经》南次二经诸山神状，皆龙身而鸟首，其祠宅毛用一璧，□糈用稌。庙有龙井，祷雨辄应。元末兵毁。明洪武四年(1371)复建，载于祀典，岁六月六日致祭，后改春秋二祀。嘉靖五年(1526)，知县郭治重修，后圮。国朝顺治间有修，道光二十七年(1847)，知县朱绪曾重修。咸丰十年(1860)毁于兵，今复建。其附见他乡者十二庙，天目乡二，广苕乡二，太平乡二，鱼池乡一，移风乡一，浮玉乡二，又金石乡二"③。顺零乡白龙潭也有龙王庙，"祀其潭之龙神"④。落石山黑龙潭之上有"孚济侯庙，祀其潭之龙神，潭久旱不涸。宋淳熙七年(1180)，邑人方以得祈雨辄应，请爵于朝，进封侯"⑤。另据地方志记载，南浔镇东栅分水墩的龙王庙"峙运河中，庙上为阁如浮屠"⑥，修建得比较精致，相传为"明董份建。神幄西向，上为阁，作圆顶尖，矗如浮屠。按：董说《楝花矶随笔》云：龙王及仪卫像，嘉靖名手塑，如唐人画"⑦。除了龙神外，还有信奉龙母的。孝丰县金石乡水村有仙姑庙，"祀徐仙姑，乡人奉为龙母，遇岁旱，祈雨辄应"⑧，"(宋)徐仙姑，金石乡长潭徐氏女。少时浣纱溪畔，水面一物浮至，类萍实，取而食之，遂有妊，其母以为怪。居三年，产一物，仍类萍实而大。女甚恶之，剖为十二，亟投诸水，倏忽变为十二龙，飞至天目，成十二龙渊，深不可测，俗名'险潭'。女仙去，后人

① 嘉靖《武康县志》卷四《祀典志》。
② 道光《武康县志》卷十《建置志・坛庙》。
③ 光绪《孝丰县志》卷三《建置志・坛庙》。
④ 乾隆《安吉州志》卷六《坛庙》。
⑤ 同治《安吉县志》卷六《坛庙》。
⑥ 光绪《乌程县志》卷六《祠祀》。
⑦ 咸丰《南浔镇志》卷八《寺庙一》。
⑧ 光绪《孝丰县志》卷三《建置志・坛庙》。

立龙母庙祀之，庙在水村，旱祷辄应。女年代不可考"[①]。"天井山，在州西南四十里。山半有潭，深如井，泉水倾泻，四时不竭。地素有龙神，祷雨辄应。自城南求雨者，常不远数十里祷此。今龙神庙移于山北石马里。"[②]

二、监护神祇

在传统社会中，个体依据包括血缘、姻缘的亲缘关系组成家庭与宗族，依据同居一处的地缘关系组成城乡社区，依据同操一业的业缘关系组成行业群体。这些不同规模的群体都有各自的监护神，受到群体成员的共同奉祀。群体监护神来自并反映群体成员共同的利益与需求，负责对群体的保护、监管、教化、整合，维系群体的安全、凝聚、统一、秩序，从而可以促进社会的结构稳定、生活和谐。"我们可以思考有没有什么现代的象征体系，可以用来替代古老的崇拜制度，借以解决家庭中种种紧张关系、身份认同的困境。这应该是我们对传统崇拜所应持有的正确态度。"[③]

（一）家庭宗族监护神

杨庆堃基于广泛的民族志资料，界定了祖先崇拜由"人死后随即进行的埋葬仪式和使生者与死者之间保持长久关系的供奉仪式"两部分组成，指出儒家伦理通过融入社会生活、制度和民俗，取得了正如西方宗教在社会中的地位，支配着人们的价值体系。[④] 中国人对先人的祭祀是道德信仰，是表达情感的诗意之举，是发自个体情感的感恩与缅怀。"行祭礼并不是因为鬼神真正存在，只是祭祖先的人出于孝敬祖先的感情，所以礼的意义是诗的，不是宗教的。"[⑤]

旧时，湖州民众非常注重对祖先的祭祀，把祖先作为一种神灵来信仰

① 康熙《孝丰县志》卷六《人物志·仙释》。

② 同治《安吉县志》卷三《山川》。

③ 李亦园：《文化的图像——宗教与族群的文化观察》，台北允晨文化出版公司1992年版，第132页。

④ [美]杨庆堃：《中国社会中的宗教——宗教的现代社会功能与其历史因素之研究》，范丽珠译，上海人民出版社2007年版，第43页。

⑤ 冯友兰：《人生哲学》，广西师范大学出版社2005年版，第76页。

和崇拜。[①] “士大夫家祭曾、高、祖、祢为四亲。有建祠合祭者。自忌辰外，岁时之祭，元旦(俱悬先人遗像，或三日，或五日，每日献茶果，撤像之日，设馔享之。按：有悬至十八日，于正月初二、十三、十五、十八等日，并设享祀者)、清明、夏至、七月望、十月朔、冬至、除夕，祭品丰俭不同，无有废祀者”[②]，“(清明)以白纸剪幡系于竹竿插冢上，谓之‘挂帛’。然后设馔于祠，无祠则祭于为首之家。祭毕而饮，谓之‘清明酒’。分胙必均，尊卑长幼，坐次必以序，俗谓‘孝顺年节，忤逆清明’”[③]，“各家凡遇高、曾、祖、父、考妣忌辰，必备酒肴，焚化楮锭，衣冠而拜。如清明、夏至、中元、十月朝、冬至、除夕诸节，更为丰盛”[④]。“《宣室志》：俗传人之死，凡数日，当有禽鸟自柩中而飞者曰‘煞’。今煞神马，人头禽身尾，号曰‘雌雄二煞’”[⑤]。鬼魂观念是祖先崇拜的基础，对祖先的崇拜，主要是对祖先的鬼魂崇拜。对祖先灵魂的敬畏之心导致崇拜，以求福祛祸。兴修祠堂和编撰族谱是宗族实现对祖先祭祀崇拜的主要体现，“宗有谱，族有祠”。遍布湖州的宗族祠堂是旧时民众进行祖先崇拜的主要场所和直接的物质体现，正所谓“祠庙，祖宗神灵所栖，子孙奉祀之所”，以菱湖、双林二镇为例，其分别有祠堂 34 座、56 座。[⑥]

“士大夫营宫室，先立祠堂，以祀祖先，随设门、户、灶、行、中溜神主，以祭五祀止耳。天地山川百神，皆国家所行，不可得而祀也。近世流俗妄行，祭祷祠堂内，或立天地君亲师牌位，或塑画释道家所奉神像，僭黩甚矣，岂有受福之礼哉。”[⑦]除祖先外，家庭宗族监护神祇中另一个重要的神灵就是灶神。灶神，也称灶君，在民间则有“灶王”“灶王菩萨”等称谓。民以食为天，家中烹饪食物的是灶。灶是家庭的象征物，因此，“体现农民对

---

① 就民俗学范畴而言，丧葬礼仪也与祖先崇拜结合在一起，“肩负”着礼教的重任，以葬式、丧礼、丧制替儒家宣扬孝道。参见陈华文：《丧葬史》，上海文艺出版社 1999 年版；陈淑君、陈华文：《民间丧葬习俗》，中国社会出版社 2008 年版。

② 同治《湖州府志》卷二十九《舆地略·风俗》。

③ 同治《安吉县志》卷七《风俗》。

④ 同治《晟舍镇志》卷二《风俗》。

⑤ 同治《长兴县志》卷十六《风俗》。

⑥ 光绪《菱湖镇志》卷六《祠墓》；民国《双林镇志》卷十《祠墓》。

⑦ 乾隆《湖州府志》卷三十九《风俗》引《乌青文献》。

家的依恋与看重的符号象征，就是'灶神'"[①]。"广惠宫，在南栅，俗名张王庙。其北为祠山殿，今改奉为湖州府城隍殿，而供祠山大帝于雷震殿，西南有灶神行宫"[②]，"聚圣楼，太平乡天井庄，楼并列五间，中祀武圣，左文昌，又左龙王，右东岳，又右灶神"[③]。除南浔镇、太平乡外，旧时民众祭祀灶神一般是在家庭空间内部。"夫夏，火令也；祀灶，慎火也。俗以八月初三日为灶君生日，家家敬祀之。按《灶君书》言：神姓张，名单，字子郭，似实有其人矣。上古茹毛饮血，本无灶，庖牺氏始创烹饪，则灶神当为庖牺氏。或谓日必举火，则灶神当疑祝融氏。灶面画既济卦，灶背书'火烛小心'，使人触目，防灾也。假神以祀之，或蔬食菜羹，瓜祭之意耳。"[④]

"（十二月）二十四日，谓之'交年'，扫屋尘，丐者涂抹变形，装成男、女鬼判，嗷舞于市，即古傩也，俗呼'跳灶王'"[⑤]，"祀灶以胶牙饧、粉团为献"[⑥]，"谓以一家善恶奏闻于天，祀以果品外，并供赤豆糯米饭、糖塌饼以为媚，以柔甘神，必隐恶而扬善。且除夕接灶，有故意延迟至鸡鸣者，谓'早来神性急，迟来神性和，纠察可以或宽'。神权时代，假神以警顽愚，是神道设教，或有微意。故五祀详于《月令》，科学昌明，知所反矣"[⑦]。"（除夕）或有灶前致祷，请方向出门，听市人无意之言，以卜来年休咎，谓之'听响卜'"[⑧]，董说的《祭灶词》曰："祭灶灯寒祝语疏，自将功过默乘除。风流罪业应难免，偷写人间几叶书。灶王归去海云稠，应记南村人正愁。为上绿章封事奏，青山乞与半生游。"[⑨]

> 家祭土地、家堂、灶司、太君、门神、五圣等神。各村坊皆有土地庙，春祈秋报。有合村共祭者，有各祭者。案《吾学编》："明

---

① 张鸣：《乡土心路八十年：中国近代化过程中农民意识的变迁》，上海香港三联书店1997年版，第40页。

② 民国《南浔志》卷十五《寺庙》。

③ 光绪《孝丰县志》卷三《建置志·坛庙》。

④ 民国《德清县新志》卷二《舆地志·风俗》。

⑤ 嘉庆《长兴县志》卷十四《风俗》。

⑥ 乾隆《乌程县志》卷十三《风俗》。

⑦ 民国《德清县新志》卷二《舆地志·风俗》。

⑧ 同治《南浔镇志》卷二十三《风俗》。

⑨ 民国《南浔志》卷三十三《风俗》。

制:各乡村内一百户立一坛,祀五土五谷之神,春、秋二社,率钱备少牢祭。祭毕会饮,会中一人读抑强扶弱之誓。”家设家堂香火神主,随时致祭。灶司,设主于灶,祭用粉团、果品。太君,俗称娘娘,祭用茶果、糕圆,谓之“烧茶”。生育男女,必随时祭之。门神,惟岁终一祭。五圣,俗谓“财神”。凡委巷、空园及大树下,皆设矮屋,高、广不逾三四尺,而图像于其中。至人家酒房、牛栏、猪圈,亦皆以“五圣”称之,逢时致祭焉。甚至树头、花前、鸡埘、豕圈小有萎夭,辄曰“五圣为祸”。又有金元六总管、七总管,市井目为财神。开店者每于初二、十六日祭之,谓之“拜利市”。读书之家则祭文昌。①

祭神。不专主五祀,土地及灶,逢时则祭。祭有所谓“六神”者,曰和合,曰五圣,曰总管,曰太君,曰家堂,曰土地,则于端午、中秋大节祀之。除夕更加魁星、元坛等,所设神模有多至数十者。祭毕,必放爆竹,度岁尤盛。农家兼祈田蚕,祀猛将,祭马头娘,一切总管堂子,门神水神,无处不拜,清明尤盛。湖俗信鬼,祀五圣堂子最盛。五圣不知何神,乡间村路、水口各处建一祠,广、高不逾四五尺,其中或塑像,或画壁,以至小巷、空园、屋壁、树旁多建祀之。年底及清明、端午各节必往祝。②

从上述记载中我们不难发现,旧时湖州民众的家庭宗族监护神祇远不止祖先和灶神。关于家堂、太君、门神、五圣等名目繁多的神祇及其职能的描述,说明民间信仰往往将宗教意识通过实践转为行动,借助各种仪式把神灵祭祀外化于空间之中。对于人们来说,信仰是一种生活,是实现现实需要的途径。信仰和祭拜何种神灵,既源于信仰传统,又离不开现实生活中的某种实际需要,这也是民间信仰的神圣性与凡俗社会紧密连接的根本原因。

---

① 同治《安吉县志》卷七《风俗》。

② 民国《双林镇志》卷十五《风俗》。

(二)区域社会监护神

除家庭宗族监护神祇外，城隍无疑是中国民间社会最为重要的监护神灵信仰之一。"城隍"一词最早见于《周易》："城复于隍，勿用师。"①许慎《说文解字》曰："城，以盛民也。"又曰："隍，城池也，有水曰池，无水曰隍。"②可见，城隍原意是保护城市的城墙和壕沟，后引申为田间用于灌溉的沟渠。祭祀城隍神的可考史事，最早当为南北朝时。北齐文宣帝天保六年(555)，慕容俨镇守郑城，南朝梁军围城，以荻洪截断水路供应，郢城危在旦夕时求助城隍获救："城中先有神祠一所，俗号城隍神，公私每有祈祷。于是顺士卒之心，乃相率祈请，冀获冥佑。须臾，冲风欻起，惊涛涌激，漂断荻洪，约复以铁锁连治，防御弥切。俨还共祈请，风浪夜惊，复以断绝，如此者再三。城人大喜，以为神功。"③至隋唐时期，城隍信仰已盛行于江南，"吴俗畏鬼，每州县必有城隍神"④。唐宋以降，它从最初的城市守护神进而发展为具有多重功能并与地方官员"阴阳表里"共同管理地方社会的神灵，对区域社会的各个方面产生了显著的影响。

旧时湖州有三位城隍神。⑤ 第一位是"阜俗安成王"，"庙在府治东北阜安坊，宋绍兴间在阜西，知州事赵叔岑重建庙宇。国朝洪武二年(1369)，徙于今处。正统二年(1437)，通判杨和重修。景泰五年(1454)，郡遭大水，人民饿死者众，御制祭文，命巡抚尚书孙元贞祀。成化十年(1474)，知府劳钺以庙宇倾颓，不堪奉祀，命义官范渊、尹政募境内义民吴藿等白银若干两，自正庙两司及后寝、室墙垣俱鼎建一新"⑥，"万历元年(1573)，知府栗祁重修。前有堂，后有寝，东西有序，中外有门"⑦，"本朝康熙二年(1663)，道官杨永茂修。《五代会要》：清泰元年(934)十一月，敕湖州城隍神封阜俗安成王，从两浙节度使钱元瓘奏也"⑧，"乾隆五十三年

---

① 《周易・泰卦》。

② 〔东汉〕许慎：《说文解字》，中华书局 1963 年版，第 288、306 页。

③ 《北齐书》卷二十《慕容俨传》。

④ 《太平广记》卷三百零三《宣州司户》条引《纪闻》。

⑤ 余方德、嵇发根：《湖州掌故集》，三秦出版社 1997 年版，第 243 页。

⑥ 成化《湖州府志》卷十一《祠祀》。

⑦ 万历《湖州府志》卷十四《坛祠》。

⑧ 乾隆《湖州府志》卷十一《祠祀》。

(1788),知府雷轮重修。同治初毁,十年(1871),郡人沈丙莹、钮福皆、陈烈等募建"①。第二位是"监察司民城隍威灵公","洪武二年(1369)春正月丙申朔,上御奉天殿受朝贺,大宴群臣。……封京都及天下城隍神,上谓中书及礼官曰:'明有礼乐,幽有鬼神,若城隍神者历代所祀,宜新封爵。'……《各府城隍(制)》曰:眷此郡城,明祇所司,宜封'监察司民城隍威灵公'。威则照临有赫,灵则感通无方"②。第三位是"劳公神",即明湖州知府劳钺。百姓口耳相传,劳钺因积劳成疾,不治而亡。据《湖州府城隍劳公神庙碑》记载,劳钺去世前"忽沐浴升堂,与士大夫诀别,无疾而逝,人以为神","劳公神庙"(当地俗称"劳公祠")为后人在府城隍庙正殿内增建,供奉劳钺神像,作为湖州府城隍来专门祭祀③。

归安县"城隍庙在泰定仓后。嘉靖四十年(1561),知县叶恩始正庙制,于清明、中元节,孟冬朔迎神像至厉坛祭焉"④,"今于中秋节祀神。道光二十五年(1845)火燔,邑人杨掌纶等募资重建,增置池亭树石,为郡城之胜。概同治初坏,邑人韦振鹭等募资重修。"⑤乌程县城隍庙"在县治东数武。洪武七年(1374),知县孙成建。嘉靖三十三年(1554),知县张冕始正庙制。三十六年(1557),知县蒋弘德重修。隆庆元年(1567),知县赵焕复建后寝。万历中,知县杨应聘、徐应鹤、陈经正屡修。天启五年(1525),知县马思理因祷雨而应捐俸加修。本朝顺治四年(1647),湖镇张士元捐俸,绅耆协助重修,康熙七年(1668)三月六日火,重建"⑥,"同治初毁,复建"⑦。

武康、安吉两县的城隍庙都颇具规模。武康县城隍庙其一"在县东北一百步。洪武三年(1370),县丞丁宁即净因院建庙三间,后堂三间,庙门三间"⑧,"顺治五年(1648),县令姜会昌重修"⑨,"改楼三间,两旁共十间,

---

① 同治《湖州府志》卷四十《政经略·祀典》。
② 《大明太祖高皇帝实录》卷三十八。
③ 余方德、嵇发根:《湖州掌故集》,三秦出版社1997年版,第244页。
④ 康熙《归安县志》卷二《坛祠志》。
⑤ 光绪《归安县志》卷十七《祀典》。
⑥ 乾隆《乌程县志》卷九《祠祀》。
⑦ 光绪《乌程县志》卷六《祠祀》。
⑧ 嘉靖《武康县志》卷四《祀典志》。
⑨ 康熙《武康县志》卷四《祀典志》。

门内古松、贺匾、吴画，人称'三绝'。雍正五年(1727)，重修楼门。乾隆十二年(1747)，知县刘守成重整正厅，建桥于庙前，向西山门改坊，名'警心'。又拨十七都关庙田五亩，地一亩七分，山五亩，谕关庙道士带产住持。岁春秋二仲月戊日，合祭于风云雷雨山川坛"①。另一座"在儒学之左，宋绍兴中重建。今制前殿、后寝、东西两廊、中外二门。明正德末，知县陈恺改修前殿，庙有蜃井，大门外有通河官路。……计基地共四亩八分五厘六毫"②，"康熙二十六年(1687)，知县王廷诗重修，联两厅为一，中起高脊"③，"清道光初年，于庙左墙外添造花园，厅屋三进并两廊平屋，西首弄下石河埠亦加修整。咸丰十一年(1861)毁，仅存大殿及头门，暨花园内方旧石盂一具。同治间，里人许怀清、章正纶陆续拆建。光绪间，里人陈金球、施逢元筹建寝宫及花园内外房屋，并于正殿内置铁铸烛台、香炉一副，二殿内置点铜烛台一副，头门外铁鼎一座"④。

安吉县城隍庙"在州东南福民坊界，明洪武三年(1370)改建，岁无常祭，神诞于五月十五日，有司致祭及厉坛主祭，其或水旱祈祷，官司莅任皆特祭。……大殿、翻轩各三楹，东西楼十二间，恢弘壮丽，甲于一邑"⑤，"咸丰十一年(1861)毁，仅存大殿、坐宫。同治七年(1868)，公募修建，中为大殿，殿前两翼，十司楼十二间，再前为戏台，台前为头门，再前为彰善、惩恶两坊。殿东后为祖师殿，前为忠义祠，再东为厨房。殿西后为寝宫，前为百子堂，再前为龙神庙。凡神像制度悉如旧观"⑥。孝丰县城隍庙"在儒学左。头门、仪门、正殿，后殿两廊。……同治五年(1866)……正殿三间，前为东西廊，为戏楼、仪门、大门。西偏楼屋三间，厢楼二椽，东偏厨房五间，后殿楼三间，前后两厢楼各二椽"⑦。

长兴县城隍庙"旧在县治东南二百步，明洪武三年(1370)，改建于灵祐坊。设木主题曰'城隍之神'，每岁春秋二仲致祭"⑧。除县城隍庙外，长

---

① 道光《武康县志》卷十《建置志·坛庙》。

② 康熙《德清县志》卷三《宫室考·坛庙》。

③ 民国《德清县续志》卷二《建置志·坛庙》。

④ 民国《德清县新志》卷三《建置志·坛庙》。

⑤ 乾隆《安吉州志》卷六《坛庙》。

⑥ 同治《安吉县志》卷六《坛庙》。

⑦ 光绪《孝丰县志》卷三《建置志·坛庙》。

⑧ 乾隆《长兴县志》卷四《庙祀》。

兴还有镇城隍庙，即四安古城隍庙。庙“咸丰十年(1860)毁，同治八年(1869)，知县赵定邦延绅士钱清等捐资重建”①，“光绪十八年(1892)，董事严亮熙募资重建戏台及左右庑。谨按：古城隍姓张，爵显佑伯。盖沿明洪武二年(1369)初制也。国朝同治二年(1863)，礼部行知城隍祀列地祇后，不得称公侯伯爵等字样，以重祀典”，而且有相当数量的庙产，“向有平田十八亩，坐落方山区三十四庄水墩塘。同治五年(1866)，防营金参、戎培畴捐助平田二十亩，坐落方山区三十三庄高坝桥”②。

(三)水利漕运监护神

湖州历史上人格化的水利漕运监护神，在地方志中多有记载，且大多属于官造的一类，“金龙四大王”即属此。明朝初年，明太祖朱元璋为了制造神助得国的舆论，先使谢绪充当了“助朱抗元”的神明，以后靠大运河漕运又使他成了“治水护航”的神明。这样，这位本与“水”没有多少关系的谢绪竟成了治水护航监护神祇中最有地位的一位神灵——金龙四大王。历代统治者曾给其“显佑通济昭灵效顺广利安民惠孚普运护国孚泽绥疆敷仁保康赞翊宣诚灵感辅化襄猷溥靖德庇锡佑国济”共四十四字的封号，实乃罕见之殊荣。“金龙四大王”确有其人，姓谢，名绪。《古今图书集成·神异典》中关于谢绪的一段文字，基本与史实相近：

> 谢绪，达之孙也。元人外啮，谢太后中制于权奸，绪恚尤切。建望云亭于金龙山巅，读书其中。甲戌秋霖雨，天目山崩，水溢临安，溺死者无算。绪乃散家资涝济之，会众泣曰：“天目乃临安之上山，宋其亡矣！”亡何大后北辕。叹曰：“生不能图报朝廷，死当奋勇以灭贼。”作书自悼，书讫，赴水死。水势汹涌高丈许，若龙斗状，尸为不流，颜色如生，人咸异之。元末，预梦于乡人曰：“吾饮恨九泉百余年，今幸有主。越数日，黄河北徙，其验也，吾辈当归新主。明春吕梁之战，吾其助之。”丙午春，黄河北徙。九月，明太祖取杭州。丁未二月，傅有德与贼大战吕梁，见金甲神

① 光绪《长兴县志》卷十二《坛庙》。

② 光绪《长兴志拾遗》卷下《庙祀》。

人，空中跃马擒贼，众大溃。成祖议海道不便，复修漕运，凡河流淤壅，力能开之，舟将覆溺，力能拯之，神之显著于黄河特甚。嘉靖中，奉敕建庙鱼台县。隆庆中，遣兵部侍郎万恭致祭，封"金龙四大王"。①

明代礼部尚书兼东阁大学士、乌程人朱国祯撰写的《涌幢小品》及成书于清光绪年间的河神神谱《敕封大王将军纪略》中对金龙四大王的描写，则明显带有当年官家编造的痕迹：

金龙大王，姓谢，名绪，晋太傅安裔。金兵方炽，神以戚畹。愤不乐仕，隐金龙山椒，筑望云亭自娱。咸淳中，浙大饥，损家赀，饭饿人，所全活甚众。元兵入临安，掳太后、少主去。义不臣虏，赴江死，尸僵不坏，乡人义而瘗之祖庙侧。大明兵起，神示梦："当佑圣主。"时傅友德与元左丞李二战徐州吕梁洪，士卒见空中有披甲者来助战，虏大溃，遂着灵应。永乐间，凿会通渠，舟楫过洪，祷亡不应，于是建祠洪上。隆庆间，大司空潘季驯督漕河，河塞不流；司空为文责神，河塞如故。会司空有书史以事过洪，天将暮，遇伍伯，擒以见神。神坐庙内，诘问书史曰："若官人，胡得无礼！河流塞，亦天数也，岂吾为此厉民？为语司空，'吾已得请于帝，河将以某日通矣。'若掌书不敬，当罚。"书史诉不得，受朴去，以告司空。已而河果以某日通，于是司空祗事神益虔。②

元末，我太祖与元将蛮子海牙战于吕梁，元师顺流而下，我师将溃。太祖忽见空中有神披甲执鞭，惊涛涌浪，河忽北流，遏截敌舟，震动颠撼，旌旗闪烁，阴相协助，元师大败。太祖异之。是夜，梦一儒生披纬语曰："余乃宋会稽谢绪也。宋亡，赴水死。行间相助，用纾宿愤。"太祖嘉其忠义，诰封为金龙四大王。金龙

① 《古今图书集成·神异典》引《杭州府志》。

② 《涌幢小品》卷十九《河神》。

者，因其所葬地也。四大王者，因其生时行列也。自洪武迄今，江淮河汉四渎之间，屡著灵异。商舶粮艘，舳舻千里，风高浪恶，来往无恙，佥日王赐。①

旧时乌程、长兴等地均建有金龙四大王庙。乌程县迎春门外的金龙四大王庙“道光中建，按《大清通礼》：祭显佑通济昭灵效顺广利安民惠孚金龙四大王谢绪于宿迁及滨河各邑，无直省通祀之制，此庙乃运丁私建也”②。长兴县城有金龙四大王庙两座，“一在便民仓南门之左，本朝康熙二年(1663)，举人叶彰吉、钱珏捐资募建加轩及台门，后为小寝，像王貌其中”③，“一在宜春门外，米业武生徐汝翼等捐资重建”④。菱湖镇的金龙四大王庙在放生禅院，“神为浙江人谢绪，行四，读书金龙山，死节为河神”⑤。

除金龙四大王外，祠山大帝张渤的信仰在湖州民间也颇具市场。嘉泰《吴兴志》记载：在子城西北报恩观之右有灵济庙，“广德祠山张王也。有敕赐庙额，累封王爵。王，后汉人，初居郡之白鹤山。唐颜真卿碑载其事。乾宁中，邑人避宣城乱，寓居卞山，立草堂祀神。时李师悦为守，梦神丐授馆，乃建祠于卞山之隅”⑥，“神姓张名渤”⑦。安吉县祠山庙“一在顺安乡青松里，旱年有司诣祷。……明初尤著灵异，特加真君大帝封号。一在梅溪镇翔舞坊下”⑧。其实，祠山大帝的信仰遍及皖苏浙三省十几个县，民间对张渤的祭祀活动曾十分频繁与隆重。“(唐天宝中)江以南连年灾旱，吴兴、广德民祷于横山张公庙，感应得雨。”⑨民众崇拜祭祀张渤是因为他是一位治水英雄，这是显而易见的。人们感念张渤能想百姓之想，做人所不能之事。南宋吴曾《能改斋漫录》的记载比较详细：

---

① 〔明〕朱寿镛编：《勅封大王将军纪略》，上海商务印刷所民国十二年铅印本。
② 光绪《乌程县志》卷六《祠祀》。
③ 乾隆《长兴县志》卷四《庙祀》。
④ 光绪《长兴县志》卷十二《坛庙》。
⑤ 光绪《菱湖镇志》卷六《祠墓》。
⑥ 嘉泰《吴兴志》卷十三《祠庙》。
⑦ 万历《湖州府志》卷十四《坛祠》。
⑧ 乾隆《安吉州志》卷六《坛庙》。
⑨ 《历代神仙通鉴》卷十四《佛祖传灯》。

> 广德军祠山广德王，名渤，姓张，本前汉吴兴郡乌程县横山人。始于本郡长兴县顺灵乡发迹，役阴兵导通流，欲抵广德县，故东自长兴、荆溪，疏凿河渎。先时与夫人李氏密议为期，每饷至，鸣鼓三声，而王即自至，不令夫人至开河之所。厥后因夫人遗飡于鼓，乃为乌啄，王以为鸣鼓而饷至。洎王诣鼓坛，乃知为乌所误。逡巡，夫人至，鸣其鼓，王以为前所误而不至。夫人遂诣兴工之所，见王为大猪，驱役阴兵，开凿河渎。王见夫人，变形未及，从此耻之，遂不与夫人相见，河渎之功遂息。遁于广德县四五里横山之顶，居民思之，立庙于山西南隅。夫人李氏，亦至县东二里而化，时人亦立其庙。由是历汉五代以至本朝，水旱灾，祷之无不应。郡人以王故，呼猪而曰"乌羊"。①

为了神化张渤，民众又在张渤的家世上进行了很多的铺垫与渲染。明代田艺蘅的《留青日札》里就有关于张渤父母的传说："武当人张秉遇仙女，谓曰：'帝以君功在吴分，故遣我为配，生子以王其地。'约逾年再会。至期女抱子归秉。其子名渤，后为祠山神也。"②《南浔镇志》所辑《广惠宫碑记》载："据稗史载祠山遗事云：帝姓张，名楝，生而神奇，将引苕、霅二溪之水通至广德，身变猪龙，掀泥掉石，被家人窥见，遂不果。后成祠山之神。夫六十里之水路未通，帝之所遗憾也。"③钟伟今先生认为，祠山神的影响所在，当在古吴越，现杭嘉湖一带，特别是今吴兴区、南浔区及长兴、德清等地，建庙后一直"香火繁盛，浔溪一镇，祀事绵绵"④。《南浔镇志》的记载，更加将祠山大帝明确确定为一位欲"引苕、霅之水至广德"的治水英雄。根据其文字描述推断，大致应是和大禹治水相近的上古时代，或者是古吴越所在的先秦时期。有学者据此认为祠山大帝的"祠"与"涂"古音相通，"祠山"即大禹之妻涂山氏。但既然是民间传说，附会与否也不必计较。

---

① 《能改斋漫录》卷十八《神仙鬼怪·广德王开河为猪形》。

② 《留青日札》卷二十八《祠山张大帝》。

③ 同治《南浔镇志》卷二十五《碑刻》。

④ 钟伟今主编：《湖州风俗志》，湖州市群众艺术馆、湖州市民间文艺研究会1986年编印，未刊稿，第212页。

湖州北临太湖，与无锡、苏州隔湖相望，是环太湖地区唯一因湖而得名的城市，旧时湖州民众对太湖神的祀奉也是非常虔诚的，且大多为人格化的水神。太湖边的杨渎桥有太湖神广济伯庙，“祀晋里人徐贲，俗称徐大将军。国朝道光三年(1823)，奉敕赐封。十一年(1831)七月，详定每岁六月二十八日致祭如黄龙神例。……明学士宋濂碑文称神为乌程人，乌程杨渎桥为神故里，旧有庙，祷祈辄应。里人吴之剑等具呈当道，浙抚刘据实以闻，赐广济伯封号”①。长兴县有佑民衍泽神庙，“即兴隆庙，俗呼为王二相公庙。在县北二十七里夹浦镇。神主西太湖，危急时呼之立应。神姓王，名英，县之安化区上埠下村人，……年十二，有客贩饼过湖，遭风舟覆，神乘芦席浮湖，与客运饼并救溺无算。崇祯年间，斯圻湾浮小木二，神蹈木沉湖。常于湖面救人，因建庙祀之。嘉庆十六年(1811)，邑人以灵迹屡著请于大吏，得旨封为佑民衍泽之神，载入祀典”，其余四座王二相公庙“一在县北三十里鳌山，同治八年(1869)，里人重修；一在上埠下村；一在九员岭；一在排田漾，同治十年(1871)重修，香火甚盛”②。现在每年九月初，长兴太湖沿岸都会在雉城镇新塘村长兴港入太湖口举行开渔节，届时不仅有长兴渔民，还有附近渔民，更有江苏、安徽等地的渔民赶来参加，多时有数百条渔船同时驶入太湖，场面十分壮观。开渔节时，都要在旁边的海安禅寺进行祭拜活动，特别要祭拜王二相公，祈求渔民平安③。

陆圭也是湖州水利监护神祇中重要的人格神之一。“石冢广陵侯庙，旧志所无，据庙中碑文载之……神姓陆，名圭，世为昭庆都人，生于宋熙宁间，……遂为潮神。绍兴间，海涛冲击江岸，民不遑安。神役阴兵治之，潮势遂平。……生英灵殁，昭不可掩。环千里之地，家祝而乡祀，奚啻子若孙之与祖祢，所以盖覆斯民，历千载，弥一日，炳乎不可诬也。朝廷封爵，命案庙貌，于礼实宜，水旱疾疫，有祷辄应”④。《吴兴备志》引《西湖游览志》载，石冢(今南浔区石淙镇)有协顺庙，“其神陆圭，……宣和中，引兵攻方腊，败之，死而为神，……赐庙额曰‘协顺’，封神为‘广陵侯’，三女为显济、通济、永济夫人，一主护岸，一主起水，一主交泽。旁有小庙，祀十二潮

① 同治《湖州府志》卷四十《政经略・祀典》。

② 光绪《长兴县志》卷十二《坛庙》。

③ 谢文柏主编：《长兴县志》，上海人民出版社 1992 年版，第 361 页。

④ 嘉泰《吴兴志》卷三《祠庙》。

神，各主一时"[①]。光绪《归安县志》在在风俗篇中又补充交代了记录的人及记录缘由。"协顺庙，在县东南石冢村。……建庙是邦，地曰'石冢'。余寓苕日久，且官宗伯，实掌邦礼治，神人职，兼翰墨。咸淳甲戌(1274)，神之曾孙陆子宣，备述本末，请记于余，谊不获辞，于是乎书。……十一日，凡郡城驳船及渔业毕集，香火不绝，以为求嗣者有求必应。"[②]

除金龙四大王、祠山大帝、陆圭外，旧时湖州的水利漕运监护神祇谱系还有不少，既有"迁移"的天后，也有土著的神祇，兹举数例：德清威灵侯庙，"在县西二十里，每岁仲春定日，里人社祀。侯姓高，名元，本邑英溪人，仕后周。陈桥兵变，义不仕宋，归隐于邑之西岑坞。里人赖其捍卫，得免水厄，爰立祠祀之。宋皇祐二年(1050)，封威灵侯。庙制前后二进，前后有廊，房共十六间"[③]。归安县治东半里许，有天后宫，"国朝乾隆四年(1739)，郡人钱廷谔、费淮、钱鸣泰等创建。按：神为宋林氏女。《会典》：祭于福建湄洲、莆田县，江苏清口及滨海各县，余无祀典，然亦不禁"[④]。菱湖镇祗园寺建有天后宫，"神为宋林氏女"[⑤]，南浔镇"天后宫，在东栅极乐庵西，道光十七年(1837)建，咸丰二年(1852)修，后毁，今在极乐寺内"[⑥]，"海神祠，在大麻区海卸村，清光绪初年修建"[⑦]。巡江王庙在"迎禧门外清塘桥西，神姓陈，颇灵应；一在安定门内潮音桥东"[⑧]。乌程县"晏公庙在安定门外，祀水神平浪侯，每岁漕艘必祷于此"[⑨]，孝丰县晏公庙有四座，分别在"太平乡西圩庄、殿子庄、大竹庄、塘河庄"，"东平庙，县署西。附见者三。一广苕乡彭宅庄彭祖墓前；一太平乡松坑庄，建自明嘉靖间，本朝嘉庆十七年(1812)，乡人梅成龙修。道光十四年(1834)，梅介臣、范士金又修，王德生撰记。一移风乡广上庄，祀唐扬州大都督张公巡，封忠靖王，为

---

① 天启《吴兴备志》卷十四《建置徵》。

② 光绪《归安县志》卷十二《舆地略・风俗》。

③ 民国《莫干山志》卷五《寺庙》。

④ 同治《湖州府志》卷四十《政经略・祀典》。

⑤ 光绪《菱湖镇志》卷六《祠墓》。

⑥ 民国《南浔志》卷十二《寺庙》。

⑦ 民国《德清县新志》卷三《建置志・寺观》。

⑧ 光绪《乌程县志》卷六《祠祀》。

⑨ 乾隆《乌程县志》卷九《祠祀》。

安澜之神”①。

三、命运神祇

面对崎岖艰难、变幻莫测的人生，旧时民众常常感到不能掌握自己的命运，而幻想有一种人格化的超自然的主宰力量，可以向之求告，以获得感情上的满足。这就决定了旧时人们自降临世上便难逃宗教潜网，在通过每一道人生重大转折关头时，神都与人同在，予人以希望和抚慰。“在尊孔的时代，孔子是自帝王到百姓全民尊崇的大圣人，尤为读书人所尊崇。但只有教育业等若干行业供奉孔子才属于行业神崇拜”②。社会要保持发展和进步离不开稳定的社会秩序，而稳定的社会秩序的建立则依赖于有效的社会控制。所谓社会控制，就是“通过社会力量使人们遵从社会规范，维持社会秩序的过程”③。在中国传统社会，命运神祇作为社会控制的一种手段，不仅对民众的人格和社会心理的塑造起着重要的作用，而且对社会整合与控制、稳定与统一也起着积极的作用。

(一)行业命运神

行业命运神有一个特点，就是“手工业行神和商业行神有时很难截然分开。例如杜康，既是酒坊的行神，又是酒店的行神，这表明有些神本身就是跨工商业的”④。工商行业命运神的一个重要组成部分，就是对行业创始人的神祇崇拜和信仰。湖州市南浔区善琏镇，是中华文房四宝之首湖笔的发源地，素有“湖笔之都”的美称。以这个小镇为源头，一支支湖笔从简陋的家庭作坊源源不断地流出，与徽墨、宣纸、端砚一起画就成一纸纸水墨卷轴，呈现于庙堂和馆阁之中。善琏的起源建立在一个传说之上：秦将蒙恬被秦始皇遣往江南购置珍玩，私自将银两用于赈灾而不敢回朝，在善琏西堡村的永欣寺小住。其间，蒙恬偶然救下西堡村的溺水女子卜香莲，两人互生情愫。一次打猎归来途中，蒙恬发现山兔毛可供制笔，便

① 光绪《孝丰县志》卷三《建置志·坛庙》。

② 李乔：《行业神崇拜——中国民众造神运动研究》，中国文联出版社2000年版，第476页。

③ 费孝通：《社会学概论》，天津人民出版社1984年版，第181页。

④ 李乔：《中国行业神崇拜》，《百科知识》2006年第11期。

将兔毛纳入竹管，卜香莲又在无意间用石灰水将兔毛脱脂，制成毛笔。从此，在蒙恬夫妇的传授下，西堡村民世代以制笔为业，并祀蒙恬为"笔祖"。《归安杂录》云："善琏，古称蒙溪。相传，秦始皇东巡稽(今绍兴)、邮拳(今嘉兴)，命护驾大将蒙恬屯兵游城，镇犒吴越。蒙纳卜夫人，随征塞上。卜夫人，字香莲，贤而慧，取羊毛、兔毫制笔，书于帛，仕尉皆颂其才。后蒙恬遇难，夫人携幼子颖，由门卜迁沈且伴归故里隐居，授乡民以制笔三技。汉武帝时，缢封蒙恬，立祠以祭，称其地为蒙溪。"[①]《太平御览》记载："蒙恬造笔。"[②]崔豹《古今注》载："牛亨问曰：'自古有书契以来，便应有笔。世称蒙恬造笔，何也？'答曰：'蒙恬作秦笔耳，以柘木为管，以鹿毛为柱，以羊毛为被，所为苍毫，非为兔毫竹管笔也。'"[③]蒙恬因此被尊为制笔始祖，每年笔工们均以"蒙恬会"祀之。"造成传闻被夸大，神奇化的原因，在于民间信仰在人们观念中强大而深远的影响。"[④]旧时湖州民众把制度化的宗教教义进行了民间信仰化实践。作为对于蒙恬等行业命运神祇理解者的信众，他们必然"裹挟着自己的前理解参与理解过程，这实际上就在理解之前决定了理解者自身的一种'视域(Horizon)'"[⑤]。"陆羽，字鸿渐，一名疾，字季疵，复州竟陵人。不知所生，或言有僧得诸水滨，畜之。既长，以《易》自筮，得《蹇》之《渐》，曰：'鸿渐於陆，其羽可用为仪。'乃以为氏，名而字之。羽嗜茶，著经三篇，言茶之原、之法、之具尤备"[⑥]，"性嗜茶，始创煎茶法。至今鬻茶之家，陶为其像，置于炀器之间，云宜茶足利"[⑦]，"因目之曰'茶神'"[⑧]，或"祀为茶神"[⑨]。"阚仙祠，在阚山之阳，吴阚泽隐居于此，教耕化民，立祠祀之"[⑩]，"皋王庙，金石乡民人章鼎实建，章德坤修，正殿祀

---

① 光绪《归安县志》卷五《舆地略·水》引《归安杂录》。

② 《太平御览》卷六百五《文部二十一·笔》引《博物志》。

③ 《古今注》卷中《牛亨问书契所起》。

④ 安德明：《民间叙事的多样性》，学苑出版社 2006 年版，第 138 页。

⑤ 谢地坤：《西方哲学史》第 7 卷，江苏人民出版社 2005 年版，第 698 页。

⑥ 乾隆《乌程县志》卷七《寓贤引《唐书·隐逸传》。

⑦ 《因话录·商下》。

⑧ 《近事会元·神茶》。

⑨ 同治《长兴县志》卷二十六《寓贤》。

⑩ 民国《德清县新志》卷三《建置志·寺观》。

先圣皋陶之神。”[①]

“中国人的宗教信仰常不需要制度或组织的表达方式，特别喜好的是一种松散的、随意的、不喜爱接受组织拘束的私人信仰。”[②]世俗化就是非神圣化，它意指一个漫长的社会变化过程，这个过程涉及两个方面：一是社会的变化，即人类社会的各个领域逐渐摆脱宗教的羁绊，社会各种制度日益理性化；二是宗教本身的变化，即宗教不断调节自身以适应社会向“世俗”的变化[③]。就目前的观察来看，中国的民间信仰传达着一段精彩的“故事”：一个古老的文化如何在不同的社会力量的共同促动下，建立起较为开放的信仰体系；这一体系如何在历史的过程中，成为“本土”社会对人生与权力的解释框架，在不同的意识形态与政治场合下，寻求适应的空间；又如何在外部冲击下，以不同的方式生存着[④]。“贤圣殿，在东栅马家港长生桥北，明建。国初重修，道光中，永福庵僧建中驻锡募化重修，傍有砺山神及鲁班、张班祠，咸丰时毁于兵，同治七年(1868)重建。”[⑤]“社坛庙，在直下巷，屋止一间，供社公、社母于内，道光年圮，今供于潮音庵。”[⑥]除鲁班、张班、社公、社母外，旧时湖州还有机神存在：“机神庙，即附先蚕庙，春、秋二祭”[⑦]。虽然地方志仅有寥寥数语，但从绉业公会在《申报》上刊发的《敛派起建湖郡机神庙宇》一文中，我们可以看到纺织行业命运神祇——机神崇拜的影响力：

> 湖地丝绉出数最广，机户人众，内有陈厚田、陈绵鸿自称机耆。陈厚田于同治七年(1868)间借帮助郡庙工资为由，呈请前府杨以机户售货每洋一元抽钱二文，三年为期，归于绉庄汇收，分作三股，以二股归助郡庙，以一股创造机神庙。奈机神庙湖郡

---

① 光绪《孝丰县志》卷三《建置志·坛庙》。

② 李向平：《信仰但不认同——当代中国信仰的社会学诠释》，社会科学文献出版社2010年版，第434页。

③ 戴康生、彭耀：《宗教社会学》，社会科学文献出版社2007年版，第159页。

④ 王铭铭：《社会人类学与中国研究》，广西师范大学出版社2005年版，第163—164页。

⑤ 同治《南浔镇志》卷八《寺庙》。

⑥ 光绪《菱湖镇志》卷七《庙宇》。

⑦ 同治《湖州府志》卷四十《政经略·祀典》。

> 向来所无，刻下创建伊始，机户繁多，未必一律同心，是以呈府给予晓谕，宪批善后局绅查覆，旋覆起听郡庙皆是商贾殷富所书，未便饬令机户另星抽钱，以致科派之累禀覆。奉批机神庙湖郡向来所无，尤应永禁创建，以绝借端科敛之弊，而杜聚众生事之渐。杨太守莅任年久，深知风俗民情，当即出示机户永禁创建，并札饬程、安两县一体查禁。陈绵鸿等曾于光绪二、四两年间私刻传单，遍贴城乡，复行纠众敛派。各绉业揭去传单呈县，荷县令示禁勒石县侧等处，一面详府立案永遵等谕各在案，岂陈绵鸿终萌故智，现又借建庙为由，胆敢遍贴传单，敛派钱文，如此违抗宪谕，实属目无法纪，用特详叙颠末，俾众咸知。①

（二）个体命运神

物质生产活动是人类得以生存和发展的基础。人们要从事政治、科学、艺术和宗教等活动，首先要满足自身的生存。为了能够生存下去，就必须进行物质资料的生产，获取食物、衣服、住房、燃料等生活资料。人类最早的宗教观念和宗教崇拜活动事实上就是为了解救原始人的生活和生产的困境，保证他们的生存需要的。"人类宗教史证明，正是人类的社会生活及其物质生产过程构成宗教的深层基础，并制约着它的存在和发展。"②普通民众对生死鬼神、祸福灾厄的民间信仰都需要借助知识阶层记录下来，知识阶层的人也会将自己的观念加入文字之中③。就个体命运神而言，对文人而言最具代表性的是文昌崇拜，对武士（或军人）而言应该是旗纛信仰。"旗纛庙，在千户所东北，江渚汇之南，即赵子昂鸥波亭故址。今毁"，"旗纛神，每岁霜降前一日，祭于演武场"④，"旗纛，霜降日，官僚督兵，祭于演武场，祭毕较艺。"⑤

① 《申报》光绪五年九月七日。

② 吕大吉：《宗教学纲要》，高等教育出版社 2003 年版，第 263 页。

③ 蒲慕州：《追寻一己之福：中国古代的信仰世界》，上海古籍出版社 2007 年版，第 253 页。

④ 同治《湖州府志》卷四十《政经略・祀典》。

⑤ 道光《武康县志》卷十《建置志・坛庙》。

祈祷可以是无声的或者出声的、即席的或经常的、套路的或自发的、遵命的或自愿的[①]。对普通社会民众而言,最具代表性的个体命运神则当属财神。所谓财神信仰,是指以人格化的“财神”为核心,所建立起的一整套风俗习惯、思维惯制。专门记载清代乾、嘉以来江南地区城乡民众习用语言和风俗掌故的《土风录》云:“元坛菩萨,即元武神……《姑苏志》云:神姓赵,名朗,字公明。”[②]民间祭祀的财神赵公明,其实是由瘟神、冥神转型的武财神。在《搜神记》中,赵公明为专取人性命的冥神;东晋陶弘景《真诰》记述,赵公明为致人疾病的瘟神。明代许仲琳的《封神演义》问世,书中记载了姜太公奉元始天尊之命按玉符金册封神,封赵公明为“金龙如意正一龙虎玄坛真君”,职责是专司金银财宝、迎祥纳福。从此,赵公明开始掌管天下财富,做了财神。赵公明司财,能使人宜利和合,发家致富,这正符合世人求财的愿望,所以民间广泛敬祀赵公明。旧时年画中,赵公明的形象多为头戴铁冠,手持宝鞭,黑面浓须,身跨黑虎,形象威猛[③]。长兴县元坛庙有四座,“一在神武门外冲真观中,一在雉山,一在承恩门城楼,今俱废。同治九年(1870),邑人于盛渎社庙西廊肖像祀之。”[④]康熙年间,武康县西三十八里东沈村曾建有元坛庙,祀奉赵公明[⑤],孝丰县“灵神殿,在北城楼。按:北城楼三楹,中设元坛神,左财神,右土地神”[⑥],“玄坛庙,在西溪口,相传里人章大成覆土筑墩,建庙于上。咸丰中,为贼所毁。光绪十一年(1885),里人孙锡恩、严我谷、费焕家等督建,立有碑记,孙志瀛撰”[⑦],“元坛庙,在石塘漾,嘉庆年建”[⑧],“文昌阁,一在东栅分水墩,本为龙王庙。明万历中,移极乐庵文昌像于此。乾隆初毁,至乾隆二十四年(1759),通判陈名荣劝捐重建,四角飞椽,不为旧时款样,上层魁星,中层

---

① [美]罗德尼·斯达克、罗杰尔·芬克:《信仰的法则——解释宗教之人的方面》,杨凤岗译,中国人民大学出版社2004年版,第134页。

② 《土风录》卷十八《元坛庙》。

③ 翁礼华:《文武财神的来历》,《浙江经济》2011年第1期。

④ 光绪《长兴县志》卷十二《坛庙》。

⑤ 乾隆《武康县志》卷七《寺观》。

⑥ 光绪《孝丰县志》卷三《建置志·坛庙》。

⑦ 光绪《菱湖镇志》卷七《庙宇》。

⑧ 同治《菱湖志》卷一《建置门·寺院》。

文昌，下层元坛神"①，"元坛庙，一在报国寺西，今废。一在西栅大士庵东，道光二十五年(1845)建，旋废，今偶像移入大士庵"②，"(钟管)镇境以赵公明为财神，俗称财神菩萨。通常绘于帛或纸马上，旁列招财、利市。新中国成立前，商界多在正月初五迎财神，除夕谢财神。"③光绪十八年(1892)春，孙志瀛曾撰有《重建元坛庙碑记》：

> 菱湖之西南偏，向有元坛神庙。洪逆之乱，别遵邪教所过，神祠无不残毁，此庙亦其一焉。湘乡君侯统师东下，分将专征，次第削平，所谓"为天下生民解倒悬之厄，为上下神祇雪幽愤之辱"者，卒能尽如其言矣。顾菱湖廛金虽繁，此庙之重建延至三十年后者。初，里人沈君玉陛等议于售丝者，每洋一元，募钱二文，名为《三庙缘疏》及《三庙告竣疏》，以他故中止。岁稍歉，栋宇或圮，家君窃有虑焉。爰与沈君方春、严君我谷、费君焕家等复议，减半募资，以供修葺，乃以其余钱建天云阁，筑茶亭，然后及此庙焉。考神姓赵，讳公明。《左传》：晋侯梦大厉，被发及地，搏膺而踊曰："杀余孙，不义！余得请于帝矣！"杜征南曰：赵氏之先祖也。孔仲达曰：世本云，公明生赵夙。《晋语》云：赵衰，赵夙之弟，则括之祖，公明是也。陶贞白《真诰·协昌期》篇《建吉冢埋圆石文》云：天帝告五方诸神赵公明等。以此言之，神之贵盛于世久矣。城阳景王、蒋帝诸神皆为后进肸蚃家如己，逾千祀而神之祠宇尚遍天下，酒醴牲牢，笙簧钟鼓，络绎喧阗，何其盛也。庙枕龙溪，水光百里，潺潺直下，非神之灵爽，曷足以镇之。是为记。④

除元坛(玄坛)庙外，旧时湖州还有各式财神殿。"关西侯庙，在西栅妙境庵东，一名财神殿，光绪二十一年(1895)建"⑤，"财神堂，在万魁桥南

---

① 同治《南浔镇志》卷八《寺庙》。

② 民国《南浔志》卷十四《寺庙》。

③ 朱吾庆主编：《钟管镇志》，《钟管镇志》编撰委员会2000年编印，未刊稿，第365页。

④ 光绪《菱湖镇志》卷十六《金石补》。

⑤ 民国《南浔志》卷十三《寺庙》。

堍，上有三义阁。五月十三日，碑亭武圣社会盖昉于此”[①]。“（正月）初五日，五路财神生日，先于初四夜迎神出游，祀以牲醴，曰‘接五路’。商贾置酒待客，曰‘路头酒’”[②]，“太平桥庙塑五路财神像，商家结社赛会，先于初四晚鼓乐娱神，夜半以仪仗迎神像历四栅几遍。”[③]在民国《南浔志》中还记载了一则石像化身财神索祭的故事：

> 石像桥，平石。在西栅西吊桥北，一名小吊桥，嘉庆中建。孙燮《浔西石像记》（节录）：浔之西有桥，桥侧有巷，地甚臭秽，市人于此旋焉，居者弗堪也。琢石为老人像，置巷口。庶几，人有所避，而旋者如故。市有博者，夜梦神谓之曰：“祭我，我助汝博。”旦见石像如所梦，祷焉，果大获。其邻卖浆者，以浆之不售也，亦往祷，浆果倍售。于是，疾病者、负贩者、称贷者，凡有求者皆祷，备牲牢、酒醴而至者踵相接，优伶演戏为赛会，日夜不休。里人以神像露处，不称崇祀，率钱构屋，限于地则侧路尽入于屋，而别作小桥同往来。方鸠工，祷者渐稀。屋成，祷者绝不至。不数月，人复旋于其侧焉。[④]

（三）吉凶健康神

传统的农业社会，民间信仰作为民众意识的内核，在文化传承过程中，对普通民众的观念和行动有着重要的影响。“每一个社会都在建造一个在人看来是有意义的世界，这是一项永不完结的事业”[⑤]，然而统治者的信仰不可能输送到帝国领土的每一个角落，更不可能充盈至每一个臣民的内心，“在人类所能支配的一切力量中，信仰的力量最为惊人”[⑥]。在追

---

① 民国《双林镇志》卷九《庙寺》。

② 光绪《菱湖镇志》卷十《风俗》。

③ 民国《双林镇志》卷十五《风俗》。

④ 民国《南浔志》卷七《桥梁》。

⑤ ［美］彼得·贝格尔：《神圣的帷幕：宗教社会学理论之要素》，高师宁译，上海人民出版社1991年版，第35页。

⑥ ［法］古斯塔夫·勒庞：《乌合之众：大众心理学研究》，冯克利译，中央编译出版社2004年版，第97页。

求尚未确定而有发展前途的知识时，人们会产生一种朦胧的冲动，而烦琐细微的定义不仅会扼杀这种创造性的智慧火花，还会进而束缚人们的思想①。面对疾病及吉凶的神秘可怕，吉凶健康神亦应运而生。"保命庵，在西栅下塘，俗名'三官堂'，咸丰时毁于兵，光绪中重建。"②在传统社会，祭祀系统几乎就等于政事系统。"淫祀"是指正式祀典以外的不合礼法的神灵祭祀活动或者非官方、非正统的祭祀。《礼记》云："非其所祭而祭之，名曰'淫祀'，淫祀无福。"③淫祀作为一种民间信仰的大众心理与行为，其形成和传播与民众的生存环境、两汉巫风盛行的社会背景有着紧密的联系。囿于时代的认知局限，许多官吏既是禁毁淫祀的执行者，同时也是巫术的实践者。蒲慕州指出："他们摧毁某些'淫祀'的行为并不代表他们是无神论者，也不代表他们不相信鬼、神、灵魂、精怪等超自然的事物。"④王充对淫祀持否定态度，他说："夫论解除，解除无益；论祭祀，祭祀无补；论巫祝，巫祝无力。竞在人不在鬼，在德不在祀，明矣哉！"⑤王符也指出："今多不修中馈，休其蚕织，而起学巫祝，鼓舞事神，以欺诬细民，荧惑百姓……或弃医药，更往事神，故至于死亡，不自知为巫所欺误，乃反恨事巫之晚，此荧惑细民之甚者也。"⑥东汉的思想家们都揭露和强调了淫祀祈祷之靡费以及巫祝愚民的一面。祈福避祸是淫祀广泛持续存在的思想基础，然而淫祀的泛滥也会给社会经济和社会秩序带来威胁，这时候，作为正统秩序代表的政府官员就会打击扰乱社会秩序和民众生活的淫祀。官方祭祀典仪的举行，不仅有助于增强统治者的权威，而且能在情感上加强民众的认同感，这就使相当一部分个体得到精神慰藉，将对群体共存不利的潜意识向有利的方向转化⑦。所以在绝大部分时期，淫祀确实离不开政府的规范和控制，因为淫祀对社会秩序的负面影响需要被约束和限制。"司仓神之

---

① [法]马克·布洛赫：《为历史学辩护》，张和声、程郁译，中国人民大学出版社2006年版，第17页。

② 民国《南浔志》卷十三《寺庙》。

③ 《礼记·曲礼下》。

④ 蒲慕州：《追寻一己之福：中国古代的信仰世界》，上海古籍出版社2007年版，第217页。

⑤ 《论衡·解除》。

⑥ 《潜夫论笺》卷三《浮侈》。

⑦ 严耀中：《中国宗教与生存哲学》，学林出版社1991年版，第79页。

礼:岁以春秋诹吉致祭。神位南向,帛一、羊一、豕一、果实十盘、尊一、爵三、炉一、镫二,承祭官朝服行礼如仪。先医祀礼:中奉太昊伏羲氏,左炎帝神农氏,右黄帝轩辕氏,均南向。岁以春、冬仲月上甲日致祭。牲牢礼仪均与祭前代帝王同。"①

神灵是有意识和欲望的超自然"存在物"②,世上的神最初起源于恐惧……这个著名的说法没有任何事实根据。原始人并没有把他的神视为陌生人、敌人,或者是必须不惜任何代价让它满意的名副其实的恶毒的东西。恰恰相反,诸神是朋友,是亲戚,是他天然的保护者。……它与人很接近,并赋予人凭借他们自身根本无法拥有的各种非常有用的力量。③"神农庙,天目乡费家庄,光绪三年(1877),知县刘浚复建"④,"吕祖殿,在祇园寺西。光绪年,里人孙锡恩、沈方春等募资重建,祀唐吕岩。按:元封'纯阳演正警化孚佑帝君',迨国朝嘉庆九年(1804),加封'燮元赞运'四字。证莲精舍现建,殿中设坛扶乩,吕祖殿未竣工"⑤,"(四月)十四日祀吕纯阳,扶乩求仙方"⑥,"葛仙翁祠,在山顶,今圮。晋仙翁葛洪炼丹于乌程之菁山,闻东林多产仙草灵芝,因徙于此。时飞蝗伤禾稼,仙翁驱之;尝施药治病,罔不灵效。居十载而去,民怀其德,即以所居之宅为祠祀之。祠前有祭炼台,乃仙翁创设祭炼之所,傍有丹井尚存"⑦,"药王庙,在斗姥阁东,与阁连。宁绍药材公所奉神农像于中。乾隆五十八年(1793),药业公买谈姓地,嘉庆初建,或云乾隆乙巳(1785)建,咸丰辛酉(1861)毁于火,宣统年重建"⑧,"斗姥阁,在织旋漾东北谈家兜口,旧名指云道院。康熙二十四年(1685)乙丑,本里全真道人姚文叔,字冲斗,号隐汉募建,上奉斗姥,下祀吕祖。……嘉庆丙寅(1806),阁下增设雷祖像,移吕祖像于右,设有

---

① 光绪《孝丰县志》卷三《建置志·祀礼》。

② [美]罗德尼·斯达克、罗杰尔·芬克:《信仰的法则——解释宗教之人的方面》,杨风岗译,中国人民大学出版社2004年版,第11页。

③ [法]爱弥尔·涂尔干:《宗教生活的基本形式》,渠东、汲哲译,上海人民出版社1999年版,第294—295页。

④ 光绪《孝丰县志》卷三《建置志·坛庙》。

⑤ 光绪《菱湖镇志》卷六《祠墓》。

⑥ 光绪《菱湖镇志》卷十《风俗》。

⑦ 嘉庆《东林山志》卷八《建置志·祠祀》。

⑧ 民国《双林镇志》卷九《庙寺》。

仙方灵签，右侧设司药姚真人位"[①]，"洪园庵，在碑亭西。本郑氏静室。国初，属关圣庙，前有药师殿，后为文昌祠。"[②]

旧时，湖州还存在着五福信仰。五福，最早见于《尚书》。"五福：一曰寿，二曰富，三曰康宁，四曰攸好德，五曰考终命。"[③]"寿"指命不夭折而且福寿绵长；"富"指钱财富足而且地位尊贵；"康宁"指身体健康而且心灵安宁；"攸好德"指生性仁善而且宽厚宁静；"考终命"指能预先知道自己的死期。临命终时，没有遭到横祸，身体没有病痛，心里没有挂碍和烦恼，安详而且自在地离开人间。长兴县北三十五里有五福庙，"庙故卑小，画像壁间，灵感异常。邑人婚冠，必先祷祀五福大神，每岁除夕前数日，悉备牲虔祀。神司五行以五方之色，肖像甚赫濯，庙前□峦蔚起，如五马形，亦一奇也"[④]。"贫困对人的尊严和人性的堕落所造成的后果是无法衡量的"[⑤]，经济的不发达是民间信仰复苏、滋生蔓延的最深刻的物质之源，"宗教偏见的最深刻的根源是贫困和愚昧。"[⑥]事实上，旧时的民众面临诸多压力，他们通过和虚拟世界的沟通，获得了一种面对现实世界的力量。所以与其说他们是来求签，不如说是来完成一种无声、自助的心理咨询，使自身在危机中获得"自信、指引和安慰"[⑦]。

四、全能神祇

神灵或宗教信仰是人类社会发展到一定阶段必定要产生的现象，因为它们"深深地生根于人类的基本需要，以及这些需要在文化中得到满足的方法之上"[⑧]。在中国传统社会的权力控制系统中，行政机构的长官权

---

① 民国《双林镇志》卷九《庙寺》。

② 民国《双林镇志》卷九《庙寺》。

③ 《尚书·洪范》。

④ 光绪《长兴县志》卷十二《坛庙》。

⑤ [美]查尔斯·K.威尔伯：《发达与不发达问题的政治经济学》，李明译，中国社会科学出版社1984年版，第452页。

⑥ 《列宁全集》第35卷，人民出版社1995年版，第181页。

⑦ [美]杨庆堃：《中国社会中的宗教——宗教的现代社会功能与其历史因素之研究》，范丽珠译，上海人民出版社2007年版，第240页。

⑧ [英]马林诺夫斯基：《文化论》，费孝通译，中国民间文艺出版社1987年版，第86页。

力集中、无所不管。“中国民众在日常生活中的各种需要,均可通过神祇予以满足,生老病死、衣食住行等诸多尘世需要都被想象成有某种相关的神灵掌管着,而那些以赏善罚恶为首要责任的神灵们就存在于人们生活的大千世界中。”[①]与此相对应的是,其文化控制系统中也有权力无限、无所不掌的神灵。民间信仰里这种职能无所不包,故亦无人不信之神,我们称之为“全能神灵”。其中最典型的全国性神灵就是关羽。关羽也称为“关帝”“老爷”等。此神权威无限、无所不能,且其职司具体而又广泛。“社会各阶层从关羽的事迹中不断地引申出符合自己愿望的神力。尽管各社会集团对关羽这一神话人物的解释不尽相同,有时甚至互相抵触……但日久天长,这些神话互相融合,使关帝成为无所不能的万能之神。”[②]旧时湖州乡民还有“结神亲”的习俗,即乡民把世俗亲缘引入民间信仰领域而试图结成一种长期的、稳定的“人神关系”:“至乡民,更有出继神庙者,如武帝姓关,大士姓缪,三官姓茅,总管姓金之类,谓其子易长成,并易其姓,更可笑已”[③],“士大夫家所无”[④]。

(一)帝王崇拜

在中国历史长河中,精英文化与乡民文化之间从来都不存在楚河汉界,他们一向互为表里,互相依存。[⑤]“在世俗生活中,普通百姓根本没有机会和君王有任何联系,不过有时不可避免地要和底层的官吏打交道。同样的,在祭祀仪式中百姓没有资格直接祭天,但是他们可以祭祀那些从属于天神的其他神。”[⑥]“圣帝祖师庙,在西栅丰年桥上”[⑦],“圣帝殿,在钟

① 侯杰、范丽珠:《世俗与神圣——中国民众宗教意识》,天津人民出版社 2001 年版,第 131 页。

② [美]杜赞奇:《文化、权力与国家:1900—1942 年的华北农村》,王福明译,江苏人民出版社 2003 年版,第 98—99 页。

③ 同治《晟舍镇志》卷二《风俗》。

④ 民国《南浔志》卷三十三《风俗》。

⑤ [美]杨庆堃:《中国社会中的宗教——宗教的现代社会功能与其历史因素之研究》,范丽珠译,上海人民出版社 2007 年版,第 11 页。

⑥ [美]杨庆堃:《中国社会中的宗教——宗教的现代社会功能与其历史因素之研究》,范丽珠译,上海人民出版社 2007 年版,第 143 页。

⑦ 民国《南浔志》卷十三《寺庙》。

管村东。明时，倭寇经此，相传神忽显灵，令尽遭覆殁，因名其处曰‘倭断泾’。后因殿宇失修，移像于潮音庵，现遗有‘却寇庇民’匾额”①。“尧帝庙，在尧市山，相传尧时洪水，居民于此作市，后人因以立庙。同治十二年(1873)，里人重修”，“舜庙，亦在尧市山下。国朝乾隆五十三年(1788)重修”，“鱼陂王庙，在县西南六十里。相传吴夫概养鱼于此，因立庙”②，“尧皇祠，在东门外乌山之阳，谚以尧皇为土主。俞樾撰有‘耕而食，凿而饮，相传中古遗风，尚存庙貌；春有祈，秋有报，愿与故乡父老，同拜神祇’联。清同治中，里人重建”③。

“观看民间的文化形式虽不能从中得到现成的启示，但却能够给予我们‘野史’般的冲击。”④“黄樵(《掌故集》作‘巢’)冈，在邑西南六十三里，上有黄巢庙，盖莫知其原，乡之人皆尊奉而禋祀焉。或曰：唐季有黄常者，家故贫，业樵。一日入山伐木，发藏金，累赀钜万，膏腴之产甲一乡。即《志》所载黄常斗是也(在谢公区)。乾符中，仙芝余党寇掠浙西，常出私财募兵拒贼，钱武肃王闻其名，征之不赴，遥授军职，辞不受。与人语，辄自称老樵夫。殁后，以捍御乡里功，民用怀思，建祠肖像，久遂为社神云。据此，则讹樵为巢者悖矣。”⑤

恩格斯指出：“当时任何社会运动和政治运动都不得不采取神学的形式，对于完全受宗教影响的群众感情来说，要掀起巨大的风暴，就必须让群众的切身利益披上宗教的外衣出现。”⑥“陈圣子庙，在长兴县东九里。昔陈武帝霸先微时，行息枫树下。忽见一人，云：‘子当富有天下。’及即位，不知其人，乃于枫树边立庙享之，名曰‘圣子’。其树唐末犹存。”⑦

“张仙殿，在蔺村，俗称百子堂。清咸丰时被毁，同治六年(1867)募建，光绪十六年(1890)重建。按：张仙即所谓蜀主孟昶，求子者每与太均

---

① 民国《德清县新志》卷三《建置志·寺观》。

② 同治《长兴县志》卷十二《坛庙》。

③ 民国《德清县新志》卷三《建置志·寺观》。

④ 王铭铭：《漂泊的洞察》，上海香港三联书店2008年版，第165页。

⑤ 同治《长兴县志》卷十《山》。

⑥ 《马克思恩格斯全集》第4卷，人民出版社2009年版，第251页。

⑦ 天启《吴兴备志》卷十四《建置征》引《西吴里语》。

并重，不知迷信之由来。”[①]国家支持和扶植地方民间信仰势力，本质上因为民间信仰与官方所要宣传的主流思想上具有一致性。杜赞奇在研究中国的华北农村面貌时就提出过“文化网络”模型来揭示“国家政权深入乡村社会的多种途径和方式”[②]。而地方民间信仰正是其中非常重要的一条渠道，之所以有效，是因为信仰本身与官方正统导向在很多方面上都有相似或者一致的地方。

“防风，厘姓。守封禺之间。二山在今湖之武康”[③]，“越俗，祭防风神，奏防风古乐，截竹长之三尺，吹之如嗥，三人披发而舞”[④]。“防风氏庙，岁八月二十五日致祭。庙旧有二区，一在县东北二里清穆村，久废；一在县东南一十八里封、禺二山之间。晋元康初，县令贺循建。唐元和间重建。吴越王钱镠征时尝祷有验，僭封‘灵德王’。洪武四年(1371)，勅封‘防风氏之神’。”[⑤]唐代天下都元帅吴越国王《新建风山灵德王庙记》载：“丙戌年春，寡人以玉册迭膺于典礼，清宫未展于严禋，遂辍万机，暂归锦里，寻属节当严暑，犹未回都城。此时□□□□□□□□□□□、陆仁璋、佐国□□□□□□心悬扈从，遍祝灵祇，以风山灵德王，昔年因举兵师，曾陈祷祝，无亏响应，显有感通。遂恳悃告虔，许崇堂殿。洎清秋却归□□，披□奏陈，既忠诚感动神明，行褒赠先酬神贶。”[⑥]

(二)土著神祇

首先，作为一种民间信仰，它与其他民间宗教一样，对普通信众具有精神上的慰藉功能。前去朝拜的信众都是怀着极其虔诚的心理，希望通过祭拜、唱戏等形式，实现人神之间的交流，取悦于神祇，从而达到禳灾祈福、趋利避害的目的。民间宗教也好，民间信仰也罢，都是人们对不可知的、超自然力的顶礼膜拜。尽管他们无法证明这些膜拜是否真实有效，但

---

① 民国《德清县新志》卷三《建置志・寺观》。

② [美]杜赞奇：《文化、权力与国家：1900—1942年的华北农村》，王福明译，江苏人民出版社1994年版，第22页。

③ 《路史》卷二十五《国名纪》。

④ 〔南朝梁〕任昉：《述异记》，吉林大学出版社1992年版，第27页。

⑤ 嘉靖《武康县志》卷四《祀典志》。

⑥ 道光《武康县志》卷十《建置志・坛庙》。

是,他们这样做的主观愿望是良好的。他们相信神需要祭祀、供飨,神能够惩恶扬善、保佑香民。尽管这只是他们单方面的心理活动,但由此获得的心理慰藉对普通民众的精神生活起到了重要作用。如"五圣堂,在西庄村小圩。道光十三年(1833)重修,咸丰时毁,光绪中重建①","永宁桥,环石三洪。或云灵山山脚在桥下,桥上建亭,供五圣神于东垛"②,"浮五圣堂漾,与陆家漾相连,向有小墩,上供五路神。相传大水不没,故名'堂'。近圮"③。特别是在封建等级社会里,朝拜神灵能够平衡民众的心理,净化他们的心灵,维系社会的稳定。对于一个普通人来说,信仰是非常必要的。只有有了信仰,民众才会感觉自己心有所依,才会有一种归宿感。"即使这个世界上上帝真的不存在,那么因为需要,我们也要创造出一个上帝来"④,这句话讲的就是这个道理。

在中国人的信仰观念中,神灵信仰大都属于偶像崇拜,这些偶像以泥塑、木塑、竹制、草编、布制、面制、金属制以及其他的各种绘画的形式出现,受到老百姓的广泛尊崇,直接地显现人们对神灵的虔诚信仰以及特定的宗教观念。而偶像所反映的神灵对象则纷繁复杂,有的偶像是以往曾经存在并被尊为神灵的祖先、英雄、圣贤等历史人物,有的偶像是神话传说中能腾云驾雾、变幻无穷的神仙、圣人,还有的则是人们想象出来而没有任何事实根据的神灵和鬼怪⑤。"灵应庙,在山南,即菩萨庙,俗称'三王庙'。谈府《志》名'东林土地庙'。旧址在山北,有三灵乌衔独木鼓于锦峰之南,遂徙建。旧传,三神姓陈、许、莘(《旧志》作'幸')氏,夙著灵迹,不知创自何代。唐宋遗碑,四通居民奉之甚虔。凡旱涝灾伤,祷则响应","长卿自为儿时,见父老奔走奉祠无虚日。水旱疠疫,有祷必应。建炎四年(1130)冬,虏师渡江,所至屠戮。游骑距庙才八里,居人震恐,聚祷于王,贼无故自遁。会有传者云,贼见旗帜亘数里,谓有大军,故去。人以为王威灵潜却之也。绍兴初,工部侍郎李公谊避地来居,坎壈未偶。一日,祷

① 民国《南浔志》卷十三《寺庙》。

② 光绪《菱湖镇志》卷八《桥梁》。

③ 民国《德清县新志》卷一《舆地志·山水》。

④ [德]康德:《实践理性批判》,邓晓芒译,人民出版社2004年版,第6页。

⑤ 瞿明安,郑萍:《沟通人神:中国祭祀文化象征》,四川人民出版社2005年版,第60页。

于王，获吉卜。不二年，果登近从”。明正德甲戌(1514)，吴英的《重修三王庙疏》曰：“伏以祀享，盛唐祠宇之建立有自功昭，大宋侯爵之封锡攸隆。旧址肇居于锦峰之北，规模粗就，神乌赫灵于南山之阳，制度聿恢山川一方，藉以镇奠民物，四境赖以乂安。迨入国朝以来，神功益著，自凡宰邑贤侯罔不恪心敬事。”[①]三王庙作为全能神祇之所在，从《祭三侯文》亦可窥一斑：

维绍兴二年(1132)岁次辛亥二月庚辰朔越二十一日庚子，朝请郎中书舍人兼直学士院兼实录院同修撰兼侍讲赐紫金鱼袋倪思敬致祭于昭惠、昭顺、昭利三侯之神曰：杭、湖之间，井落所聚，三峰巉然，灵宅攸处，曰陈、许、幸，庙食自古，庭有断碑，仅可考据。厥初，创基三乌衔鼓，庙异显祥，弗可殚数。建炎扰攘，虏骑侵侮，近在数里，乡民惊惧，人俦祷神庶捍疆御，寇忽潜遁，莫知其故。有来自彼谓寇有怖，乃知神威阴赐师护。爰请于朝，加贲祠宇，榜曰“灵应”，辉映门庑。自迩以来，水旱必诉，祈霁斯霁，祈雨斯雨，疫疠螟蝗，扫迹驱去，乡人协谋，神德实庇。惟祀有典，封爵有叙，苟可致请，往何惮屡，乃列于州，乃上所部奉常仪。[②]

“护漕丕著灵应”的随粮王，其庙“一在东栅口，明通判张祐创建，俗称‘东总管堂’；一在南栅口，亦张祐建，俗‘称南总管堂’；一在东栅御河桥上，明建；一在南栅太君堂内，同治中建”，张鸣钧《募修南总管堂引(节录)》曰：“浔有东、南两总管庙，据旧闻，皆元时建，沿明至本朝，庙名无改。而浔之捍灾降福，阜财裕民，尤捷若桴鼓，故香火报赛极盛”[③]，“总管堂，在永宁庵旁，神系金元六总管、七总管，今称‘随粮王’。元季括兵，李文忠平之，有人马旌旗拥从前后，命巫祝之，曰：‘金元七总管也’”[④]；晟舍镇有名为“保福”的习俗，“聚亲邻友十数人至总管堂，联名具疏求神，各愿减数

① 嘉庆《东林山志》卷八《建置志·祠祀》。

② 嘉庆《东林山志》卷二十三《艺文志·杂著》。

③ 民国《南浔志》卷十五《寺庙》。

④ 同治《菱湖志》卷一《建置门·寺院》。

岁,以延病者之寿。病者果愈,则大开筵席,以酬神谢众,费至数十金不等,无力者借贷典质,以偿其愿。近时尤盛。市井之徒亦狃于习而蹈此,唯士绅家鄙而勿为也"[①]。"舞阳侯庙,在县南十三里上柏镇,祀汉舞阳侯樊哙","侯庙食上柏里,乡人水旱疾疫,有祷即应。侯非于本里加灵,其精爽结积,弥久而光。虽在沛中有祠祀者,亦应尔也"[②],"松江沿海及吴淞江皆有神庙,必以汉唐名臣镇之,如纪王庙,即纪信;金山庙,以霍光之类以镇沿海水患。然水旱疾疫,间有祷之而应者,起于信心也。"[③]

"沙溪去郡城七十里,□桑麻,其民端庞富实,不喜争健讼,全不类吴俗。卜邻允臧□,尊其年之耆艾者问之,访其古迹,神宇显灵发祥,为一时□多。祠之灵,告者其言曰:王、施姓,世事晋,为名臣。大兴初,以平寇□年,庙食不替。……春夏有祈,秋冬有报,雨旸之失节天□,其答如响。"[④]皮埃尔·布迪厄说:"象征资本是有形的'经济资本'被转换和被伪装的形式,象征资本产生适当效应的原因正是,也仅仅是因为它掩盖了源自物质性资本这一事实。物质性资本同时也是象征资本的各种效应的根本来源。"[⑤]"太均祖殿,在县北十五里北尺山巅。……暨师远践钱塘而卒,遂为潮神。淳祐间,钱塘江复大决,有司随筑随圮。神与三女扬旗空中,浮石江面,以显其灵,堤赖以成。……赐额曰'协顺庙',封爵曰'广陵侯',封妻姚氏为花锦夫人,三女为显济、通济、永济夫人,后又益以德清徐氏夫人,俗称'四殿太均'是也。按:徐端于清嘉庆时曾为河督,有功绩。而协顺庙益以徐夫人,似愈附会。德清各庙有赐子太均像,大都因求子而设,多不知其历史者也。"[⑥]"太湖神广济伯庙,在杨渎桥,祀晋里人徐贲,俗称徐大将军……祷祈辄应"[⑦],"王二相公俗尊为平湖神,正月十六日为神诞辰,商民祷祀颇盛。旧传,神之夫人臧氏,远志女也。感神救虎难,以女许之,里人并奉臧夫人配焉","复闻邑有旱涝螟螣诸大患,以诚祷之,无不立应,神

① 同治《晟舍镇志》卷二《风俗》。

② 道光《武康县志》卷十《建置志·坛庙》。

③ 嘉靖《吴兴掌故集》卷九《古迹》。

④ 道光《武康县志》卷十六《艺文志·金石》引《沙溪二王庙碑》。

⑤ [法]皮埃尔·布迪厄:《实践感》,蒋梓骅译,译林出版社 2003 年版,第 68 页。

⑥ 民国《德清县新志》卷三《建置志·寺观》。

⑦ 同治《湖州府志》卷四十《政经略·祀典》。

之功良大矣","其所以出风涛之厄,剂雨旸之愆,俾守土者得藉享和平之福,则神之功无穷"①。

蒲慕州认为民间信仰的信仰者与他所在的政治、经济、社会地位的高下没有必然的关系,即政治或者社会的上层人物,在宗教信仰方面仍可以属于民间信仰的一分子,因为其根本的宇宙观和道德观与民间信仰的核心理念基本是重叠的,有些人可以是官方信仰的执行者,在日常生活中又可能是民间信仰的信徒②。"羿庙,在斫射山下","以斫射平贼,因而祀羿。羿虽不足祀,然一艺可师","元和元年(806),刺史姚驷祈雨有感"③。在平贼、祈雨职能之外,斫射神还兼具农业神祇的特征:"会昌二年(842),予入山修贡,先遣押衙,祭以酒脯。及到山,茶芽若抽,泉水若倾,因建祠宇,系之祝祠。"④"显应庙,即李王庙,神姓李,名禄,字福公,世居童庄","其显灵于江淮间,播及江浙,雨旸灾疫,祷之辄应","驱蝗逐疫,救旱止淹"⑤,"唐李卫公庙,在安吉州西落石山下,祀唐李卫公靖。……安吉旧隶丹阳,巨盗既平,邑人感王之德,乃即邑之西山塑像立祠,奉祀惟谨。岁或干溢,祷於祠下,雨旸辄应如响。……盖其谒庙之初,曾以洁己,导民于正,以要神之福,福是邑之民为言。继而蚕麦垂成,淫雨为沴,民方愁叹,祷而澄霁,秋稼既实。邻县飞蝗,勿集近境,祷而退飞。然则神之所以福吾民与夫吏之所以感神贶者,其可无述乎?"⑥

民众在祈求中渴望给自己的生活增添信心,给自己的生存增加依托感,使自身期盼的理想细化为一个明晰的行为目标,实现自我展示,感受到现实生活中的幸福快乐。"嘉应庙,在南栅,祀崔承事、李承事","神祠建自咸淳六年(1270),历著灵验"⑦,"衣冠服饰效乡党、护境二神貌像。七社人烟,岁时节朔,以飨以祀,疾疫必祷,所求辄应,显异莫能具述。嘉定乙亥(1215),飞蝗蔽天,乡民罗拜于庙,或泣或诉。越翌日,忽

① 同治《长兴县志》卷十二《坛庙》引《鳌山王二相公庙碑记》。

② 蒲慕州:《追寻一己之福:中国古代的信仰世界》,上海古籍出版社 2007 年版,第 15 页。

③ 同治《长兴县志》卷十二《坛庙》。

④ 嘉泰《吴兴志》卷十三《祠庙》。

⑤ 同治《长兴县志》卷十二《坛庙》。

⑥ 万历《湖州府志》卷十四《坛祠》。

⑦ 民国《南浔志》卷十四《寺庙》。

疾风起于庭下，蝗之避去者几半，余悉自毙。是岁，乃亦有秋。……宝祐甲寅(1255)，狄浦盐寇啸聚，村落多被其害，且垂涎南浔，以为市井繁阜，商贾辐辏之所，意在剽掠。妄求恳祷，所抽十余签，所掷十余珓，皆不协吉。群盗相顾愕然，辄逞凶暴，欲举二像畀之于水。似觉拘挛而掣其肘，乃畏惧潜遁"①。"乌将军庙，在上智潭北，乌镇祀为土地神。将军为神，主之捍患除灾，人赖其庇。或雨旸愆期，随请而感。凡人有疾阨祈之，应捷桴鼓。迨今比屋富庶，为衣冠渊薮，神之庇厚矣"②，"刘宣教祠，在米漾桥北。相传，神姓刘，讳圣元，三里汇人。张米肆于镇，每以小量入大量出。数年赀尽，大笑投潭死，众因名其潭曰'米漾'。立祠祀之，有祷辄应，元时封'宣教郎'"③。

"曹孝子祠，在府学尊经阁右。……邑人庙祀，有所祈辄应"，明代张羽《曹孝子祠》云："至今百世下，血食庇一方"④，"灵祐庙，在子城北。宣和中，敕赐庙额，封神'昭应侯'。神姓曹，讳清，乌程人。父尝杀人系狱，自诬手刃，代受重辟。既殁，殊显灵异，有祈辄应。初寓祀于灵济祠，宣和初，盗起清溪，犯歙及杭近郊，复有陆盗千余人且及城下，知州事王倚见神于梦。已而守城者夜睹异人冠服华侈，往来雉堞间，转相告语，知神阴助贼平。州主其事，遂有封额之赐，及度地建庙，为屋七十楹，郡人刘焘为记并书，碑在庙。庙有井，遇岁大疫，饮者辄渐愈"⑤。"无论有多少知识和科学能帮助人满足他的需要，它们总是有限度的。人事中有一片广阔的领域，非科学所能用武之地。它不能消除疾病和腐朽，它不能抵抗死亡，它不能有效地增加人和环境的和谐，它更不能确立人和人之间的良好关系……不论已经昌明的或尚属原始的科学，它并不能完全支配机遇，消灭意外，及预测自然事变中偶然的遭遇。它亦不能使人类的工作都适合于实际的需要及得到可靠的成效。"⑥

---

① 天启《吴兴备志》卷十四《建置徵》引《安吉州南浔镇敕赐嘉应庙牒》。

② 乾隆《乌青镇志》卷六《祠庙》。

③ 嘉庆《新市镇续志》卷一《寺庙祠庵》。

④ 同治《湖州府志》卷四十《政经略·祀典》。

⑤ 嘉泰《吴兴志》卷十三《祠庙》。

⑥ [英]马林诺夫斯基：《文化论》，费孝通译，中国民间文艺出版社1987年版，第48页。

(三)动物精灵

“在蒙昧人中,关于灵魂的一般概念具有广泛性和彻底性。由于人的灵魂的学说自然扩大的结果,就承认了动物的灵魂;树木和其他植物的灵魂也就沿着特殊的和有点不确定的途径随之而来。最后,非生物体的灵魂把一切理论引到了极限。”①“凤潭,在凤林,深不可测。灵璧令吴仕让与金潭屠氏交好,遗二鱼以归,悬之五日,鱼跳跃如故,异而放之于潭。是夕,梦白衣二童子谒谢曰:‘蒙君解厄,当世报之。’至今遇风雨,土人常见焉”②,“凤凰庙,在四安镇新桥东北,相传唐天宝间,灵鸟飞集于此,里人遂建祠祀之。今方、谢二区时显灵应,祈求拜祷不绝”③,“盘螺殿,在(菱湖)镇西,今废”④,“白蝘神庙,唐嵩岳天师吴均炼丹于吴山,有白蝘窃而吞之,丹发躁甚,走至黄村,自沉于水而死。其后有灵,颇狂怪,故不录。”⑤

官方信仰作为国家政府推行的信仰,它的阶级性、统摄性和全民性自然使其成为主流思想、国家正统以及全社会公民必须遵守的道德规范。而民间信仰作为根植于普通民众的一种非主流的对超自然力崇拜的价值取向,往往受到官方信仰的影响或控制,或合流,或放任。明清两朝往往对于不合国家规制的神灵予以查禁,从明洪武三年(1370)开始至正德、嘉靖年间,政府屡屡实行禁毁淫祀行动。清代对祠庙设立也予以严格控制,雍正曾下旨声称须有督抚提名方可建造⑥。民国初年,南京国民政府提倡反对封建迷信,凡不符合国家祀典的淫寺妖庙,一律破除。时二都(今属德清县)西侧五里牌有狐仙庙,本在摧毁之列,但当时乡绅为了保全庙屋,便在庙上挂了块“防风神祠”的匾额,结果未受破坏。此后,武康县(即今德清县)出现两座防风庙,真的在二都,假的在五里牌⑦。钱穆先生在《现

---

① [英]爱德华·泰勒:《原始文化》,连树声译,广西师范大学出版社 2005 年版,第 408 页。

② 嘉庆《宝前两溪志略》卷一《山川》。

③ 同治《长兴县志》卷十二《坛庙》。

④ 同治《菱湖志》卷一《建置门·寺院》。

⑤ 嘉泰《吴兴志》卷十三《祠庙》。

⑥ 冯贤亮:《明清江南地区的环境变动与社会控制》,上海人民出版社 2002 年版,第 453 页

⑦ 余方德、嵇发根主编:《湖州掌故集》,三秦出版社 1997 年版,第 4 页。

代中国学术论衡》中谈到中国宗教信仰多神时指出:"惟中国之多神,亦中国人心一表现。凡中国人所亲所敬,必尊以为神。如父母生我,乃及历代祖宗,皆尊以为神。立德立功立言之不朽人物,纵历数千年以上,中国人亦必尊以为神。士农工商四业,除商业外,孔子为至圣先师可不论,如稷为农神,夔为乐神,其他百工尊以为神者难缕举。"①

① 钱穆:《现代中国学术论衡》,生活·读书·新知三联书店2001年版,第9页。

第三章　湖州民间信仰的地域特色

古语云:“百里而异习,千里而殊俗”[①],“凡民函五常之性,而其刚柔缓急,音声不同,系水土之风气。”[②]地域环境的独特性,对湖州民间信仰的形成有着不可低估的作用。“人类都生存在一个具体的时空之中,这种时空用另一个术语来表达就是生活于具体的环境中,而且,每一个地区、每一个民族、每一个国家都有自己不同的环境,这种环境的特点或个性在原始社会时期对人类的文化起着决定性的影响,并铸造着一种特色文化。而这种特色文化与环境一道又对今后的文化发展起着规定的作用。”[③]从社会学角度来看,民间信仰所带的“民间”一词,赋予其具有与隶属“上位文化”层次的“官方”等词汇相对的“下位文化”性质。“文化生态的影响是普遍的和深刻的。……从深层结构看,人们的价值观念诸如对人生的态度、宗教信仰观念、道德伦理等内容都有不同程度的受生态环境的作用和影响。”[④]虽然我们还不能将湖州一个地区的民间信仰提高到朱利安·斯图尔德提出的“文化生态”的层次来看待,但可以毫不夸张地说,湖州在不同历史时期形成、传承的民间信仰内容,是在受到地理环境等区域因素影响的情况下被创造、被传承的。“当一种文化得到民众的认同而成为群体的标志或习俗之后,随之而来的则是对这种文化存在的不断地强化以示与其他区域文化的差异和区别”[⑤],离开了独特的地域环境,湖州的民间信仰将失去存在的价值和意义。而事实上,从方志典籍记载的和今天我们可

---

① 《晏子春秋·问上》。

② 《汉书·地理志》。

③ 陈华文:《文化学概论》,上海文艺出版社 2001 年版,第 127 页。

④ [德]黑格尔:《历史哲学》,王造时译,上海书店出版社 2001 年版,第 93 页。

⑤ 陈华文等著:《浙江民俗史》,杭州出版社 2008 年版,第 4 页。

以直接观察的已属于民俗文化内容的湖州民间信仰形态中，就可以发现这种地域环境影响的证据。

一、多元共生的蚕神信仰

湖州民间蚕神信仰的神祇名目繁多，且道教、佛教、人神信仰、动物崇拜等形式并存。妥善处理诸多神祇之间的关系以保证民间蚕神信仰祀神体系的动态平衡需要一定的智慧和技巧：是放任自由的此消彼长的无序状态的延续还是积极协调保障其动态平衡？如果我们把湖州民间蚕神信仰的神灵祇系看作一个生态系统的话，依据生态位平衡的理论，不同的蚕神都拥有各自的生态位，即每个神灵有各自不同的祭祀时间、祭祀圈甚至是专司职守。生态学研究表明，尽管种群间竞争排斥现象非常普遍，但在一定条件下也存在合作和相互依存，从而促进物种生态位的独特性和稳定性，各种群之间的相依性表现为互惠共生。湖州地区的民间蚕神信仰不仅是多元的，更重要的是，如此多元的信仰还能够和谐地共存于湖州地区民众之中，充分说明了各神祇为了获得最佳生态位，除了规避分离、竞争排斥外，还必须进行有效的互惠合作，以保证神案前的香火经久不灭。

（一）民间蚕神信仰多元共生的图式

首先，一个宫庙同时供奉各路神灵。旧时，在湖州地区的蚕神庙（殿）中，不同宗教的神灵被供奉在同一庙宇中的现象相当普遍。同治《湖州府志》载："蚕神……今佛寺中亦有塑像，妇饰而乘马，称'马鸣王菩萨'，乡人多祀之。"[①]光绪《归安县志》载："（蚕神）庙中设木主二，一轩辕黄帝位，一司蚕之神位。庙东隅设马头娘像，西隅设大姑、二姑、三姑像，皆附祀焉。"[②]同治《长兴县志》载，清雍正十二年（1734），知县鲍珍看到"先蚕之神，迄无专祠，乡民祈报者，不过附像于丛祠社庙中，扬袂据鞍，附会小说家马头娘、马明菩萨状貌"，因其"殊不中礼"，于是"度地创基捐赀，庀材匠……于金莲塔院东偏中安奉西陵氏木主，以从俗瞻仰，故复列（马头娘）小

---

① 同治《湖州府志》卷三十一《蚕桑下》。

② 光绪《归安县志》卷十七《祀典》。

像;以非奉诏,故祠而不坛"[①]。同治《南浔镇志》记载了把蚕王与道教神祇太乙真人同奉在青华观的情况:"青华观在南栅城隍庙东,……中有太乙殿、蚕王殿。"[②]同治《晟舍镇志》载:"利济教寺,即古慧明寺,在谨二三圩,(南朝)宋元嘉时,僧法瑶开山。……道光乙酉(1825)末,僧浩清募建东西两廊,为斋堂、客座及山门,左右东岳庙、地藏殿、龙王庙,又六载落成。丁未(1847),僧朗如又募资升清斋为雷祖殿。"[③]光绪《菱湖镇志》记载,光绪八年(1882),当地人在始建于康熙元年(1662)的祇园寺中建起了先蚕庙[④]。民国《双林镇志》载:"土地庙二,一即禹王宫,殿在禹王殿东,与宫基连。一在大通桥东,……并祀蚕神。"[⑤]德清县先蚕祠在"东门外迎春庙内,乾隆四十八年(1783),知县什勒密修建"[⑥],"凡立春前一日,同城文官朝衣朝冠,同至该庙行迎春礼",同时先蚕殿"祀以少牢"[⑦]。最为明显的就是现在位于湖州市南浔区善琏镇含山的净慈院,院内有专祀蚕神的蚕花圣殿,殿正中有一顶布幔,里面供奉着一尊观世音像。左侧有一尊男子塑像,头戴皇冠,身披黄袍,盘膝而坐,长有三目(额中有一纵目),双手捧着一盘蚕茧,从男性形象看,应是蜀地蚕丛氏青衣神在湖州地区蜕变而成的"蚕花五圣"。再往左是身着战袍骑马的中年男子,身后站立着一位年轻女子,是"女化蚕"神话中的父女形象。最左边才是"蚕花娘娘",形象是一位年轻女子坐在一匹白马背上,手捧一盘蚕茧,塑像高一米五左右,系木雕彩绘,衣着与茧盘均为实物。

其次,同一信徒可以同时具有多种信仰。在旧时的湖州,你无法弄清楚蚕农们到底信仰哪一位蚕神,实际上他们也根本不去区分何种蚕神是何种宗教的。同治《湖州府志》云:"民间报赛祀菀窳妇人、寓氏公主亦无不可,或祀蜀君蚕丛氏亦得。"[⑧]同治《湖州府志》又引《西吴蚕略》云:"下蚕后,室中即奉马头娘。遇眠,以粉蚕、香花供奉,蚕毕送之。出火后始祭

① 同治《长兴县志》卷十二《坛庙》。

② 同治《南浔镇志》卷九《寺庙二》。

③ 同治《晟舍镇志》卷一《庙宇》。

④ 光绪《菱湖镇志》卷六《祠墓》、卷七《庙宇》。

⑤ 民国《双林镇志》卷九《庙寺》。

⑥ 民国《德清县新志》卷二《建置志·坛庙》。

⑦ 民国《德清县新志》卷三《建置志·坛庙》。

⑧ 同治《湖州府志》卷三十一《舆地略·蚕桑下》。

神，大眠、上山、回山、缫丝皆祭之，神称'蚕花五圣'。谓之'拜蚕花利市'。"[①]民国《双林镇志》记载，当地农家在祈田蚕的时候，一般"祀猛将，祭马头娘，一切总管堂子，门神水神，无处不拜，清明尤盛"[②]。晟舍镇"(十二月)十二日蚕王生日，乡人妇女至利济寺拜蚕王忏"[③]。据《杭俗遗风》记载，旧时西湖香市中的"下乡香市"，其主要成员是杭嘉湖地区种桑育蚕的蚕妇，她们"见神就磕头，逢庙便烧香"，一般先"行看天竺观音会，还更拈香到净慈"，然后再到半山马王庙祭拜蚕神[④]。湖州含山的清明蚕花庙会当天，去山顶蚕神殿拜谒蚕花娘娘之前，当家人(往往是男性)要先去山脚下的觉海寺(佛寺)烧香，参加"藏蚕种包"仪典，将今年自家头蚕蚕种纸置于随身携带的紫红"蚕种包"中，而这一仪式，却是由手拿黄色蚕经的老道士主持的。在农村，每当育蚕季节，蚕农们往往要在门上贴《蚕花茂盛》，画面为一头戴花冠，身穿袍裙，手捧一盘蚕茧，坐一花斑白马的"马明王"；缫丝后，则将新丝(或新茧)陈列于马头娘神位前，供三牲叩拜；到三月十六日蚕娘娘生日后，新丝上市，蚕农们又焚烧蚕神纸码《蚕姑宫》，刻印三蚕姑居上而坐，下有妇女养蚕，采栎叶等劳动情景，以祈福迎祥。

再次，各种蚕神平等相处，共享民众祭献。湖州地区蚕农们对蚕神的顶礼膜拜，形成了以接蚕神、谢蚕神、扫蚕花地、撒蚕花、轧蚕花、踏白船等祭祀活动为主要内容的"蚕花庙会"。在长期的演变过程中，"蚕花庙会"实际上已经成了众神的狂欢，所有的蚕神甚至包括许多不相关的神灵享受同等的供奉与献祭。如前文所述，湖州地区的蚕神庙中往往是各路神灵共享香火。湖州、嘉兴等地清明蚕花节，蚕农们以"庙界"(即一庙所辖之地域、村坊)为单位，用抬阁(一种饲养蚕的用具)抬着本地神祇的"行身"(如总管、土地、太均等)出游，华盖垂垂，旌旗飘飘，簇拥"菩萨"到蚕神庙绕行，接受香火祭献，也称"扛菩萨"。旧时，一到辞旧迎新的腊月，湖州乡间田埂上，和尚、道士每每结伴同行。据《湖州府志》转引白蘋洲征士《吴兴蚕书》云："俗于腊月十二日、二月十二日，礼拜经忏，谓之'蚕花忏'。

---

① 同治《湖州府志》卷三十《舆地略・蚕桑上》。

② 民国《双林镇志》卷十五《风俗》。

③ 同治《晟舍镇志》卷二《风俗》。

④ 〔清〕范祖述：《杭俗遗风》，上海文艺出版社 2011 年版，第 73 页。

僧人亦以五色纸花施送，谓之‘结蚕花缘’。”①在乡民们看来，无论该路神仙走的是哪条道，只要对蚕事有益，都要请来帮忙。德清县钟管镇蚕农，“饲蚕二眠，通行斋马鸣王(俗称蚕为马神)。供品与请蚕花五圣相同，惟以见稻草代筷为异”②。清代诗人董蠡舟在《南浔蚕桑乐府・赛神》中有详细的描述：“孙言昨返自前村，闻村夫子谈蚕神。神为天驷配嫘祖，或祀菀窳寓氏主。九宫仙嫔马鸣王，众说纷纭难悉数。翁云何用知许事？但愿神欢乞神庇。年年收取十二分，神福散来谋一醉。”对此，同治《湖州府志》的评价可谓一语中的：“湖俗佞神，不知神之所属，但事祈祷；不知享祀之道，借以报本，非所以祈福免祸也。或曰：蚕月人力辛勤，正须劳以酒食。屡借祀神以享余，是亦一道也。”③湖州民间蚕神信仰之庞杂混乱由此可见一斑：名为精神寄托，实为蚕农自身变相的例行慰劳。

(二)民间蚕神信仰多元共生的基础

在佛教传入之前，中国的宗教是以儒教为代表的“国家宗教”及流传于各地的民间信仰。自汉代传入以来，佛教经历了漫长的演变过程，逐渐适应中国社会，受政治、经济、文化思想的影响而中国化，也在更大程度上满足了民众的精神需求。而广大民众精神世界的实用性需求，也为佛教与本土民间信仰的互融共生提供了广阔而持续蔓延的历史时空。马鸣王菩萨的神异事迹，显然与佛教宗旨是不相符合的。“生活在宗教的逻辑中进行，而宗教则在生活的脉络中展开。”④这种编撰的神异，正是其迎合民间信仰在民众生活逻辑中的一种展开和体现。在道教正式形成之前，中国各地遍布着方士。这些方士，原本就是散布在民间的宗教职能人士，从事着民间信仰领域的事务，属于类似巫师的人员，后世的道士就是由这些方士演化而来的。道教系统里的许多神灵，原本就是来自于民间神灵，如九宫仙嫔、城隍神等等。可以说，道教的神灵系统，原本就植根于民间信

---

① 同治《湖州府志》卷二十九《风俗》。

② 朱吾庆主编：《钟管镇志》，《钟管镇志》编撰委员会 2000 年编印，未刊稿，第 345 页。

③ 同治《湖州府志》卷三十一《舆地略・蚕桑下》。

④ [英]马林诺夫斯基：《巫术 科学 宗教与神话》，李安宅译，中国民间文艺出版社 1986 年版，第 71 页。

仰，道教是与民间信仰最为接近的宗教。无论是制度化宗教还是民间信仰，都是关于超人间、超自然力量的一种社会意识，以及因此而对其表示信仰和崇拜的行为。民众的观念中并不存在不同宗教之间的分类概念，在他们看来，不论哪一种神灵，其本质是一样的——都是令人敬畏的“神”。民众之所以相信宗教，是希望宗教能为他们带来现世的利益，期待灵验故事的发生。蚕花庙会期间，村民祭祀观音、佛祖等神灵与一般的民间祭蚕神活动已不存在实质性的差别，两者均作为对所谓“神”的观念的信仰，在现实性和实用性的基础上达到了本质的融通。制度化宗教需要谋求生存空间发展与民众需要多重信仰这种双重功利性的契合，从而使得两者在本质相通的基础上能够长期保持神祇生态位的平衡，形成互利互惠、和谐共存的局面①。

“宗教不过是支配着人们日常生活的外部力量在人们头脑中的幻想的反映。”②融多种神灵于一体的民间信仰形式，实际上也是对现实生活的一种反映。“诸神生活在超凡世界里，但其实他们一天也不曾离开过人间。神的世界，就是人的世界。神的世界是人间世界的一个组成部分，一个补充。人们在人间世界里找不到的期望、寄托、慰藉，还有报应，都可以到神的世界里寻找，并且往往可以找到。”③中国封建社会的底层民众，地位是极其低下的，一旦遭遇天灾人祸，境况更加艰难，甚至连生命也得不到保障。在现实生活中，民众的希望要求，统治阶级无法也不可能给予寄托与满足。这样的社会地位，使他们更易受宗教的影响。而在信仰的世界里，往往有常年吃斋念佛的人却不得善终的现象出现，这就不能不让一部分民众对“举头三尺有神明”“善有善报，恶有恶报”的“因果报应”理念产生怀疑，即信奉单一神灵的实效性问题。因此，寻求多重保护才是合适的选择。就信仰主体而言，民众之所以崇拜某神，是因为该神具有与其生产、生活密切相关的职能。民间信仰有着世俗功利的动机，拜神必有所求，而其根本用意不外求吉避凶、祈福禳灾。“宗教信仰在于将精神上的冲突的积极方面变为传统的标准化。所以，宗教信仰满足了一种固定的

---

① 俞黎媛：《论神祇生态位关系与民间信仰生态系统的平衡》，《民俗研究》2008 年第 3 期。

② 《马克思恩格斯全集》第 3 卷，人民出版社 2009 年版，第 35 页。

③ 安德明：《天人之际的非常对话》，中国社会科学出版社 2003 年版，第 208 页。

个人需要……另一方面，宗教信仰及仪式……增强了人类团结中的维系力。”①民众不去追求神圣的情感体验和精神的高尚升华，而是执着于物质生活的改善、满足和精神的慰藉、愉悦。他们对神的选择以实用、灵验为标准，有用则近，无用则疏；有灵则祭，不灵则弃。在其心目中，神灵的等级、来历等并不重要，具有并能履行满足世俗需求的职能才是关键所在②。此外，在乡下农村，生活困苦又整年劳顿的平民百姓，精神的空虚是毋庸置疑的，他们需要精神的寄托，更需要找到解闷的乐子，而且后者的目的性越来越明显，民间信仰庙会的娱乐功能正好弥补了这个空缺。湖州地区的蚕神庙会，均有演戏、赛船、杂耍等内容，百姓也大多借此通过酬神达到娱人的目的。

现世现报和有求必应，是民众民间信仰最期望的结果。他们之所以崇拜某神，最根本也是最重要的是该神具有与其生产、生活需求密切相关的职司与功能。以湖州地区的蚕神信仰为例，嫘祖、马头娘诸神有保佑蚕花丰收的功能，却管不了喜欢吃蚕，咬坏蚕种纸、蚕茧的老鼠，因此民众祀奉“蚕猫”以驱鼠避害；倘若蚕事失利，民众往往归咎于鬼怪作祟。旧时当地经济较宽裕的蚕户在蚕事之前往往要延请僧道拜蚕花、祛蚕祟以消灾驱邪；在古代，蚕农们科学知识有限，靠天吃饭，因此民众在祭祀嫘祖的同时连风、雨、雷等神灵也一并敬拜，以祈风调雨顺，获得丰收。民间信仰中神灵的主要功用是让人们趋利避弊，即发挥保佑与惩戒的功能，这与人们的意识里随时保持着行为的二元分界标准相关，即好坏、因果、是非、运气灾难等等。这种两两对应的认识分界，直接被导入民间信仰中，表现为鬼神的分工，但是，所有的分工，体现的都是人们利己的需求，而不是二元分界的对立。因此，从机制上看，民间信仰中任何神鬼间的位置都是平行、平等的，求神保佑与求鬼别来惩罚的利益要求是同位的。“逢庙就烧香，见神就磕头”，民众出于实用产生信仰，又靠实用的结果来维系信仰，他们对神的选择是以有用、灵验为标准的，将各路神灵都纳入自己的信仰体系，目的就是最大限度地趋吉避祸。“行动只由追求功利的动机所驱使，行动借助理性达到自己需要的预期目的，行动者纯粹从效果最大化的角

① [英]马林诺夫斯基：《文化论》，费孝通译，华夏出版社 2002 年版，第 87 页。

② 王守恩：《论民间信仰的神灵体系》，《世界宗教研究》2009 年第 4 期。

度考虑。”[①]湖州民间蚕神信仰的神祇，无论是从人物转化过来的，还是由民众自己杜撰出来的，当它们成为民众祭拜的偶像时，并没有等级的差别，不论是在人们定期祭拜的过程中，还是在人们的意识里，它们之间并无大小之分，都具有平等的被祀奉的机会和同等的地位，体现的是一种强烈的利己意识[②]。

（三）“局部”之于“整体”的关照

中国的民间信仰是建立在地缘性基础上的多元共生。民间信仰作为原生性宗教与人们日常生活环境及活动中对“神”的体验与祈求密切相关，表达直接，不像制度化宗教那样将人的同类情感装扮成高深莫测的文化形式[③]。布朗认为，“一切社会制度或习俗、信仰等等的存在，都是由于它们对整个社会有其独特的功能，也就是说，对外起着适应环境、抵抗能力，对内起着调适个人与个人、个人与集体或之间关系的作用”[④]。民间信仰所表达的“动力”，与其说是对“神”的敬畏，毋宁说是民众用最朴素的方式和最原始的创造力实现自己与自己心灵的相会。因为这种直接体验和自主表述的特性，中国民间信仰具有强烈的地缘性特征，成为依附于主流传统文化之下的“小传统”。“民间信仰是各地强化其社区传统或地方文化传统的产物，一旦各种社会集团，无论是地缘集团、血缘集团，还是职业集团或性别集团需要强化各自的凝聚力，往往会在本地的民间信仰上下功夫，促进了地域内不同群体的整合。”[⑤]民间信仰的神灵作为地方的保护者，只在特定的祭祀圈内发挥作用。民间信仰的地缘性源于初民对根的深刻体验。每一个地方的神祇崇拜传统，都植根于特定地域，代表着共同的习俗、方言、血缘、思维模式、生活态度和人情关系。作为一种精神寄托

---

① ［德］马克斯·韦伯：《新教伦理与资本主义精神》，张云江译，中国社会科学出版社 2009 年版，第 62 页。

② 王晓丽：《民间信仰的庞杂与有序》，《西北民族研究》2009 年第 4 期。

③ 曾传辉：《中国的民间信仰是不是宗教》，《中国社会科学报》2009 年 9 月 3 日，第 12 版。

④ ［英］拉德克利夫·布朗：《社会人类学方法》，夏建中译，华夏出版社 2002 年版，第 2 页。

⑤ 赵世瑜：《狂欢与日常——明清以来的庙会与民间社会》，生活·读书·新知三联书店 2002 年版，第 294 页

或留恋民族文化传统的自觉或不自觉的行为，民间信仰的多元化形态在不同的地区也存在着一定程度差异。用人类的经验解释自然景观并规定特殊的态度和行为，这在人类的文化中是较为普遍的现象，“任何一种文化，只要它的文化记忆还在发挥作用，就可以得到持续发展。相反，文化记忆的消失也就意味着文化主体性的消亡”①。一般来说，在藏传佛教或伊斯兰教地区，民间信仰的多元性显得相对简单些。在南方地区，自古以来“俗信鬼神，好淫祀”，围绕着民间神祇的社会与庙会活动历来十分盛行，因而民间信仰比较庞杂，其中又以客家分布地区最为普遍。由于正统宗教繁文缛节较多，教义深奥，很难适应该地区民众的信仰心理，而民间信仰仪式简便，尤其是积极入世的精神和道德教化作用及其内心抚慰功能，正好契合了该地区民众的精神需求，自然就成为他们心灵中信仰需要的产物或替代品。因此，“民间信仰是他们日常生活的精神慰藉和寄托”②。

中国的民间信仰中只有神灵的概念而无宗教的意识。对于民间信仰，国际汉学界的主流观点一直将其视为中国本土的宗教，以荷兰汉学家高延的多卷本巨著《中国的宗教制度》为代表。其实不然，中国民间信仰与五大宗教具有不同的特征——弥散性。其信仰、仪式及宗教活动都与日常生活密切混合，扩散为日常生活的一部分，所以其教义也与日常生活相结合，没有统一的教主，也就缺少系统化的经典，更没有独立自治的组织体系，在组织上与世俗组织难以分离。用杨庆堃的话说，制度化宗教“独立于其他世俗社会组织之外，它自成一种社会制度”，是“形式上有组织的”，代表了“自愿宗教的组织化体系”，而“民间信仰”反而是“实质上有组织的”③，可以是官方祀典的一部分，也可以是社区、家庭私祀的一部分。虽然一口咬定中国人不注意宗教教义是完全不符合实际的，但中国人的确很少认为，信仰某种特定的宗教教义——拒斥所有其他的宗教教义——是一桩生死攸关的大事。因为对一个精神性的观念体系的信仰绝对不是普通中国人宗教行为的主要动力。相反，促使中国人从事宗教活

① 王霄冰：《文字、仪式与文化记忆》，民族出版社 2007 年版，第 22 页。

② 王献忠：《中国民俗文化与现代文明》，中国书店 1991 年版，第 136 页。

③ ［美］杨庆堃：《中国社会中的宗教：宗教的现代社会功能与其历史因素之研究》，范丽珠等译，上海人民出版社 2007 年版，第 35 页。

动的是古老传统的力量和未来福祉的诱惑。中国人缺乏系统的神学，他们之所以履行宗教义务，是因为传统习俗要求他们那样做。如果非得让中国人讲出别的理由，他们更是极可能列举实践上的而不是教义上的理由，强调自己从事宗教活动是希望获得个人幸福或社会幸福①。对生活在传统社会的中国人来说，他们的日常生活显然无法与对神的尊奉分开，"于圣贤仙佛各种偶像，不分彼此，一例崇拜"②。曾经有一位外国传教士来到中国，对这样的现象颇感惊讶："全中国各地偶像的数目赫然之多简直无法置信，这种偶像不仅在庙里供奉，一座庙里可能就有几千尊偶像，而且几乎家家户户都有。在私人家里按照当地的习惯偶像被放置在一定的地方。在公共广场上、在乡村、在船上以及公共建筑的各个角落，这种到处都有的可厌恶的形象是第一件引人瞩目的东西。"③作为在大传统价值意识的传播下被挤压到边陲地带的一种低次元文化，民间信仰本质上传承远古时代的原始宗教形态，偏重鬼神崇拜与巫仪活动，建立在神人交通的灵感思维与神话传播之上，人们根据各自的需求，祀奉相应的神明；至于所供奉的是何方神圣，则很少去深究。尽管他们的愿望不一定总能得到满足，但虚幻的幸福期待或多或少可以缓解其心理上的紧张。

美国著名汉学家韩森曾将中国民众宗教信仰的特征概括为"唯灵是信"，认为神祇是否灵验是他们选择的根本出发点④。在自然和社会的双重压迫下，人们感到恐惧，感到个人力量的渺小，这就促使人们幻想借助于超现实的力量来消除恐惧、摆脱苦难，所以"世信祭祀，以为祭祀者必有福，不祭祀者必有祸。是以病作卜祟，祟得修祀，祀毕意解，意解病已，执意以为祭祀之助，勉奉不绝"⑤。为了实现愿望，人们用祈祷和奉献祭品来求得神灵们赐予长寿、丰收、富贵、健康、子嗣等，目的十分具体明确，人和鬼神的关系也就始终带有很浓的实用主义色彩。如人们认为司命神主宰

① [美]克里斯蒂安·乔基姆：《中国的宗教精神》，王平、张广保、沈培等译，中国华侨出版公司1991年版，第185页。

② 梁漱溟：《中国文化要义》，学林出版社1987年版，第69页。

③ [意]利玛窦、金尼阁：《利玛窦中国札记》，何高济、王遵仲、李申译，中华书局1983年版，第113页。

④ [美]韩森：《变迁之神——南宋时期的民间信仰》，包伟民译，浙江人民出版社1999年版，第27—44页。

⑤ 《论衡·解除》。

人的寿命，所以虽为小神，也对其格外重视，“大尊重之”，不仅居者“别作小屋”，时时供奉，出门之时也随身携带，“行者檐篋中”[①]，寸步不离。陈进国也指出：“中国人信仰并非无条件的、盲目而虔诚的，而是带有个人实际目的且处于似信非信的状态，不断地对信奉对象加以验证。因此他们的信奉对象总是处于(或潜在地处于)动态变化当中。”[②]这个观点是非常有见地的。在各类宗教的形形色色的神祇之间进行验证和选择，的确是中国式宗教精神的基本特性。民间信仰的对象、目的、祭祀仪式和信仰心理都与民众日常生活密切相关，是华夏民族工具理性在信仰上的集中体现。民间信仰将神灵看成是影响、操控现实的主宰，强调实际经验和操演是最重要的，原理和说教是从属的；神祇存在不是预设的，而是对行为结果解释的假定；决定神祇的选择不在教义的连贯，而在心理效能的检验；礼尚往来、知恩必报、慎终追远、敦厚笃实的互惠关系成为人神互动的基本准则。信则灵，不灵则不信。“唯灵是信”是中国民间信仰的区别性特征，如果没有这种实用性，民间信仰就不成其为民间信仰；如果实用性太强，其他宗教就会民间信仰化。所以说，只要洞悉广大中国民众在宗教信仰方面具有那种比较奇特的现世实用心理，我们就不难理解社会生活中大量存在的“临时抱佛脚”的应急现象，以及“平时不烧香，有事才求神”所表现出来的实用主义的心态。这种宗教心理完全可以被称为“纯粹的功利主义的虔诚”，因为“人们向神祷告，向许多神或圣徒祷告，希望他们真正地理解自己，最终为自己获取最大的利益。”[③]中国的民间信仰“是一种非常现实功利的手法，而在这种手法之下所透露的态度，也就是多种机会的利用，包括多种选择、多方试行，多角经营或至于善尽专营等等现实功利的态度都隐藏其中了。”[④]尤其是对财神的敬拜最集中地体现了这种“现实功利的态度”，是人们求财欲望的具体象征，其中蕴含的是社会生活中人们对民俗传统的复杂心理需求的合理存在。

---

① 《风俗通义·祀典》。

② 金泽、邱永辉主编：《宗教蓝皮书·中国宗教报告(2011)》，社会科学文献出版社2011年版，第153页。

③ 范丽珠、侯杰：《中国民众意识》，山西教育出版社1999年版，第210页。

④ 李亦园：《宗教与神话》，广西师范大学出版社2004年版，第249页。

二、神道设教的忠实志录

在中国传统社会，敬神祭祀有两个功能：其一是通过敬奉神灵与祖先，祈求得到他们的保佑及赐福，祈祷的内容涉及社会生活的方方面面。其二是道德教化，即"神道设教"，通过对神灵的敬奉与祭祀而宣扬家国一体、忠孝节义的思想。"神道设教"的思想起源于先秦："观天之神道，而四时不忒，圣人以神道设教，而天下服矣"，"天尊地卑，乾坤定矣；卑高以陈，贵贱位矣；动静有常，刚柔断矣。人以类聚，物以群分，吉凶生矣。在天成象，在地成形，变化见矣"①，"气也者，神之盛也；魄也者，鬼之盛也。合鬼与神，教之至也。……因物之情，制为之极，明命鬼神，以为黔首则，百众以畏，万民以服。圣人以是为未足也，筑为宫室，设为宗祧，以别亲疏远迩，教民反古复始，不忘其所由生也。众之服自此，故听且速也。"②为了表达对神的尊敬与虔诚，沟通人与神的关系，人们设立神祠，制定礼仪，借此使神能够保佑他们，为他们带来福祉，在湖州则主要体现为民间文昌信仰、关羽崇拜的繁盛。

(一)"鬼神之道"的道德教化

统治阶级在国家祭祀中一直充当着"主祭君"的角色。在郊庙祭礼中，君主同时也是"天子"，通过占卜、乐舞表演来贯通天地、沟通鬼神，是"所有古代宗教中神话——仪式体系的核心"③。管子论"宁国之度""顺民之经"，所谓"明鬼神""祗山川""敬宗庙""恭祖旧"④，不外《观·象》语意。《淮南子》历举俗忌如"飨大高者，而彘为上牲""葬死人者，裘不可以藏；相戏以刃者，太祖軵其肘；枕户橑而卧者，鬼神蹠其首"⑤。而抉其隐曰："凡此之属，皆不可胜著于书策竹帛而藏于官府者也，故以禨祥明之。为愚者

① 《周易·彖传》。

② 《礼记·祭义》。

③ [美]米尔恰·伊利亚德：《宗教思想史》，晏可佳等译，上海社会科学出版社2004年版，第343页。

④ 《管子·牧民》。

⑤ 《淮南子·氾论训》。

之不知其害，乃借鬼神之威，以声其教”[①]，“夫忌讳非一，必托之神怪，若设以死亡，然后世人信用”[②]，皆可谓“神道设教”的示例。“今若使天下之人偕若信鬼神之能赏贤而罚暴也，则夫天下岂乱哉?”“古者圣王必以鬼神为。其务鬼神厚矣，故书之竹帛……故琢之盘盂、镂之金石以重之。”[③]《淮南》《论衡》所举，特神道设教之“不胜”书于竹帛、镂于金石者耳。徒世谈士阐发政教相须，与墨子暗合。盖世俗之避忌禁讳，宗教之命脉系焉，礼法之萌芽茁焉，未可卑为不足道也。18 世纪英史家吉朋尝谓，众人视各教皆真，哲人视各教皆妄，官人视各教皆有用，则直奏单微矣[④]。

在宗法等级森严的中国封建社会中，《周易》所提出的“神道设教”说，一直受到统治阶级及其知识分子的青睐和推崇，即使一些著名的无神论者也不例外。王充曾说：“凡祭祀之义有二，一曰‘报功’，二曰‘修先’。报功以勉力，修先以崇恩。力勉恩崇，功立化通，圣王之务也。”[⑤]“报功”，即报答功劳，指崇敬天地生长万民众物的功业，表彰有贡献的人和物的功劳。“修先”，即敬奉祖先，指像生时赡养老人一样侍奉先祖，实际上是缅怀先祖的神韵、意志与功德。举行这样的祭祀活动，是为了勉励尽力作为之人，尊崇有恩德之人，从而起到动员社会、凝聚人心、稳定秩序的作用。南北朝时的范缜写了著名的《神灭论》，但他在与曹舍人论辩时也说：“若均是圣达，本自无教；教之所设，实在黔首。黔首之情，常贵生而贱死；死而有灵，则长畏敬之心；死而无知，则生慢易之意。圣人知其若此，故庙祧坛埠以笃其诚心，肆筵授几以全其罔已；尊祖以穷郊天之敬，严父以配明堂之享。且忠信之人，寄心有地；强梁之子，兹焉是惧。所以声教昭于上，风俗淳于下，用此道也。故经云‘为之宗庙以鬼享之’，言用鬼神之道致兹孝享也。……宗庙郊社，皆圣人之教迹，彝伦之道，不可得而废也。”[⑥]这段话的中心意思是说，圣人之所以祭天祀祖，是为了设立教化，陶冶百姓，纯

---

① 《淮南子·氾论训》。

② 《论衡·四讳》。

③ 《墨子·明鬼》。

④ 钱锺书：《管锥编》，中华书局 1994 年版，第 18—19 页。

⑤ 《论衡·祭意》。

⑥ 转引自〔南朝梁〕僧佑：《弘明集》，刘立夫、胡勇注，中华书局 2011 年版，第 172 页。

洁风俗,因此,宗庙郊社祭祀之礼,不可废除。也进一步说明,祭祀礼仪的根本宗旨就在于"神道设教",此即"用鬼神之道致兹孝享也"。唐代柳宗元更是修建文庙,主持祭祀,以为神道设教"非于神也,盖于人也"①。唐宋之后,明代的王廷相、明清之际的王夫之也是如此。王夫之说:"故曰圣人以神道设教。阴以鬼来,我以神往,设之不妄,教之不勤,功无俄顷而萌消积害"②,"圣人曙乎此,存人道以配天地,保天心以立人极,科以为教,则有同功而异用者焉"③。神道设教具有萌消积害、善救乱世之功效。照此说法,人的祭祀行为的目的完全是功利性的,"神道设教"也只不过是统治者治理社会、稳定秩序、培育人的道德修养的一种工具而已。

"神道设教"的主旨在于利用暗含于人们内心的鬼神之道,补充现世政治制度的不足,以达到维护现行统治秩序和传统伦理道德的目的。历朝历代都非常重视对神的敬献,在新皇帝登基与重大节日时都要进行大规模的祭祀。上行下效,这种祭祀活动下移至普通百姓,最后自上而下地形成了一系列被认可的教化制度。因此,"神道设教"思想贯穿于中国古代社会,成为研究社会史中一个重要的管理方式与理念,各种民俗、文化、习惯等都与之产生了千丝万缕的联系,遍布于各个角落的神庙与定期、不定期的祭祀活动都成为道德教化的工具。从这个意义上看,"神道设教"思想在长期的历史发展过程中已经深深地渗入民间,渗入每个角落,渗入每个人的头脑之中。在古人的心中,对神灵充满了敬意,为了表达他们虔诚的敬神心理,在神庙中修建戏台,用以在节日举行戏剧演出,这样戏台便遍布于市镇、村落,形成了"无村不庙,无庙不台"的现象,这不能不说是湖州民间信仰的一个特色。

(二)"崇文尚教"传统的文昌信仰

文昌原为天上六星之总称,即文昌宫:"斗魁戴筐六星曰文昌宫:一曰上将,二曰次将,三曰贵相,四曰司命,五曰司中,六曰司禄。"④政治教化的权威、人们对其象征的敬畏和恐惧和对科举取士、功名利禄的向往,产生

---

① 〔唐〕柳宗元:《柳河东集》,上海古籍出版社 2008 年版,第 375 页。

② 《周易外传·〈观〉卦》。

③ 《周易外传·〈复〉卦》。

④ 《史记·天官书》。

了人格化的文教神。文教神不是原始宗教,而是教育道统杂芜不显时的"神道设教",是"理性的神话",是人们耽于感觉的幻象而又不愿做实践上的努力,盲目相信才产生的[①]。元明以后,随着科举制度的规模化和制度化,更多的市镇、乡村文人将科场夺魁作为自己最终的目标与价值的诉求,而孔庙对他们来说又是那样的高不可攀,似乎与自己没有多大关系,而主管文教的神祇——文昌则由于其信仰的大众性,而与普通乡村、士子联系起来。为了改变自己的命运,对文昌帝君的奉祀也逐渐普遍。

"文昌,唐封左丞,加封顺济王,宋改封英显,加封辅元开化文昌司禄帝君,国朝嘉庆六年(1801)入群祀,并祀文昌前代。咸丰六年(1856)升入中祀。"[②]由于民众敬奉,文昌庙几乎遍及天下,大至京师小至乡村,都修建了神庙;在参与神庙修建的人员中,既有地方官员,也有士绅,还有普通民众,或出钱,或出力,将修建文昌庙作为地域社会中的一项重要事情。地方对教育的重视也是文昌信仰流传的重要原因。湖州钟灵毓秀,人杰地灵,自古号称"人文渊薮",为"东南最盛,处于今为股肱,郡山水清远,人物贤贵"[③],南浔镇"士人多修雅,自好文学,烝烝甲于一邑云"[④];士林镇,原因寺院多而名"寺林",后人因其地读书风气浓厚,士族绵亘,自乾隆之后,更名为"士林"[⑤];双林镇也"高门殿次,甲第云连"[⑥],即便是"地处乡隅"的菱湖镇,仍是"士多好学,魁名鼎甲,实为一郡之冠"[⑦]。历史上,湖州从唐代到清末,共有进士1530人(含武进士62人),其中状元16人[⑧],德清县更是"十二年间两状元"[⑨]。宋代以来,湖州的教育事业逐渐发达,宋宝元二年(1039),知州滕宗谅创设湖州州学,聘名教育家胡瑗为州学教授,设经义、治事两斋,讲"明体达用"之学,开创了教育事业的新风气,培养了一

---

① 宁俊伟:《明代三教的衰微与文昌信仰的发展探析》,《世界宗教研究》2012年第1期。

② 光绪《长兴志拾遗》卷下《庙祀》。

③ 嘉泰《吴兴志》卷首《序》。

④ 民国《南浔志》卷三十三《风俗》引《浔溪文献》。

⑤ 余方德、嵇发根主编:《湖州掌故集》,三秦出版社1997年版,第374页。

⑥ 嘉庆《东林山志》卷二十三《艺文志》。

⑦ 光绪《菱湖镇志》卷十六《金石略·菱湖龙湖书院碑记》。

⑧ 参见张西廷编:《湖州人物志》,上海社会科学院出版社1990年版,第113页。

⑨ 民国《德清县新志》卷十三《杂志》。

大批弟子，后来它成为宋代官学的楷模，有了以"湖学"为称的专门名词。并且，这一传统被后世学者沿用，明代的教育家唐枢在多处设帐讲学60余年，求教者甚众。到了清代，从郡城到几个大镇书院的创设，基本形成了学塾、书院、县学、府学这一整套地方教育体系，而且这些教育场所大都设在文昌庙内，或由文昌庙改建而来，既可以节省开支，又可以接近主管教育之神，因此得到了广泛的推广，菱湖镇的文昌阁就建在龙湖书院。①

归安县文昌祠"在长桥东北，宋景定间建，明洪武十□年增修，张羽撰记"，"文昌阁在东门外，国朝顺治十年(1653)建，同治初毁。光绪二年(1876)，邑绅陆心源督建"②。乌程县文昌帝君庙有三座，"一在县学东，嘉庆六年(1801)始入祀典，春秋二祀，二月初三日加祀，后殿祀文昌帝君先代，同日致祭。一在弁山黑龙洞侧，……一在府治东南"③。德清县前溪的文昌阁，"明万历间，吴世治舍地建，上供梓潼帝君，下供汉寿亭侯像，国朝乾隆间，重修前后两殿，增素总管祠。清溪南注前溪，西环二水会合，阁当其中，菁埭诸峰俯仰揖拜于几席间、两溪间，一胜景也。里人称'溪阁晚眺'，列入胜景"④。孝丰县"旧有文昌阁，在西门外白衣庵侧"，"嘉庆乙亥(1815)春，余(知县范仕义)来宰是邑，尚于此处致祭，以将厥敬。至丙子(1816)夏，庵僧不戒于火，遂为灰烬，嗣后享祀无依，心甚歉焉。于是，择书院后隙地，量度区处，佥日得宜，乃创为改建之，议而□新之。又思经费无所从出，亟捐廉以为众倡，邑之士绅囊其息、其私财，以祠文昌。历有年，所出旦举数百金，而公之以为助。其余士民，皆乐为捐输。爰庀材鸠工，峙之高楼，翼之虚槛，规模峻整，庙貌庄严，百堵皆新，焕然丕变。祭之日，俎豆牲醴，一时告备。庶足以答神贶而无贻陨越羞矣。是役也，肇始于丁丑(1817)之春，告竣于戊寅(1818)之夏，阅一岁而庆成功"⑤。长兴县有文昌庙(祠)三座，"在县城嘉会门内，旧为五显灵官庙，国朝康熙年间，改为文昌祠。乾隆二十五年(1760)重修，嘉庆六年(1801)列入祀典；在县承恩门内，旧为平政院，咸丰十年(1860)院毁，同治六年(1867)，善后局绅

---

① 光绪《菱湖镇志》卷六《祠墓》。

② 光绪《归安县志》卷十七《祀典》。

③ 光绪《乌程县志》卷六《祠祀》。

④ 嘉庆《宝前两溪志略》卷六《祠祀》。

⑤ 光绪《孝丰县志》卷三《建置志·坛庙》。

士钟麟等于关帝庙殿东建正殿三楹，内寝三楹，前峙奎星阁，计高三丈六尺”[①]，“在四安古南门，上有魁阁。道光中，上虞陈书助地募建，寻圮。光绪二十二年(1896)，里绅孙绍颜等倡捐重建”[②]。

(三)“义勇”伦理品格的关羽崇拜

关羽崇拜，是中国古代曾经盛极一时的一种群体文化现象。明代徐渭在其《蜀汉关侯祠记》中慨叹道：“蜀汉前将军关侯之神，与吾孔子之道并行于天下。然祠孔子者止郡县而已，而侯则居九州之广，上至都城，下至墟落，虽烟火数家，亦靡不醵金构祠，肖像以临，球马弓刀，穷其力之所办。而其醵也，虽妇女儿童，犹欢忻踊跃，唯恐或后。以比于事孔子者，殆若过之。”[③]关庙的数量大大超过孔庙，民众对关羽的崇拜热情也大大超过了对孔子的信奉。这使作为儒家弟子的徐谓只得自叹弗如。作为一种流行了千余年的群体文化现象，关羽崇拜产生、发展和兴盛的原因非常复杂，它和古代的经济基础、政治制度、文化背景、宗教观念、社会心理、民族性格，以及关羽本人的人格魅力，都有着千丝万缕的关系。[④] 处于封建传统伦理道德话语体系之中的“忠义”超越了朝代、阶级、民族、地域、宗教信仰等等局限，在封建社会中为各个朝代、各个阶级、各个民族、各个地区、各种宗教信仰的人们所景仰与接受，最终使关公超越了封建时代所有的名臣骁将，成为千余年来亿万民众顶礼膜拜的正神。随着湖州市镇工商业的发展，商贾市井阶层的不断壮大，关羽渐渐也成了传统商业道德、商业文明的“精神符号”。双林镇崇义堂丝绢公所，“大厅内供关帝神主，外有戏台。逢五、九两月，丝业尝会集，演剧酬神”[⑤]。

从“神道设教”思想出发，人们十分注重发掘关公崇拜的伦理教化内涵，修建了众多的关帝庙，作为实施“神道设教”的场所。其中有民间百姓

---

① 光绪《长兴县志》卷十二《坛庙》。

② 光绪《长兴志拾遗》卷下《庙祀》。

③ 〔明〕徐渭：《蜀汉关侯祠记》，选自《徐文长全集》，上海广益书局民国二十五年刊本，第75页。

④ 朱海滨：《祭祀政策与民间信仰——近世浙江民间信仰研究》，复旦大学出版社2008年版，第107页。

⑤ 民国《双林镇志》卷八《公所》。

集资修建的，也有地方官府甚至朝廷出资建造的。历代统治者之所以允许民众为关羽建庙，乃至亲自出面建造，正是由于他们看到了关庙在发挥"神道设教"伦理教化功能方面的巨大作用。湖州府治的关圣庙"一在临湖门外潘公桥东堍，一在毗山，明潘季驯建，国朝乾隆元年(1736)，季驯后裔重修，嘉庆十七年(1872)，归安陈丰续修"①，"一在清源门龙溪口"②，地方志记载："相传季驯感神之惠，今自湖州至清江浦几近千里，运河两岸越十数里，必有关帝庙，皆季驯一人所建也。"③归安县乌盆巷口有通灵王庙，"……今改为关帝庙，不知始于何代"④。贵泾铺贵泾桥东的关帝庙，"国朝顺治二年(1645)，建有春秋阁、三义阁，春秋崇祀，五月十三日加祀"⑤。

安吉县旧时有关帝庙五座："一在州治西北玉磬迎恩坊界，明知州古德懋建"⑥，"一在递铺镇北，里人吴文洁捐造殿门，住僧圆正建寝宫。咸丰十一年(1861)毁，同治十年(1871)，里人重建，职员张潮董其事。一在梅溪镇便民仓东，咸丰十一年(1861)毁；一在荆湾，咸丰十一年(1861)毁；一在小溪口，咸丰间毁，同治十一年(1872)重建；一在晏子乡长巷里。"⑦光绪年间，孝丰县的关帝庙更是"其附见乡庄者十六庙，广苕乡二，金石乡二，天目乡四，太平乡三，鱼池乡三，移风乡一，浮玉乡一"⑧。

长兴县城的关帝庙在"县城承恩门内，旧为平政院东房，正殿、后殿、前门各三间。国朝乾隆三十二年(1767)，知县方伯重建后殿。五十四年(1789)，知县袁秉直重建正殿。……同治五年(1866)，善后局绅士钟麟等重建宫门、正殿各三楹，内寝楼房上下六间，厨房二间"⑨。铁关帝庙在"长安门外松云庵左，神像铁铸，覆以屠苏，制极卑隘。明万历间，道人沈学典捐基，募建大殿，后崇奉日隆，官置田七亩八分三厘，以永香火。道人死，

① 同治《湖州府志》卷四十《政经略·祀典》。
② 乾隆《乌程县志》卷九《祠祀》。
③ 光绪《乌程县志》卷六《祠祀》。
④ 康熙《归安县志》卷二《坛祠志》。
⑤ 光绪《归安县志》卷十七《祀典》。
⑥ 乾隆《安吉州志》卷六《坛庙》。
⑦ 同治《安吉县志》卷六《坛庙》。
⑧ 光绪《孝丰县志》卷三《建置志·坛庙》。
⑨ 光绪《长兴县志》卷十二《坛庙》。

里人高其义,即窆于庙中西北隅”①。嘉会门城楼还有关忠义庙,“明知县游士任建,万历己卯年(1579),邑人李士麟重建。国朝乾隆十二年(1747),知县谭肇基重修,嘉庆五年(1800),知县邢澍重修”。除县城外,长兴县旧时各乡镇还建有五座关帝庙,“一在吕山南,雍正五年(1727)建;一在吕山北,乾隆初建;一在高村,明崇祯二年(1629),邑人沈白源施地募建,国朝乾隆四十八年(1783)重建;一在四安镇,乾隆三十四年(1769),许天祚捐资重建”②。据史料记载,四安镇的关帝庙后来又经历过多次重修:“同治十二年(1873),里人孙福恒等募捐重建。光绪十七年(1891),巡检朱镇设乡约所,延请廪生钦启承,每逢朔望会同宣讲圣谕。十九年(1893),同善堂董事孙辅元等重修。”③

武康县城的关帝庙“一前后殿凡三进,在县东五里回龙港口;一建阁,在二都封山里”④,“一在十七都王母山前,一在十都排头镇,一在南界桂枝里,一在三桥埠。(回龙港口的关帝庙)崇祯五年(1632)五月,县丞陈蜀瑄(四川重庆府人)合乡人捐俸二十四两,置田六亩,每亩取租银五钱,共三两。除去田上粮税一两,零外存留本邑城隍,关圣两庙祭祀之资。其田不许倒换变卖,勒石永为定例。……乾隆十一年(1746),知县刘守成清出县东百步外旧察院基,建今庙,以便祀事”⑤,“武圣庙,山中有多处,不及俱载”⑥。

旧时湖州民间关羽信仰形式多种多样,最为常见的是在各郡邑、村镇建关帝庙,内有关羽塑像供乡民祭拜,每年的春秋两季和关羽诞辰,各村社都要举行隆重的酬神活动,进献供品并演戏,将祭祀与娱乐融为一体。信徒个人除了随时可到关帝庙祈助还愿外,还可以在厅堂摆设小型关羽像和关羽牌位进行供奉。双林镇关帝庙“在成化桥直北碑亭,一作‘关帝殿’,大门额曰:‘武圣宫’,前有吹台”⑦,菱湖镇的关帝庙“在茶亭,五月十

① 乾隆《长兴县志》卷四《庙祀》。

② 光绪《长兴县志》卷十二《坛庙》。

③ 光绪《长兴志拾遗》卷下《庙祀》。

④ 康熙《武康县志》卷四《祀典》。

⑤ 道光《武康县志》卷十《建置志·坛庙》。

⑥ 民国《莫干山志》卷五《寺庙》。

⑦ 民国《双林镇志》卷九《庙寺》。

三日、九月十三日致祭"①。

湖州地方志中对关帝庙的规模、祭祀仪式等也作了详细记载。以武康县为例,回龙港口的关帝庙"头门三间,仪门三间,两廊房各三间,正殿三间,穿堂两间,后堂三间,四缭以墙。拨十二都铜山寺田六十亩,山三百二十亩归庙,立有碑记。……坐落藤桥头田二亩,坐落屠家圩田一亩七分,坐落庙后田九分,坐落庙桥田七分,坐落贺家畈田八分,坐落马头塘边田一亩,以上各买主缴还田亩。坐落庙后畈田五分,坐落庙西地一亩一分,坐落庙东地一亩三分,坐落庙前港南地一亩三分,以上现管田亩。道光元年(1821),知县徐云笈勒石大堂,永禁盗卖"②。长兴地方志载:"凡祭关帝于正殿,必先奉三公位致祭,其仪略同。唯正殿特用太牢,祭品牛羊豕帛各一,祭器登一、铏二、簠簋各二、笾豆各十、尊一、爵三、炉一、镫四"③,"咸丰三年(1853)升入中祀,礼节如帝王庙"④。安吉县的关帝庙"岁以五月十三神诞日致祭,雍正三年(1725),增春秋二仲,部颁吉日致祭,正祭后追祭曾祖光裕公、祖昌裕公、父成忠公"⑤。明代丁元薦"特表侯大节而系以楚词二阕,令巫阳歌以侑之。迎神曲:受帝命兮巍巍,骖翼德兮麾孟起,神之来兮风雨,虬鬣兮怒张,气吞吴兮揽八荒,决浮云兮扫搀枪。送神曲:鞭赤骥兮如虎,西怅望兮心独苦,抱长恨兮终古,回辔兮东皇,敕百灵兮耀三光,奠泽国兮永乐康"⑥。

三、万物有灵的原始遗存

万物有灵论,认为天下万物皆有灵魂或自然精神,并在控制、影响其他自然现象。倡导此理论者,认为该自然现象与精神也深深影响人类社会行为。"在原始人的思维的集体表象中,客体、存在物、现象能够以我们不可思议的方式同时是它们自身,又是其他什么东西。它们也以差不多同样不可思议的方式发出和接受那些在它们之外被感觉的,且能够继续

---

① 光绪《菱湖镇志》卷六《祠墓》。

② 道光《武康县志》卷十《建置志·坛庙》。

③ 光绪《长兴县志》卷十二《坛庙》。

④ 光绪《长兴志拾遗》卷下《庙祀》。

⑤ 同治《安吉县志》卷六《坛庙》。

⑥ 光绪《长兴县志》卷十二《坛庙》。

留在它们里面的神秘的力量、能力、性质和作用……就是他们通过存在物的神秘互渗从而使它们之间接近和联合起来，以至于把完全不同的事物看作是同一事物。”[①]在中国人的传统信仰中，万物皆有灵性，都是活的生命。这一点在民间文学中经常体现出来，狐狸可以成仙，龟蛇皆能成神，甚至还被佛、道引入经典。作为民俗文化的一部分，其具有隐形性却实际广泛散布在日常生活中，并且规范着人们的行为，在其指导下形成的众多民俗现象、仪式等在传统文化中占据着重要地位。

（一）作为群体经验的“万物有灵”

在人类的童年时期，大自然的一切对原始先民们来说，都带有一层无法理解的神秘色彩。我们的远古祖先在大自然里生活着，为山岳森林、毒虫巨兽所包围，暴露在光天化日之下，奔走于狂风暴雨之中，挣扎于寒来暑往之间，种种不可抵抗的自然力量使他们惊恐惧怕，而变化莫测的自然现象，又激起他们探索的欲望。于是，他们以对自身的理解为依据，把日常生活经验和梦境所见结合起来，通过幻想，把一切自然力人格化，不但把活动不息的日月星辰、风雨雷电视为神秘的生命和威力，而且把不变不动的山岩石头、泥土沙子也视为有意识有生命的灵物。于是，“万物有灵”观念就在人的自身体验和意识中产生了。既然一切自然力都有“灵”，而且其力量大于人，人们就希望用祭祀等巫术来取得自然界的同情和赏赐，产生了对大自然的种种崇拜。“自然是宗教最初的，原始的对象，这一点是一切宗教，一切民族历史证明了的这一唯物主义观点。”[②]自然崇拜正是原始社会最早的一种宗教信仰。这一切都根源于“万物有灵”这一人类最初的世界观。从“万物有灵”观念发展下来的各种形式的信仰民俗，对后世有着极深远的影响。

“万物有灵”观是由著名人类学家爱德华·泰勒提出的。泰勒认为：原始人类对构成生和死的肉体之间的差别以及出现在梦幻中的人的形象等问题的思考，自然地产生了灵魂的观念，继而由人及物，形成了“万物有

---

① ［法］列维·布留尔：《原始思维》，丁由译，商务印书馆 1981 年版，第 27 页。

② ［德］费尔巴哈：《费尔巴哈哲学著作选集》，荣震华、李金山译，商务印书馆 1984 年版，第 691 页。

灵"的认识。"灵魂是不可捉摸的虚幻的人的影像，按其本质来看，虚无得像蒸气、薄雾或阴影；它是赋予个体以生气的生命和思想之源；它独立地支配着肉体所有者过去和现在的个人意识和意志；它能够离开肉体并从一个地方迅速转移到另一个地方；它大部分是摸不着看不到的；它同样也显示物质力量，尤其看起来好像醒着的或睡着的人，一个离开肉体但跟肉体相似的幽灵；它继续存在和生活在死后的人的肉体上；它能进入另一个人的肉体中去，能够进入动物甚至物体体内，支配它们，影响它们。"①恩格斯显然也赞同这个观点，"在远古时代，人们还完全不知道自己的身体构造，并且受梦中景象的影响，于是就产生了一种观念：他们的思维和感觉不是他们身体的活动，而是一种独特的、寓于这个身体之中而在人死亡时就离开身体的灵魂的活动。从这个时候起，人们不得不思考这种灵魂对外部世界的关系。如果灵魂在人死时离开肉体和继续活着，那就没有理由去设想它本身还会死亡；这样就产生了灵魂不死的观念……"②先民们运用灵魂不死观念思考自己和周围死去的人的状况，认为人活着时的灵魂和死后的灵魂应该分开来，从而产生了"鬼灵观"。

鬼灵观的出现促进了人为宗教的发展，随着宗教的发展，人们又把鬼灵分成善灵与恶灵两种。他们根据死者生前的命运和死后的状况各不相同，认为正常老死者为善灵，非正常死者为恶灵。对善灵要祭祀、供奉，发展成祖先崇拜；对恶灵要祈祷、驱逐，发明用桃符、爆竹等法物来辟除鬼魅。鬼灵观促进了祖先崇拜的发展，使人们产生了'祖灵观'，这在信仰民俗上是一个很长的进程。既然死者分善灵和恶灵，就设法让死者都变成善灵，对后代起保护作用，不起危害作用。于是在人类社会中产生了一整套处理死者的方法，如殉葬、陪葬、墓制、祭奠等一系列丧葬仪式和习俗，目的就是让死者的灵魂在另一世界能安居乐业，过正常的生活。

人为宗教的影响，促使人们从鬼灵观中又派生出一种鬼灵可以轮回转世的观念，这在我国各民族中都有不同程度的表现。一般认为，鬼灵可以重新投生为人，也可以转生为牛、羊、猪、狗及各种飞禽昆虫，这一点是

---

① [英]爱德华·泰勒：《原始文化》，连树声译，广西师范大学出版社 2005 年版，第 351 页。

② 《马克思恩格斯全集》第 4 卷，人民出版社 2009 年版，第 223—224 页。

从图腾崇拜发展而来。但因人为宗教的影响,认为这轮回转世是转为人还是转为兽,一律以生前的善恶来定;而所谓善恶标准,往往是由社会制度决定的。因此,轮回转世观念已经不是原始宗教观念,而是人为宗教麻痹人的一种迷信观念,这些观念又促使信仰民俗呈现复杂情况。灵魂观念的产生,犹如宗教观念的总开关,当这个总开关打开后,便产生了万物有灵、自然崇拜、动物崇拜、图腾崇拜、鬼神观和天命观等,人们把灵魂观念从人自身外推到与自己生活相关的万物之上,想象着它们也和人类一样有灵魂,支配着它们的活动。19 世纪法国著名哲学家奥古斯特·孔德把这种人性外推和泛灵化的自然倾向称为"天赋意向",并认为"物神崇拜"这种宗教现象就是由此而形成的。泰勒则把孔德这里所谓"物神崇拜"称为"万物有灵论"。在泰勒看来,这种由人之灵魂外推或泛化为"万物有灵"的推理方式是人类童年哲学的普遍特征。通过人性的外推与泛化,人把生命力或灵魂赋予外间事物,于是,物质自然界变成了皆有生命和灵魂的万物有灵的世界,变成了人性化的精灵世界。

(二)农业生产祈福活动的巫术残痕

对于中国的民间信仰,韦伯更认为它是巫术,"停留在巫术的泛灵论与崇拜功能性神祇的水平上","泛灵论的巫术——唯一留存下来的民间宗教形式,决定了对任何改革抱有一种传统主义的畏惧,因为改革会带来恶的魔力或者扰乱神灵"①。祈福避祸是广大民众的共同愿望,中国民众奉祀各种神灵,是期待着神灵能够帮助他们解决现世问题,其目的在于借助神灵的护佑,获得人生幸福,摆脱人间苦难。湖州旧时有"迎紫姑等卜岁事"的巫术。正月,"初旬中,俗有'接坑三姑'之说,亦谓之'笃太君',其事颇怪。用稻草一握,中扎桃枝尺许,被以衣裙,置之荒郊废址或远年坑厕间。设香烛、酒果,用老妪二人,谓之'轿夫',诡为问答,一请一辞,及请之至再答者,始允其去,而桃条忽兀兀自动矣。二妪手捧草把,任其俯仰,入请者之家,设案置方板,为桃条所敲击。男妇皆以事来占,如云某事吉敲几下,某事不吉敲几下,无不应者。敲之力重,声闻百步外,二妪腕弱几

① [德]马克思·韦伯:《儒教与道教》,洪天富译,江苏人民出版社 2003 年版,第 134 页。

不能持。所占颇验。或有指其妄者，直趋稠人中击之。此虽妇女所戏，然不用符咒，而呼应辄灵，……"①

防病灭虫是农业生产最为重要的环节之一，直接关系到收成的好坏。在历史上，湖州地区的民众除了努力发明各种技术方法、提高防治能力之外，还使用了许多巫术的方法，企图借助于某些神秘力量来实现驱除病虫害的目的，最为流行、最为隆重的恐怕要算"照田蚕"了。"照田蚕"是一个集祈求丰年、焚烧草莱、驱杀虫害等多重目的于一体的群体巫术活动，在江南各地叫法不一，有被称为"烧田蚕"的，有被称为"烧田财"的，有被称为"照田财"的，也有被叫作"烧横虫"或"烧蝗虫"的，大抵是在湖州地区被称为"照田蚕"或"烧田蚕"，而在非蚕区则用他名；此外，举行的时间也不尽相同，有的在农历腊月二十五夜，有的在正月十三日夜，更多的则是在正月十五日晚举行。举行的方式则大同小异："正月十五日，村落间束薪木末，扬以绯帛，夜则金鼓、流星、花爆，侑以赞词，群聚而焚之，曰'烧田蚕'，盖祈年也"②。所谓"田蚕"，是"湖州一带农村对种田和养蚕的简称。'赞田蚕'是农民对种田和养蚕的赞颂与祈求。这种仪式一般在春天做秧田和养蚕之前举行，往往由一个村坊上的农民集体筹款合办。这种仪式的程序与待大土地、花烛待神等仪式的程序基本相似，所不同的是，这种仪式在野外举行。事先在野外较高的田地上，用芦席搭一柴棚，祀神仪式在棚中进行。所设宴筵和所请神灵跟室内也相仿，只是将田公地母和马鸣王、蚕花太子等田蚕之神，供奉在比较突出的座位上。同时，还要在是席前方竖立一座用稻草扎成的有两三丈高的柴宝塔，以示来年粮食、蚕茧收成节节高升。祀神结束后将柴宝塔和柴棚一道焚烧"③。

驱邪除害的巫术还广泛使用于江南蚕农的蚕桑生产过程中，特别以清明节期间的有关活动最为典型，对此，明清时期的湖州地方志有相当多的记载。"清明晚，育蚕之家设祭以禳白虎，门前石灰画弯弓之状，盖祛蚕祟也"④，"三月……清明先夕，插柳檐上，云验其枯瘁迟速而占桑叶贵贱。

① 同治《安吉县志》卷七《风俗》。

② 康熙《乌青文献》卷三《农桑》。

③ 上海民间文艺家协会等编：《中国民间文化——稻作文化田野调查》，学林出版社1994年版，第189—190页。

④ 光绪《乌程县志》卷二十八《蚕桑》。

……食螺，以其壳撒于屋上，谓之‘赶白虎’。……是日，庶民之家以粉团做白虎，老幼出门抛弃于道，谓之‘送白虎’。士人争先禳攫，得之者以为通达之兆。……清明，农妇多荡舟出宿于次，名曰‘避青’。晚食螺蛳，名曰‘挑青’。盖蚕病谓之‘青娘’，故深恶之”①，当地人称这种为“厌殃法”，因为祟也有灵魂，它们常常离开自身而依附在与其相似的物件上，所以民众常用象征性的东西厌殃、驱邪。德清蚕事之初“需接青龙退白虎。催青后，大门上即贴纸门神，户槛上贴纸老虎，云可以拒一切邪鬼及来宾。如遇见蛇，必焚香拜之，谓之青龙出现”②。除“招村巫禳蚕室”③外，旧时“乡间妇女糊蚕笪，率用旧书败卷，云可辟邪”④。此外，20 世纪 60 年代初，蚕桑技术干部曾在湖州乡村亲眼见到一种“祛蚕祟”的习俗：在天蒙蒙亮的时候，一个中年男性蚕农，全身赤裸，偷偷地宰杀一头小山羊，然后将羊血洒在蚕室内壁的四周墙角，一边嘴里还不停地念着咒语。据了解，因为这里养不好蚕，有人以为是邪鬼在作祟，所以才施行这种仪式。据说，这种仪式不准任何人偷看，否则就会失效⑤。

祛祟的巫术残痕，是由于先民无法有效掌握和支配农业生产而不得不使用的一种荒诞的手段。与此相对应的且长期存留的一个更为重要的思想观念是牢牢盘绕在湖州民众头脑中的“泛灵信仰”，这在湖州稻作生产中也有典型的表征。旧时，湖州民众在稻作生产中不但竭尽全力地运用各种巫术的动作和手段，而且还经常要用到一些巫性语言——祝词和咒语。说祝词的目的是为了希望得到某些东西，希望实现某些要求；而念咒语则是为了希望祛除某些东西，希望不发生某些结果。先秦典籍就曾载有一些我国古代的农业性祝词和咒语，如“土反其宅，水归其壑，昆虫毋作，草木归其泽”⑥，就是期望借助于巫性语言，通过语言中的巫术力量，来帮助自身实现种种美好的理想和心愿。

---

① 光绪《长兴县志》卷十六《风俗》。

② 民国《重修浙江通志稿》第四编《民族考》第六章《风俗习惯》第一节《俗尚》第四目《风习》。

③ 《西吴蚕略》卷一。

④ 民国《南浔镇志》卷二十二《农桑二》引《谴闲琐记》。

⑤ 转引自顾希佳：《东南蚕桑文化》，中国民间文艺出版社 1991 年版，第 146 页。

⑥ 《礼记·郊特牲》。

(三)"轧蚕花"的原始生殖崇拜

原始生殖崇拜是一种遍及世界的历史现象,也是一种综合的文化现象。我们在原始宗教、原始神话、原始美术、原始舞蹈乃至今日的民族习惯中到处可见生殖崇拜的痕迹。它是原始人类乃至文明初期之人类文化最集中、最真实的一种体现,是史前文化的温床和精华。在对生殖崇拜做深入研究后,我们发现生殖崇拜对于先民来说不仅是一种繁衍的需要,甚至可以说,更重要的是一种生存的需要。生殖崇拜涵盖了人类两种生产或者说繁衍和生存两大主题的全部内容。"性器崇拜,有两个目的,都是与人类生存有直接关系的:一是为了祈祷人类生存不可缺的食粮——五谷的丰收;一是为了祈祷继承种族子孙的繁荣。"①

清明节"轧蚕花"是湖州地区传统蚕桑生产密集地域里十分重要的一种节日民俗。按照当地传统习俗,清明节前后,四邻八乡的蚕农,纷纷赶往大小庙宇拜蚕神。去的人不论男女老幼,都得在头上戴上一朵用彩纸或绢制作的小花,名为"蚕花"。女的纷纷将那蚕花插在鬓边或头发上,男的则将蚕花插在自己的帽檐上。远远望去,成群结队的蚕农头上一片五颜六色的蚕花,蚕花挤来轧去,煞是热闹,故此俗以"轧蚕花"为名。德清县新市镇蚕花庙会的地点在城北的觉海寺一带,当时通往觉海寺的主要弄巷是寺前弄和胭脂弄,巷道很狭,仅供两人贴面而过。清明当天,周边农村的姑娘们怀揣蚕种,头戴"蚕花"在弄堂穿过,男女你轧我挤,小伙子争相摸女人们的乳房。据说谁家姑娘被摸得乳房发痛,说明这年这家的蚕花会"发",所以姑娘会引以为荣。寺前弄、胭脂弄因此也被俗称为"摸奶弄"。"摸蚕花奶奶"的习俗在新中国成立后因其有伤风化而被禁止,近年来湖州含山、新市等镇重兴的蚕花庙会中也没有了这个节目。

这种风俗的渊源,实质是原始生殖崇拜意识的残存。人类社会作为一个文化实体,任何社会现象的出现都是由一定的时间、地点、条件下的文化方式所决定的。原始社会生产力水平极其低下,天灾人祸使人口呈现出极高死亡率、极低增长率的特征。出于对自身繁衍甚至是生存的强烈渴求,原始社会的先民们自然会产生生殖崇拜的意识。由于认识水平

① 朱云影:《人类性生活史》,上海社会科学院出版社 1988 年版,第 16 页。

的局限，受“万物有灵”观念的影响，原始先民们往往认为人的生殖能力与自然的生殖能力是统一的、交互的，试图通过人类的生殖交媾来促进自然的增殖尤其是保障农业丰收。“新石器时代社会所最关心的是农作物收成。故而对于原来由于女人为着增多植物和繁殖植物而举行的一些图腾仪式，就更加被重视并予以发展。最具特征的是那些用人的交配来刺激丰收的那些丰产礼节。”①印尼爪哇岛的居民“当稻花开时，农人夫妇每于夜间绕田间行走并性交以促其成熟，此风俗曾传入我国，所谓撒种子，说村话即其变相。”②在生产力十分低下的情况下，原始人们相信信仰和巫术的力量较之技术更能促进植物的生长。人们不仅在现实中实行着人与自然交合的活动，还把这种信仰传授给了他们创造出来的精灵们。“原始人不知结婚，实行的是杂居群婚，他们想象某些低等的精灵也实行这种性关系。在罗马神话中，农牧神是男神，支配土地长出庄稼，并促进动物、牧群的繁殖。他们生活在森林和田野上，为了使大自然变得更加美好，他们大部分时间用于追逐仙女，进行求欢。”③很多神话传说中谷神与生育神是合二为一的。丰饶之神往往以巨乳、丰臀的母性神的形象出现。在土地崇拜中，地母是最高的神灵，这些古老的神话反映了人们把女性生殖力和土地生殖力等同一致的观念。就这一意义而言，旧时湖州含山、新市、善琏等镇清明“轧蚕花”活动中“摸蚕花奶奶”的陋习，无疑是吴地先民们祈望通过男女接触的巫术来促进蚕业丰收的历史遗存。生殖崇拜集神秘性、现实性于一体，是原始人类的主要精神文化，因而也是原始美术、原始音乐舞蹈、原始文学的渊源。世界各地古老的洞窟艺术、岩画中都有生殖崇拜的痕迹。各种节日活动所唱的情歌、舞蹈是原始文学、原始音乐舞蹈最奔放、最具魅力的表现。原始宗教与生殖崇拜的关系更是密不可分，无论是自然信仰、鬼神信仰还是祖先信仰，其都以生殖信仰、求育巫术为主要内容。

---

① [英]贝尔纳:《历史上的科学》，伍况甫等译，科学出版社 1983 年版，第 53 页。

② [美]魏勒:《性崇拜》，史频译，中国文联出版公司 1988 年版，第 193 页。

③ [美]魏勒:《性崇拜》，史频译，中国文联出版公司 1988 年版，第 201 页。

四、信鬼好祀的邑厉祭典

"天地之大德曰生"①,生是对现在及未来的希望,通过祭祀来缅怀逝去的人,以期现世子孙能尊重自己,未来死后也能得到后世祭祀与怀念。古人把祭祀作为一种人们慎终追远的途径,其对死者的人文关怀态度,和我们坚持"以人为本"实质是一致的。这种以人为本的终极人文关怀,除清明节祭祀祖先外,还有对非正常死亡者或无子嗣不能享受后人祭祀群体的人文关怀,古代社会国家和民间都有祭祀厉的相关活动。中国古代在州、县、府等地方政府和民间基层社会都要举行隆重的祭祀鬼神的活动,名为"祭厉""邑厉"。一般来说,列入祭祀对象者应是名山、大川、圣帝、明王及忠臣烈士。"厉"本是民间恐惧的恶鬼,而祭厉却被定为国家典祀。厉鬼信仰有着很鲜明的民间信仰传统色彩,与"不语怪力乱神"的精英文化传统大相径庭,但士大夫们对它却不像对待其他民间宗教那样目之为"淫祀",而是真诚祀奉。湖州地区先民"火耕水耨,以渔猎为业,其俗信鬼神,好淫祀"②的传统,产生了形形色色的祭祀鬼神的传统。

(一)"厉"的含义与先民惧鬼的观念

厉者,恶鬼也。"鬼有所归,乃不为厉。"③意思是说,鬼要"有所归",才不会成为恶鬼,为祸人间。《说文解字》释"鬼"云:"人所归为鬼。"即广义的以人死为鬼作为意涵,但中国古人却不会称自己死去的亲人为鬼,古人所认知的"鬼"是有条件的,主要是与人死后有无依礼正常处理有密切的关系。在中国人的魂魄观中认为生命终结时,不论是自然或非自然死亡,只要能遵礼成制,按照其身份、地位,妥善安葬,点主成神,使灵魂有所凭依,得享香火,甚至血食一方而有祠庙,便上升成为一种安定、可护佑家族的神或公祀神灵状态。而一旦非自然死亡又没有依礼正常处理,或死后无宗祠、后嗣的状况下,则多有志未伸、甚或冤屈以殁的缺憾,就因这一心愿未竟,而能超越、突破阴阳的界限,持续显现其灵显、灵圣的神秘力,这

---

① 《周易·系辞传下》。

② 康熙《孝丰县志》卷一《方舆·风俗》引《隋志》。

③ 《春秋左传·昭公七年》。

就形成了鬼的状态。“人生始化曰魄,既生魄,阳曰魂。用物精多,则魂魄强,是以有精爽,至于神明。匹夫匹妇强死,其魂魄犹能凭依于人以为淫厉。况良霄,我先君穆公之胄,子良之孙,子耳之子,敝邑之卿,从政三代矣……其用物也弘矣,其取精也多矣,其族又大,所冯厚矣,而强死,能为鬼,不亦宜乎?”①

古人认为魂是指人的阳气,代表精神;魄则指阴气,代表形体。“子曰:气也者,神之盛也。魄也者,鬼之盛也。”②人一死,魂首先就飘散了,而魄也随之离去。如果人是非正常死亡的,则魄迟迟不愿离去,从而为鬼。可知古人观念中的鬼、孤幽、孤魂野鬼,特别指称孤苦无依、魂魄滞留未被招归、有能力造成作祟为厉的危险与怖惧,亦即古人鬼神观念下既冤又怨、有志未伸或无法凭依、无人奉祀的鬼。日本东京大学东洋文化研究所藏乾隆《武康县志》记载了一则当地的厉坛祭文:

> 尚念冥冥之中无祀鬼神,昔为生民,未知何故而殁其间,有遭兵刃而横伤者,有死于水火盗贼者,有被人取财而逼死者,有被人强夺妻妾而死者,有遭刑祸而负屈死者,有天灾流行而疫死者,有为猛兽毒虫所害者,有为饥饿冻死者,有因战斗而殒身者,有因危急而自缢者,有因墙屋倾颓而压死者,有死后无子孙者,此等鬼魂,或终于前代,或殁于近世,或兵戈扰攘流移于他乡,或人烟断绝久缺其祭祀,姓名泯没于一时,祀典无闻而不载,此等孤魂,死无所依,精魄未散,结为阴灵,或倚草附木,或作妖为怪,悲号于星月之下,呻吟于风雨之时,凡遇人间节令,心思阳世,魂杳杳以无归,身坠沉沦,意悬悬而望祭,兴言及此,怜其惨凄,故敕天下有司依时享祭,命本处城隍以主此祭,镇控坛场监察诸鬼等类。③

光绪《长兴县志》载:“夫匹夫匹妇经死,其魂魄犹能凭依乎人者,谓之

① 《春秋左传·昭公七年》。
② 《礼记·祭义》。
③ 乾隆《武康县志》卷三《祠祀》。

'淫厉'。仁胜凶邪,德除不祥。奚厉之有子产曰鬼,有所归乃不为厉。"①"恐惧创造了神。"②因此,所谓"厉"或"孤魂",按照中国传统的祀典,其古典含义是泛指那些"无后""乏祀""凶死""横死""冤死""兵死"(死于战乱刀兵之灾)的鬼魂。古代人祭祀鬼是以灵魂不死的观念作为前提的。古人相信,如果人非正常死亡,其灵魂便会化作恶鬼而给人类带来灾厄。那么如何使鬼"有所归"呢?就需要通过祭祀的仪式来达到这个目的,这实际上可以视为中国先民对鬼的一个基本认识。费孝通先生就曾指出:"我们对鬼神也很实际,供奉他们为的是风调雨顺,为的是免灾避祸。我们的祭祀很有点像请客、疏通、贿赂。我们的祈祷是许愿、哀乞。鬼神在我们是权力,不是理想;是财源,不是公道。"③

(二)湖州民间祭厉信仰的传承

先秦以来民众一直有"强死者能为厉"的惧鬼思想,认为生前的英雄豪杰死后都会变幻为雄魂冤魄。"秦汉以后,人们的这种强死者为厉的祀神思想就把强死者奉为神,祭祀它不仅是为了不受其害,而且更重要的是福佑。"④历代史书祀典中,对无主者常设"厉坛",岁时祭祀就成为惯例。正是在这种思想的影响下,湖州百姓便为"生当做人杰、死亦为鬼雄"的项羽立祠祭祀。"子城即今府治,周一里,古乌程县治,吴兴郡旧城也。《统记》云:秦时为项羽故城。……乌程县治,旧在子城内,晋义熙六年(410),始移今处。……又郡治为项羽故城,晋宋齐梁间,二千石至,皆畏羽为厉,祀之厅事,而避居他室。天监末,萧琛守郡,始迁去之,仍为太守厅。"⑤

及至宋代,朝廷开始规定邑厉祀典的服饰,"祭司命、户、灶、门、厉、行皆服鷩冕。"⑥但是这种秋天祀厉的仪式在文献当中并没有记载确切的时间。直到明代,官方才确定了祀厉的具体时间。"泰厉坛祭无祀鬼神。

---

① 光绪《长兴县志》卷十二《坛庙》。

② 《列宁全集》第10卷,人民出版社1995年版,第62页。

③ 费孝通:《美国与美国人》,生活·读书·新知三联书店1985年版,第110页。

④ 朱迪光:《中国古代民间祀神活动之因由及其特征》,《青海社会科学》1991年第2期。

⑤ 《石柱记笺释》卷二《古迹》。

⑥ 《宋史·舆服志》。

《春秋传》曰:‘鬼有所归,乃不为厉。’此其义也。《祭法》:‘王祭泰厉,诸侯祭公厉,大夫祭族厉。’《士丧礼》:‘疾病祷于厉’,《郑注》谓‘汉时民间皆秋祠厉’,则此祀达于上下矣,然后世皆不举行。洪武三年(1370)定制,京都祭泰厉,设坛玄武湖中,岁以清明及十月朔日遣官致祭。前期七日,檄京都城隍。祭日,设京省城隍神位于坛上,无祀鬼神等位于坛下之东西,羊三,豕三,饭米三石。王国祭国厉,府州祭郡厉,县祭邑厉,皆设坛城北,一年二祭如京师。里社则祭乡厉。后定郡邑厉、乡厉,皆以清明日、七月十五日、十月朔日。”①清代则基本沿袭了这一规定。明初还统一颁布厉祭牒文的格式和内容,可见对祭厉的重视。如湖州府邑厉坛牒文曰:

省、府、县遵承礼部□付为祭祀本县阖境无祀鬼神等众事该某等钦奉:皇帝圣旨,普天之下,后土之上,无不有人,无不有鬼神,人鬼之道,幽明虽殊,其理则一,故天下之广,兆民之众,必立君以主之。君总其大,又设官分职于府州县,以各掌之。各府州县又于每一百户内设一里长,以细领之上下之职,纲纪不紊,此治人之法如此。天子祭天地神祇及天下山川王国,各府州县祭境内山川及祀典神祇,庶民祭其祖先及里社土谷之神,上下之礼,各有等第,此事神之礼如此。尚念冥冥之中无祀鬼神……善恶之报,神必无私。今某等不敢有违,谨于□年□月□日于城北设坛,置备牲酒羹饭……无祀神鬼等众,灵其不昧,依期来享,凡我一里之中,百家之内,倘有忤逆不孝,不敬六亲者,有奸盗诈伪,不畏公法者,有拗曲作直,欺压良善者,有躲避徭役,靠损贫户者,似此顽恶奸邪、不良之徒,神必报于城隍,发露其事,使遭官府,轻则笞决断杖,不为良民,重则徒流绞斩,不得生还乡里,若事未发露,必遭阴谴,使举家尽染瘟疫,六畜田蚕不利,如有孝顺父母、和睦亲族、畏惧官府、遵守礼法、不作非为、良善正直之人,神必达之城隍,阴加护佑,使其家道安和、农事顺序、父母妻子保守乡里。我等阖县官吏如有上欺朝廷、下枉良善、贪财作弊、蠹政害民者,灵必无私,一体昭报。如此,则鬼神有鉴察之

① 《明史》卷五十《志第二十六》。

明，官府非谄谀之祭，尚享。[1]

在湖州民间，祭厉活动一直留存。从古至今，对“厉”的祭祀形式也是层出不穷，祭厉信仰在传承中发展，除府治外，明代府辖七县城有大大小小的厉坛一千三百余所：“无祀鬼神坛，本府总坛在郡城北临湖门外。弘治二年(1499)，知府王珣重修。乌程县在城八所，在乡四百八所。归安县在城一十三所，乡都四百七十七所。长兴县总坛在县城北门外，乡都二百四十五所。安吉县总坛在县治北门外，乡都一十六所。德清县总坛在县治北门外，乡都一百七所。武康县总坛在县治东一里，乡都七十四所。孝丰县坛一所，在县东北一里。”[2]“厉坛在临湖门外，明洪武二年(1369)置，程、安两县统祀于府。三月寒食节、七月望日，十月朔日祭。俗称‘鬼神坛’。新纂按：俗又称神祇坛为天坛，近僭侫，故不书。至厉坛，每祭必请城隍神至坛，称以鬼神，固无不可。”[3]

安吉县的郡厉坛在“拱辰门外半里”[4]，“岁以清明节、七月望十月朔日祭于城北郊。前期，守土官饬所司具香烛，公服拜诣”[5]。明洪武三年(1370)，在郡厉坛之外，又“建邑厉坛及乡厉坛十六所”[6]。长兴县鬼坛“旧名厉坛，在吉祥门外，明洪武三年(1370)建，宰牲房三间。嘉靖十二年(1533)，知县黄光昇重建。万历三十五年(1607)，知县熊明遇重迁广福寺之西偏。明遇《自记》：天下邑治，必祭鬼于北门。长官一岁三就壝而虔礼焉，壝碑刻朝廷颁降祭文如令。甲长兴旧以县背子城一隅，为之逼政事堂，负扆睏民居，当车马道。古者民神不杂，名于义无当。熊子令县之二年，迁之于广福寺西偏，取荫道，径窅而僻，庶几三代择木之修茂，立为从位遗意也。然相沿坛名，名‘邑厉’。……吾为之归也，无厉矣。仍谚语曰‘鬼坛’。……其在乡都者计二百四十五所。”[7]武康县有邑厉坛“在县东北

① 成化《湖州府志》卷十一《坛埠》。

② 弘治《湖州府志》卷十一《祠祀》。

③ 乾隆《乌程县志》卷六《祠祀》。

④ 乾隆《安吉州志》卷六《坛庙》。

⑤ 光绪《孝丰县志》卷三《建置志・祀礼》。

⑥ 同治《安吉县志》卷六《坛庙》。

⑦ 乾隆《长兴县志》卷四《庙祀》。

一里，洪武三年(1370)，知县张居敬建，宰牲房、神厨各三间”①，“坛系祠山张王庙基”②，而且颇具规模，“坛周遭八丈四尺，前出陛三级，南深六丈三尺，比深一丈二尺，东西各广二丈六尺。……其宇祭厅三间，厨房三间，廊屋十一间，坛门南向而周缭以垣。……计坛基周围深、广共一亩二分八厘一毫”③，“雍正十一年(1733)，知县钱学洙捐筑坛基并围墙”④。此外，在明洪武五年(1372)，德清县“每里立社坛，每乡立乡厉坛”，县域所辖十八都及南、北二界共七十四处⑤。

除府、县外，市镇、村落也建有大大小小的厉坛。同时，安吉、德清、长兴等县志中多有旧时当地祭厉相关仪式的记载：

每岁清明、七月十五日、十月初一日，县官率属致祭，设城隍神于坛之上，东西设鬼神位。祭用羊、豕各三，官给米三石为祭食，祭品牲匣□六、樽二、杓二、瓶一、帨巾一、涤牲桶二、铁锅三、瓦香炉三。⑥

牲用羊、豕，文用旧钦降之词。……祭之日，县官吏迎城隍神主位之坛上，主幽事焉。厉牌二，曰本县境内无祀鬼灵，设之坛下，左右廊内陈以糁饭羹，载楮帛等，用鬼道也。⑦

至期，设城隍神牌于上，四乡土地神牌于左右，陈以羊、豕、庶品。设无祀鬼神于下，奠以羹饭冥资，用鼓吹。主祭官行四拜，僧人施食。祭毕，散羹饭于民之无告者。⑧

前期七日，邑令预牒城隍神。祭日，设城隍神位于坛上，无祀鬼神于坛下之东、西，羊三、豕三，饭米一石，民国元年均废。⑨

---

① 嘉靖《武康县志》卷四《祀典》。

② 康熙《武康县志》卷四《祀典》引《粤稽旧志》。

③ 康熙《德清县志》卷三《宫室》。

④ 嘉庆《德清县续志》卷二《建置志》。

⑤ 道光《武康县志》卷十《建置志・坛庙》。

⑥ 光绪《长兴县志》卷十二《坛庙》。

⑦ 康熙《德清县志》卷三《宫室》。

⑧ 道光《武康县志》卷十《建置志・坛庙》。

⑨ 民国《德清县新志》卷三《建置・坛庙》。

传统官方设厉坛祭厉的制度，是显示古人因惧厉而祭厉的方式。由于生产力发展水平低，古人常常感受到超自然力的危险、疾病及种种不可预测的因素的压力，精神与情绪常常处于一种紧张和恐惧状态。如果任由这种状态长期持续和发展而又得不到有效缓解，势必会导致巨大的精神压力。这种压力一旦崩溃，势必造成严重后果，影响生产生活的顺利进行。而祭厉信仰，在一定程度上有效地提供了抗拒恐惧的避难所，成为古人面对危难时予以支撑、抚慰的精神支柱。历代各种祭拜厉鬼的仪式，利用祭厉来安抚民心，使百姓不致因过于惧怕厉鬼而崇信巫术。因此，祭厉是抗拒"厉"恐惧的避难所，这是祭厉信仰之所以在社会生活中具有强大覆盖面和渗透力的重要原因。

(三)邑厉祀典的社会意义

"庶民祭里社、乡厉及祖父母、父母，并得祭灶，余皆禁止。"[①]定期祭厉，以解决鬼魂既冤又怨的非常状态，补救其不能获得祭祀的遗憾，得以享血食之祭，使其魂魄有所归依，进而能收到"使其鬼有所归则不为厉"的效用。祭厉信仰中具有浓烈的宗族意识和强烈的世俗性。

一是通过宣扬对"厉"的恐惧来规范社会伦理。古人根据在阳间的言行来划分魂魄的善恶，善者之魂为善灵，恶者之魄为厉鬼。对善灵取依赖和尊敬的态度，长久加以奉祀，如一些忠烈贞节之魂，甚至可能上升为神，能给人们带来福祉，能保佑人畜昌盛、风调雨顺、五谷丰登，因而经常或定期给予祭祀或祈祷。而厉鬼则往往本性邪恶，是恶的化身，总是要兴风作浪，为非作歹，搅乱人们的平和与安宁，给人们带来灾难。对于它们，人们往往存畏惧感，诚惶诚恐地害怕得罪它，以免招致更大的祸乱。鬼或者神常常带有二重性特点：如果人们虔心祈祷祀奉，不违其意，那么它就能抑恶扬善，施福于人；反之，它就会张恶隐善，加害于人。所以祭厉中还包含着对厉鬼的恐惧从而试图将其驱赶的心理，甚至一些地方则直接施以巫术加以驱赶。这种对待鬼魂截然不同的态度必然影响着现世的人们规范自己的言行。

二是借重对"厉"的恐惧心理来震慑臣民，缓解社会矛盾。祭厉之缓

---

① 《明会典·祭祀通例》。

和社会矛盾的方式主要表现在：一是以人鬼关系去理解矛盾关系，把矛盾归入人鬼之间的矛盾，通过对鬼的虔诚祈祷、祭招等方式达到缓和矛盾的目的；二是通过一些具体的象征性仪式，把现实矛盾转化为观念中的概念的矛盾，在观念中战胜矛盾的对立方，从而达到缓和现实矛盾双方对立程度的目的；三是通过把矛盾双方的矛盾关系诉诸神灵，相信神灵自有公判，这种矛盾关系一经向神灵诉明，则往往在现实社会中表现为期待，从而在一定程度上避免了现实的过激行为。这方面的功能突出表现在祭厉中的城隍形象中。旧时宝溪祭厉祭文中说："故敕天下有司依时享祭，命本处城隍以主此祭，镇控坛场，监察诸鬼等类。其中果有生为良善，没遭刑祸，死于无辜者，神当达于所司，使之还生于中国，来享太平之福。如有素为凶顽，身犯刑宪，随或善终，出于侥幸者，神当达于所司，屏之四裔。善恶之报，神必无私。"①城隍神是鬼的"长官"，城隍本身就属于鬼的信仰的正统化，城隍信仰中也包含着对厉鬼的信仰。它能惩治恶鬼，安抚它们。对那些蒙冤屈死的冤鬼、无人定期祭祀的孤魂野鬼、非正常死亡的夭折鬼、客死异地的残鬼，城隍则会主持公道，澄清事实，安抚孤魂野鬼。祭厉既是对厉鬼的抚恤、收买，也包含着对厉鬼的威慑、警告。城隍不仅掌管冥间事务，也管人间不平之事，只要向他祈求，他总是能主持正义，惩罚作恶者，为人申冤。人世间不能解决的问题则可以在这里得到解决。围绕着祭厉，有城隍出巡祭厉（横死鬼魂），超度亡灵等活动。发生天灾人祸时，地方官也会归之于上天派遣鬼神作祟，于是，也会祭告城隍，请求保佑。这是统治者利用神鬼的迷信，震慑臣民，以缓和社会矛盾，维护其统治的一种方式。

三是惧"厉"可以补救国家强制统治力的不足。"在古人的观念中，鬼神是洞察一切的，一切善行，鬼神都能够知晓，并会对好人佑护有加；一切邪恶，鬼神也会明察秋毫，并会对恶人惩处报应。这种观念已经成为民族心理的积淀，因而会在广大民众中产生普遍的心理暗示作用，这种心理暗示会对衡平司法起到相当程度的促进作用。"②统治者可以借助鬼神观念

① 嘉庆《宝前两溪志略》卷六《祠礼》。

② 陈高华、徐吉军主编：《中国风俗通史・夏商卷》，上海文艺出版社2001年版，第236页。

来宣扬善恶报应，加强道德教化的效果。冤魂入梦、鬼神显灵等现象，不仅屡见于戏剧、话本小说和民间故事中，而且也可能成为现实司法审判活动的重要组成部分。司法官遇有疑难案件，常常也祈求于神助，并极力宣扬神助的效果，以达到用实例证明鬼神力量的目的。明清时代在祭祀中发布正式的祭文，其内容和格式基本相同，是一种典型的因果、善恶报应的宣扬，它所褒扬和警诫的行为几乎涵盖了所有的道德、法律领域。以鬼神、阴谴来作为道德信仰的支持，以传统的阴骘观念作为诱导，这种神道设教的做法，在传统社会里颇为有效，也是无可厚非的。可见，这种宣扬活动是对司法活动的有力辅助。祭厉"使得人们在许多情况下遇事不善求助于现实的解决方案，而转向以神秘的力量作为解释和解决的方案，往往导致以神的意志取代人的意志，以神的判断取代人的判断，在一定程度上限制了人的思考能力和对现实社会的批判力。"①

就性质而论，祭厉崇拜与其他民间宗教并无多大区别，却成为神道设教的一个重要载体。其中原委，与祭厉的原型足用以宣扬国家正统文化颇有关系。宣扬以"三纲六纪"为核心的正统文化观念，将国家意识灌输给乡民，实现国家权力对地方社会的有效控制，是祭厉的主要功能。厉鬼既已流行于民间，士大夫们便尽量利用许多厉鬼故事，重塑其令人恐惧的具有象征性的形象，用封建道德观念施教于乡民。在利用民间宗教资源的过程中，士大夫们处理那些近于语怪的"乡土文本"的方法，"是直接用精英文化理念来改造它，扬弃其语怪内容，尽量将它纳入国家意识形态的控制之中"②。这种诠释，无疑扩大了祭厉宗教象征的意义域，接合了国家文化话语和乡土话语。

可以说，祭厉信仰与一般民间宗教并无二致。但这是国家尽量利用祭厉的形式，力图把遵从封建法律、道德的国家意识形态，输入地方社会的话语系统中，重塑祭厉的象征性。这种努力所取得的成果是非常有效的。从文献中我们依然可以明显地感觉到，人们对祭厉的崇信，虽然还是植根于厉鬼的灵异，但祭厉确实加强了"明则有礼乐，幽则有鬼神"的社会

---

① 叶大兵、乌丙安主编：《中国风俗辞典·施孤会》，上海辞书出版社 1992 年版，第 743 页。

② 王珉：《终极关怀：蒂里希思想引论》，新华出版社 2000 年版，第 22 页。

威慑功能。尽管祭厉风俗出自国家的设置，但我们所听到的，却分明是民间社会的话语。在这种语境中，谁也不会去追问厉鬼归祀之事的可信程度如何，而只折服于厉鬼灵现时的恐怖。祭厉的存在体现了封建统治者利用民间信仰辅助统治的手段。它的存在使得国家与民间社会在信仰领域中较少正面冲突，形成了一个比较广阔的缓冲带。

第四章　乡土信仰意识的主观叙事

民间信仰的传承与发展，是由人来担当的，这个人就是叙事的讲述者。阿尔伯特·贝茨·洛德认为："讲述者同时是传统的承担者，一个创造诗人、表演者、编辑者和阐释者。"①民间信仰中蕴含的强烈的乡土意识，往往作为一种民间叙事在民众中传承。而这种传承，往往包括时间和空间两个方面。时间上的传承，即是信息的纵向传递。空间上的传承，即是信息的横向传递。"民间文学正是这种社会意识形态的信息纵向传递和横向传递综合形成的结果。"②在整个民间信仰传播的过程中，决定叙事的内容的是讲述者"编码"这一过程。如何看待民间信仰的传播模式，我们可以借鉴美国学者施拉姆创建的信息传播的模式，如下图所示：

在这一模式中，"信源"代表民间信仰的传播者，传播者在讲述前，首先要进行信息的编码或编辑，在这个过程中，主观意识融入的过程得以实现。然后，传播者以语言、肢体动作等方式，将信号传递出去，记录者解码，成为信息的最终归宿。我们认为，这个过程是民间信仰传播的一个内在机制。在讲述和倾听的不断循环中，相互影响，从而构成叙事的不断发展和演变。而决定"编码"的，则是讲述者个人主观意识融入后的"重新阐释"。主观意识的融入，可以受讲述者的受教育程度、情绪、阅历以及生活

① [美]阿尔伯特·贝茨·洛德：《故事的歌手》，尹虎彬译，中华书局 2004 年版，第 13 页。

② 刘魁立：《刘魁立民俗学论集》，上海文艺出版社 1998 年版，第 57 页。

环境等因素的影响。“重新阐释”是一个历史的概念，是建立在否定或者部分否定基础上的肯定，是吸收、融入新的元素，系统化的一种再创造、阐发的过程，它更多的是由讲述者完成的，最终是在民众的口耳相传中形成的相对稳定的叙事形态。在民间信仰中，这一现象十分普遍。

一、灵验故事

在有关民间信仰的民俗学田野调查中，存在这样一种现象：当调查者围绕地方神灵信仰进行访谈时，常常发现受访者一般都乐于讲一些生活中有关该神灵在自己或者周围的人身上应验的故事，而且以一种极其严肃的口吻叙述这类故事，并表现出信仰者的深信不疑。如果我们将民间信仰视为一种非正式宗教生活的话，英国人类学家马林诺夫斯基说：“生活在宗教的逻辑中进行，而宗教则在生活的脉络中展开”①。灵验故事现象正是民间信仰在生活逻辑中的一种展开和体现。在湖州民间信仰的田野调查中多次出现的灵验故事引起了笔者的注意：一些新兴的或者重建的庙宇，它们之所以能够新兴或者重建的原因很大程度上是以某神灵的“灵验故事”为借口。据此，我们认为“灵验故事”从根本上是从属于民众，从属于民众的信仰活动的，而民间信仰“是沿着人们的生活脉络而编织的宗教，就是说它是扎根于生活上的禁忌、神话、传说以及乡土之中的民俗性的世界观”②。

(一)灵验故事的发生及存在形式

所谓“灵验故事”，学界对其有“巫术的当代神话”“活的传说”“现代的神话”③等诸多别称。国内著名民俗学家安德明先生则视之为“神奇传闻”，并进一步定义说：“这类故事，所讲述的内容，并不一定具有很强的故

---

① [英]马林诺夫斯基：《巫术 科学 宗教与神话》，李安宅译，中国民间文艺出版社1986年版，第71页。

② [日]渡边欣雄著，周星译：《汉族的民俗宗教》，天津人民出版社1998年版，第234页。

③ 详细参见[英]马林诺夫斯基：《巫术 科学 宗教与神话》，李安宅译，中国民间文艺出版社1986年版，第72页；李亦园：《人类的视野》，上海文艺出版社1996年版，第326页。

事性，但都有着强烈现实色彩的事件：事件的主人公或发生地点，都是现实中存在的，并且往往是讲述者及听者经常接触和熟知的；事件则大多是作为主人公的现实生活中‘那一个’或‘那一群’确定的人所亲身经历，或者至少是其亲眼所见”①。由此看来，这种现象早已引起研究者的注意。但是，在传统民间信仰的研究中我们却常常忽略它，或者说极少从这个视角来透视民间信仰。姑且不论其属性，也暂且不谈其内容，值得注意的是，它与民间信仰的关联性很强，它的产生总是与民间信仰粘着在一起的。换句话说，“灵验故事”始终伴随着民间信仰，以地方信仰中某神灵在生活中显灵为主要事件，我们可以称之为“关于神的故事”，这是这一类故事形式的主要特点。

“灵验故事”的另一个主要特点是极其浓厚的生活性。上述显灵事件的主人公或者说应验的对象通常是生活中真实的人物，也即“事件的主人公或发生地点，都是现实中存在的”，就是身边的张三或者李四，他们一般都生活在同一个村落社区或者临近的具有共同信仰的社区内，事件的主人公或者就是讲述者本人，或者是讲述者绝对相信的“熟人”，对事件进行过分修饰和夸张的可能性较小；讲述事件的场景没有特设性和神圣性，比较随意，完全是在不经意的生活场景中叙述。对于事件本身而言，讲述者无意夸大，也无意做专门的修饰、宣扬，只是作为日常交流的一个话题在触及的时候向周围的人讲解自己或者自己的“熟人”的一种生活经历而已，具有一般民间文学所具有的生活性的属性。吴时亮在其《凤林土地庙碑记》中载：“予成童时，即随先大夫百岁翁瞻礼此间，得闻同里先达严景苕公事神最虔恪，梦神赐以锦帐。是年果登第，即释褐为进士，其名次适与梦相符，神之灵验类如此已。”②而“凤林土地”的诞生，又与敬惜字纸的灵验不无相关：“周认三，操舟为业，见字纸则谨为收贮，长斋念佛，祀佛弥虔。易箦时，远近闻鼓吹喧阗，香烟缭绕，里人遂祀为凤林土地。”③虽然这一类事件型的故事与民间信仰的关系极为密切，似乎是关乎神灵的“当代神话”或者“活的传说”。但是，从“灵验故事”产生时间的当代性、讲述空

① 安德明：《天人之际的非常对话》，中国社会科学出版社2003版，第208页。

② 嘉庆《宝前两溪志略》卷六《祠祀》。

③ 光绪《菱湖镇志》卷四十四《杂缀》引《秀溪表征录》。

间的生活性、事件中的人物的真实性来看,它更多的应该被视为是一种发生在当时的关于人和神之间的生活故事。因为生活故事除了具备一般故事的特点以外,"它的特征就是其内容符合现实生活的逻辑"①。最为重要的一点是,这类故事的产生都必须以其在生活中真正"灵验"为前提。从其生活性和灵验性两个方面看,我们认为,将其定义为"灵验故事"似乎更为确切。根据上述对灵验故事的定义,基于生活性和灵验性两个特点,我们拟对湖州民间信仰镜像中人物的神化和神祇的显灵故事进行分析、归类,从目前所掌握的资料看,大致存在两种不同的情形。一是世俗人物的神圣化,二是原有神灵信仰的代际传递。

世俗人物的神圣化这种情况多发生在历史人物身上,而且这里的历史人物并非只是载入史册的忠臣良将,诸如关云长、诸葛亮、包公、岳飞之类的人物,也包括地方上普通的真实人物,因某种机缘巧合被民众推上了神坛,成为地方神祇系统中一位重要的崇拜对象。湖州旧时子城北有灵祐庙,"宣和中,敕赐庙额,封神'昭应侯'。神姓曹,讳清,乌程人。父尝杀人系狱,自诬手刃,代受重辟。既殁,殊显灵异,有祈辄应",最初只是"寓祀于灵济祠"。后因"宣和初,盗起清溪,犯歙及杭近郊,复有陆盗千余人,且及城下。知州事王倚见神于梦;已而,守城者夜睹异人冠服华侈,往来稚堞间,转相告语,知神阴助贼平。州主其事,遂有封额之赐,及度地建庙,为屋七十楹,郡人刘焘为记并书,碑在庙。庙有井,遇岁大疫,饮者辄渐愈"②。

原有神灵信仰的代际传递这类灵验故事的产生,是基于本地已经存在的神灵。对于本地的神灵,并非是在特定地域内完成了庙宇的建造,拥有了一定的信众之后就不再产生灵验故事。相反,要维持信众对本地神灵的信仰,就要有新的灵验故事不断产生,这才能维系其在民众信仰世界中的神圣地位,湖州市石淙镇太均娘娘信仰即是其中的典型代表。据史料记载,太均娘娘信仰的滥觞源于其父陆圭。陆圭"幼时勇猛神异,以祖泽补右爵,两调为泗州、真州兵马都监。宣和中,大歉,发粟赈饥,存活两

① [英]马林诺夫斯基:《巫术 科学 宗教与神话》,李安宅译,中国民间文艺出版社1986年版,第68页。

② 嘉泰《吴兴志》卷十三《祠庙》。

万计。适方腊弄兵，东南大震，军师调公驻浙江，进严濑，□与贼战数合，贼败绩而遁。师还钱塘以卒，遂为潮神"，"淳熙间，钱塘复大决，……神与三女扬旗空中，浮石江面，以显其灵，堤赖以成。浙西帅臣徐栗实董斯役，以其事闻于朝，乃赐额曰'协顺'，封其爵曰'广灵'，封三女为夫人。立庙是邦，地曰'石冢'"①。及至明代，董斯张所撰的《吴兴备志》对其女（即后来的太均娘娘）又增添了几个新元素："……封神为广陵侯，三女为显济、通济、永济夫人。一主护岸，一主起水，一主□泽。旁有小庙，祀十二潮神，各主一时。"②三女在职责功能上有了明确分工，依旧延续了之前所具有的"潮神"威力，没有其他大的变动。清康熙年间，协顺庙"又有子孙堂，迄今祈嗣者有求必应，岁时香火不绝"③。嘉庆年间，"今里俗为宜男之神，祠中有如姑射神者，提携孩稚几十数，士女祈子者，辐辏而来。或窃神鞋，应则倍谢。产妇弥月，咸祭之，谓神能保产多乳。或以大碗覆于神前，为乞乳。里俗或有生子女，继为神裔，改呼陆某者，足为一笑。"④显然，最迟在嘉庆年间，协顺庙祭祀的重点已经完全由潮神陆圭转变为其三女，即太均娘娘。湖州地方知名学者钟伟今先生保存有一本《南堂太均宝忏》，该书将陆圭与其三女的生平事迹用七言诗句加以概括⑤，其中就有一句"三位太均无边法，保赤黎民后嗣增"。由"保赤黎民后嗣增"进而转向"保产、护婴"，乃至到后来祈子，太均娘娘现代意义上的功能得到进一步彰显。灵验故事的这种传播状态，呈现出明显的"无意识"特点，对于继承者而言，既是一种信仰行为的传承，又是多次对灵验故事的接受过程，灵验故事对于新的信众而言，具有更强的说服力，并逐渐植入对方的生活记忆当中。

这类灵验故事"缺乏传承性，往往是即时出现，具有鲜明的当代性，其存在时间也比较短暂"⑥。对于部分灵验故事而言，可能的确如此，随讲随

---

① 嘉泰《吴兴志》卷十三《祠庙》。

② 天启《吴兴备志》卷十四《建置征》。

③ 康熙《归安县志》卷二《坛祠志》。

④ 嘉庆《宝前两溪志略》卷六《祠祀》。

⑤ 钟伟今先生于二十世纪八十年代在田野调查中收藏《南堂太均宝忏》一书，该书封面显示为冯申甫录，农历壬申年五月立。

⑥ 安德明：《天人之际的非常对话》，中国社会科学出版社 2003 版，第 208 页。

忘,并没有保存下来。但是从目前可见到的搜集出来的各种民间故事小册子上我们不难发现,有数量不在少数的民间故事与神灵的显灵或者说灵验有关,这些民间故事最初的形成必然和民间信仰有关。这同时也表明,灵验故事的存在并非只有即时性的口传形态,也形成了书面文字进入民间故事的序列中。除了进入地方民间故事集成的文字以外,还必须要提及的另外一种书面形式:碑文牌匾。民间信仰活动中民众对于神灵的灵验通常遵循"许愿"和"还愿"的往来关系原则。"还愿"是民众许下的愿望得到满足之后,为感谢神灵的"灵验"而采取的一种行动。这种行动常常采用立碑文来赞扬神灵,并记录神灵的"灵验"事迹或者送匾额表彰神灵"有求必应"的灵验效果,这些匾额背后都附带着相应的灵验故事,却又是以口头形式存在的。据此,我们也可以说口头形式仍然是灵验故事主要存在形式,由于其与民间信仰的关联性,可能比其他类型的民间故事更多地在民间信仰的活动中被讲述,被传播,在日常生活中被提及。我们这里所说的灵验故事可能更多的指流传在民众口头上,在日常生活交流中涉及的故事类型。它们不像形成书面文字的类型那样完整和具体,而是作为聊天谈话的内容之一言简意赅地表述给对方。它们往往不是专门为讲述而讲述,而是与生活中的某一事件联系在一起,诸如某人最近生了病向神灵求了药后已见好转或者某人做了一个与神灵有关的梦,梦醒之后病症减轻之类的生活现象紧密联系在一起。

(二)灵验故事与民间信仰的关系

从灵验故事的产生及其存在形式,我们不难发现它与民间信仰生活的密切关系。灵验故事之"灵验"所指涉的就是神灵或者神灵中介(现实生活中的巫婆、神汉)。因此,我们可以说,与民众生活密切的灵验故事都与民间信仰有关,他们本身就是民众信仰生活的一部分。那么,二者之间究竟是一种什么关系呢?

首先,民间信仰衍生出灵验故事,灵验故事依附于民间信仰。如果把某一神灵信仰看作一个整体,那么灵验故事并不存在于这个体系之中。它游离于民间信仰的神圣活动之外,却依附于民间信仰的信众的生活之内。它本身的故事性并不强,并不孤立出现在人们的话语交流之中,从灵验故事的本体来看,都是相对碎片化的简短叙述,不具备单独讲述的条件，不足以成为一种民间故事的题材而被屡屡讲述。对于研究者，对于民众自身，都往往在涉及民众的信仰生活时才具有专门表述的一种可能。可见，关涉性是其基本的特征。需要指出的是这里所说的关涉性，并不涵盖上文提到的民间故事集中成文的灵验故事，而是指灵验故事的雏形期。雏形期的灵验故事一方面关涉到对某位神灵的信仰，另外一方面关涉到民众的日常生活。它是民间信仰活动的“副产品”，由民间的某位神灵的显灵行为而产生，民众对这种行为的言说又将民众的日常生活的异常事件引向神灵信仰。灵验故事虽然一开始源自于民间信仰，但是从它产生之后就一直依附于它所产生的母体，为其“宣传”，为其做“可信性”的证明，它的每一次“发声”都是以民众的信仰为语境而展开。这样一来，从它的看似无足轻重的“关涉性”特征中可以知道它因民间信仰而产生，为民间信仰“代言”，以一种举重若轻的方式显示出二者之间的密切关系。

其次，灵验故事诠释着民间信仰，是民间信仰的具体化。民间信仰中对某位神灵信仰的建立与形成，始终是一个过程。说其是过程，不是指它的信仰地位始终没有完全确立，而是说它总是处在一种诠释、劝解信众的状态中，这和新的成员的参与有关。对于老的信众自然不必要，可是对于始终保持旺盛香火的某一神灵信仰来说，它的生命力体现在新的信众的不断加入。民间信仰没有专门的神职人员传教弘法，也没有基本的教义，但民间信仰却能够不断地影响民众的生活。它是如何实现自身的合理运行呢？灵验故事和老的信众是两个关键因素。灵验故事是一种最好的“宣讲教材”，老的信众通过自己的灵验故事，不管是发生在自身身上的还是发生在他者身上的，来诠释这一神灵的权威和可靠性，从而说服新的信众加入进来。明代董斯张《吴兴备志》引《齐东野语》云：“余世祀祠山张王，动止必祷，应如蓍龟，姑著奇验数事于此，以彰神休。”①

先子需澄江次，为有力者攘去，再以毗陵等三垒干祀地，逾月不报。先妣时留，祷于南关之祠，有“水边消息的非遥”之语，及收杭信，则闻霍山所祈，亦得此签，越日临汀之命下矣。戊辰年，铸子甫五岁，病骨蒸，势殆甚，凡药皆弗效。祷签得《蛊之上

① 天启《吴兴备志》卷十四《建置征》。

九》云:"蛊有三头,纷纷扰扰,如虫在皿,执一则了。"退谋之医,试投逐虫之剂,凡去尤蛔二,其色如丹,即日良愈。

甲寅春往桐川炷香,得签云:"不堪疾病及东床"云云。是岁外舅捐馆。壬午五月二十八日,杭城金波桥冯氏火作,次日,势益张,虽相去几十里,而人情惶惶不自安。时杨大芳、潘梦得皆同居,相慰劳曰:"巫言神语皆吉,毋庸轻动。"余不能决,因卜去就于神,得五十六云:"遭人弹劾失官资,火欲相焚盗欲窥。"于是挈家湖滨,是夕四鼓,遂成焦土。

祠山大帝灵验故事的传播过程实质上是对民间信仰的现身说法,抑或是一种"传教",但又迥异于宗教的教条传播,信众将这种信仰具体化为生活中的挫折、灾难、疾病等异常生活事件的破解,用一种近似于"实证"的方法增加自己的说服力。但是这种实证的方法,其说服对方的目的性并不明确,只是提供给对方一种解决生活问题的手段或者善意提醒。因此,我们认为,灵验故事其实是一种反馈叙事。它与民间信仰之间通过新、老信众形成一种实际效果的反馈机制,在日常生活的叙事中完成对民间信仰的灵验与否的反馈。这种反馈可能产生两个影响:一是吸引更多的新人成为该神灵的信众;二是为新的灵验故事的产生创造条件。这样一来就保证了这种反馈成为一个不断循环往复的链条,民间信仰也因此得以不断地传承。

(三)灵验故事的"事实"价值

基于灵验故事与民间信仰密切关系,我们至少可以肯定,灵验故事对于民间信仰的研究是有意义的。传统的民间信仰研究,甚至包括其民俗事象的研究,对于地方区域的概况,一般都局限于方志、官方文件、政府报告等文本的介绍,而不注重获取生活史料。这种做法的结果之一是对于地方区域的自然人文概况的书写成为一种套路,有时候很难看出这种书写对于论述的展开,对于书写者问题的解决到底有何关系。而在史学研究领域却在悄然兴起一股"自下而上"的历史研究方法,将民众的口述资料、民间文学作品作为社会生活史研究的切入点。这是值得我们以实地田野调查为获取材料途径的学科借鉴的地方。从这一点说,灵验故事无疑是民间信仰研究中一项重要口述史料，我们能够从中窥探民间信仰的生存逻辑。安德明先生在提到称之为"神奇传闻"的灵验故事的作用时，强调了三个方面：为民间信仰活动的灵验性提供了有力的证据；强化着人们对于违反社会道德、违反信仰活动规则的戒惧；增强人们本来已有的关于神灵无所不在的信念[①]。这个结论只是灵验故事功能的一个方面，而且仅仅局限于民间信仰自身，而本质上，除了强化民间信仰的功能以外，还应该跳出民间信仰的范畴，突出其对民众思维逻辑的反映。民众的思维逻辑之一就是讲求实惠，能否给自己带来实惠是他们一切行为的根本动机。这在民间的大量俗语中可以找到佐证，例如"无事不登三宝殿""临时抱佛脚"这样一类与信仰相关的俗语中都能够凸显出来。但是如何来评判某种行为能否给自己带来实惠呢？他们的立足点是"事实"，这个事实来自于自身的体验或者周边人群的可信性体验。

类似这种体验通过当事人之口，就转化为一个灵验故事。如果说上述两个方面是从学术研究的角度看待灵验故事的价值，那么在现实生活中，灵验故事同样具有一定的社会价值。一方面，灵验故事对民众的精神安抚与治疗。故事本质上并不排斥真实，我们通常说"真实的故事"，只是通过一种语言逻辑反映出一种思维上的逻辑。显然，这里的"故事"不是口头文学上的一个类型。它可以是真实的，也可以是幻想的，具有双重性。这种双重性体现在事件中的人物是真实的，而事件本身的发生是真实的还是幻想的，也许我们依然应该是一种"存疑"的态度，毕竟客观世界中还有很多我们尚未认知的事物。退一步说，即使这种人与神的故事只是真实人物的一种幻想，那么它在民众心理上的精神慰藉作用也不应该被忽视。钟敬文先生在给丁乃通的《中国民间故事类型索引》所作的序言中就明确提出："首先把故事作为一定社会型态中的人们的精神产物。"[②]钟先生对于"故事"的看法，包含两层意思，一方面构成故事的因素中有真实的一面，它一定是对某种社会形态的真实反映；另一方面，认为包括这种灵验故事在内，它既是精神的产物，也有一定的精神作用。我们所探讨

① 安德明：《天人之际的非常对话》，中国社会科学出版社2003版，第215页。

② [美]丁乃通、郑建成：《中国民间故事类型索引》，中国民间文艺出版社1986年版，第1页。

的灵验故事,有相当一部分跟民众的疾病有关。所谓灵验,在很多时候是民众的某种疾患在神灵的作用下暂时甚至永久地得到了解除。这种神灵的作用,并不是神灵的神力发挥的实在作用,相当意义上它是对于民众的一种心理暗示和精神治疗。

> 武康徐氏,宋太元中病疟,连治不断。有人告之曰:"可作数饭团出道头,呼伤死人姓名,云:为我断疟。今以此团于汝,掷之径还,勿反顾也。"病者如言,乃呼故晋车骑将军沈充。须臾,有乘马导从而至,问:"汝为何人,敢名官家?"乃缚将去。举家寻觅经日,乃于家侧丛棘下得之,绳犹在颈,疟遂获痊。①
>
> 湖州有村媪,患臂久不愈,夜梦白衣女子来谒曰:"我亦如此,尔能医我臂,我亦医尔臂。"媪曰:"娘子居何地?"曰:"我寄崇宁寺西廊。"媪既寤,即入城,至崇宁寺,以所梦白西舍僧忠道者。道者思之曰:"必观音也。吾室有白衣像,因葺舍误是伤其臂。"引至室中瞻礼,果一臂损。媪遂命工修之。佛臂既痊,媪病随愈。②

综合钟敬文先生的观点,我们认为:灵验故事在民众生活中的精神治疗或者说慰藉作用也是其重要的价值之一。在医学水平不断提高,公共卫生制度不断完善的今天,我们仍然不能否认灵验故事的积极意义。这种精神治疗,其实应该从更广义的角度理解,而绝不仅仅局限于疾病的治疗。在民间信仰中不仅包含着广大民众的道德价值观(如"善有善报""行好")、解释体系(看香与香谱、扶乩、风水判断、神判、解签等)、生活逻辑(生活节奏、与超自然存在建立拟制的亲属关系、馈赠与互惠、许愿和还愿、庙会轮值与地域社会的构成等),还深深地蕴含着他们对人生幸福的追求、对社会秩序的期待以及可以使他们感到安心的乡土的宇宙观。可见,灵验故事包含和体现民众的一种精神寄托和缓解。

另一方面,灵验故事对民众精神的约束。这当中有一定的"因果报

---

① 同治《湖州府志》卷九十三《杂缀一》。

② 《夷坚甲志》卷十《观音医臂》。

应"成分,但不可否认,灵验故事是相当一部分民众神灵崇拜的动力,或者说"压迫力"。因为"灵验",所以民众就会积极地崇拜,这种崇拜既希望神灵的保佑能够在自己身上灵验,同时,民众又迫于神灵"灵验"的压力,担心如果自己不够虔诚或者有了与神灵向善观念不一致的行为而遭到惩罚,甚至担心不信仰就会遭受报应。这种因为惧怕被惩罚和报应而产生的约束力,在民众的信仰生活中依然有相当的影响力。旧时在湖州有祭祀项羽的项王庙,历代典籍中记载了诸多的灵验故事:

> (萧)惠明,……泰始初,为吴兴太守。郡界有卞山,山下有项羽庙。相承云:羽多居郡听事,前后太守不敢上。惠明谓纲纪曰:"孔季恭尝为此郡,未闻有灾。"遂盛设筵榻接宾。数日,见一人长丈余,张弓挟矢向惠明,既而不见。因发背,旬日而卒。[①]

> 李安人,兰陵承人也。……武帝即位,……寻上表,以年疾求退,为吴兴太守。于家载米往郡,时服其清。吴兴有项羽神护郡听事,太守到郡,必祀以轭下牛。安人奉佛法,不与神牛,著屐上厅事,又于厅上八关斋。俄而牛死,葬庙侧,今呼为"李公牛冢"。安人寻卒,世以神为祟。[②]

> 孔靖,字季恭,会稽山阴人也。名与宋武帝祖讳同,故以字称。……累迁吴兴太守,加冠军。先是吴兴频丧太守,言项羽神为卞山王,居郡听事,二千石常避之。季恭居听事,竟无害也。[③]

> 宗室临汝侯猷,为吴兴太守。性倜傥,与楚庙神交,饮至一斛。每酬祀,尽欢极醉,而神影亦有酒容,所祷必应。后为益州刺史,时江陵人齐狗儿反,众十余万,攻州城。猷兵粮已尽,人有二心,乃遥祷请救。是日州界,田父逢一骑络铁从东方来,问去

① 《南史》卷十八《列传第八》。

② 《南史》卷四十六《列传第三十六》。

③ 《南史》卷二十七《列传第十七》。

城几里。曰:"百四十里。"日已晡,骑语父曰:"后人来,可令疾马,欲及日破贼。"俄有数百骑如风,一骑仍请饮。田父问为谁,曰:"吴兴楚王,来救临汝侯。"当此时,庙中请祈无验十余日,乃见侍卫土偶皆泥湿如汗者。是日,猷大破狗儿焉。及猷卒,谥曰"灵",与神交故也。①

除项羽的灵验故事外,湖州还流传着众多的蚕神灵验故事,且母题基本一致。明代陈洪谟在《治世余闻录》中载:

湖州人以养蚕为生,然蚕神甚异。弘治中,太仓孙廷慎行贩安吉,往来皂林。见巡司获盗三人,其人是彼处大族伍氏家丁也。盖其家每岁畜蚕,因蚕多桑薄,饲之不继,乃弃蚕十余筐,瘗之土窖中。三人仍驾船往市桑叶,不得。舟还途次,忽一大鲤跃入舟中,约重数斤。三人喜其罕得,载归馈主。舟经皂林,巡司异其小船而用两橹急驾,疑之,遂追捕至。检其外,见头仓有人腿一。三人自相惊骇,巡司即缚解浙江按察司,拷掠甚至,诘其身尸所在。三人不胜锻炼,诉辩得鱼之故,变易之端。主司不言,三人者不得已而认之云:"杀人,身尸见埋在家隙地内。"主司即命吏卒人等押至其家,妄指一地,发之,正是瘗蚕之处,蚕皆不见,惟见一死尸,身躯完全,乃少一腿。事之符合,并家主俱抵罪。此事江南人盛传其事到京。岂其家害蚕命数多,有些冤报?然司刑者不可不审也。②

类似"瘗蚕得祸、蚕神报冤"母题的蚕神灵验故事在唐末皇甫枚的《三水小牍》、南宋叶祖荣选编的《分类夷坚志》、明代李诩的《戒庵老人漫笔》和徐献忠的《吴兴掌故集》中也有记载,情节大致相同,都是"鲤鱼跃舟,瘗蚕变尸之符如是也"③。其中又以《三水小牍》记载的蚕神灵验故事尤富神

---

① 《太平广记卷》第二百九十六《神六》引《南史》。

② 《治世余闻录》下篇卷四。

③ 《戒庵老人漫笔》卷三《瘗蚕得祸相同》。

怪色彩：

> 唐咸通庚寅岁，洛师大饥，谷价腾贵，民有殍于沟塍者。至蚕月而桑多为虫食，叶一斤直一镮。新安县慈涧店北村民王公直者有桑数十株，特茂盛荫翳，公直与其妻谋曰：“歉俭若此，家无见粮，徒竭力于此蚕，尚未知其得失。以我计者，莫若弃蚕，乘贵货叶，可获钱千万，蓄一月之粮，则接麦矣，岂不胜为馁死乎？”妻曰：“善。”乃携锸坎地，养蚕数箔瘗焉。明日淩晨，荷桑叶诣都市，鬻之三千文，市彘肩及饼饵以归。至徽安门，门吏见囊中殷血连洒于地，遂止诘之，公直曰：“适卖叶得钱，市彘肉及饼饵贮囊，无他于也。”请吏搜索之，既发囊，唯有人左臂若新支解焉。群吏乃反接，送于居守，居守命付河南府，尹正琅琊王公凝令纲纪鞠之，其款云：“某瘗蚕卖桑叶市肉以归，实不杀人，特请检验。”尹判差所由监领就村验埋蚕处，所由领公直至村，先集邻保，责手状，皆称实知王公直埋蚕，并无恶迹。乃与村众及公直同发蚕坑，中有箔角一死人而阙其左臂，取得臂附之，宛然符合。遂复领公直诣府白尹，……遂命于市杖杀之。使验死者，则复为腐蚕矣。①

对于这类“瘗蚕得祸、蚕神报冤”母题的灵验故事的深层次意蕴，正如《三水小牍》判王公直案的尹正所说：“王公直虽无杀人之辜，且有坑蚕之咎，法或可恕，情在难容。蚕者天地灵虫，绵帛之本，故加剿绝，与杀人不殊，当自严刑以绝凶丑。”明代徐献忠在《吴兴掌故集》中讲蚕桑时，引“野史记”，又将主人公改成了“乌镇大族伍氏”，并评论说：“物之冤报，虽若诞妄，然固可戒也。”②这种约束力，在一定程度上可以减少非理性事件的发生，弥补法制震慑力不足的领域和人群的缺陷。尤其是广大农村地区，法制观念淡薄，市场观念相对较强，家庭关系、老人赡养、邻里关系等方面都出现了问题，这种约束力有助于减少这些不良现象的发生和矛盾的缓解。

---

① 《云自在龛丛书》卷三《三水小牍》。

② 嘉靖《吴兴掌故集》卷十三《物产》。

基于中国社会传统的持续影响力和民众思想解放进程的缓慢，这种约束力在相当长的时间内是积极的和有用的，并非是对民智的限制和继续愚弄。灵验故事，表面上看是神的故事，实际上却是人的故事。“诸神生活在超凡世界里，但其实他们一天也不曾离开过人间。神的世界，就是人的世界。神的世界是人间世界的一个组成部分，一个补充。人们在人间世界里找不到的期望、寄托、慰藉，还有报应，都可以到神的世界里寻找，并且往往可以找到。”①

二、神话传说

民间信仰的对象和观念是神话的核心，是神话产生的动因。远古和后来的人们正是出于对种种神灵的虔诚崇拜而创造出一个又一个以某种具体的神灵为对象的故事，并通过这些故事传达人们对特定神灵超自然神力的崇信。神话的根基在于民间信仰，失去了民间信仰崇拜的对象和观念，神话就不能成其为神话，而只能是传说或别的一般性的故事了。诚如马林诺夫斯基所说：“神话在原始社会中施行一种不可或缺的作用，神话表现信仰，加强信仰，并使信仰成为典章。”②事实上，神话表现民间信仰的作用，不仅仅存在于原始社会，而且存在于有民间信仰伴随的漫长的人类社会，只要人类的民间信仰还存在，就必然有相应的神话来加以表现。“神话在民间信仰的基础上产生，而神话一经产生就成为民间信仰的组成部分。神话作为神灵形象、神灵观念、神灵仪式的解释性故事，为民间宗教活动提供了神圣的依据。”③民间信仰的生生不息，导致神话源源不绝地产生。当然，民间信仰的衰落，也必然导致神话的衰落。

(一)民间信仰与神话的传承

狭义神话概念将神话产生的时间限定于原始社会，是长期以来左右神话学界的概念。我国近百年来的神话研究，受西方进化人类学的影响，将神话看作人类童年时代的产物。早期研究神话的学者，差不多都持这

---

① 马书田：《中国俗神》，团结出版社 2007 年版，第 2 页。

② [英]马林诺夫斯基：《巫术 科学 宗教与神话》，李安宅译，中国民间文艺出版社 1986 年版，第 63 页。

③ 向柏松：《神话与民间信仰研究》，人民出版社 2010 年版，第 31 页。

种观点。鲁迅在《神话与传说》中说:"昔者初民,见天地万物,变异不常,其诸现象,又出于人力所能以上,则自造众说以解释之。凡此解释,今谓之神话。"①鲁迅认为,神话是初民解释超出人力之上的自然现象的产物。茅盾在《中国神话的保存与修改》中说:"原始人因有强烈的好奇与原始迷信,发动了创造神话的冲动……神话既创造后,就依附着原始信仰的宗教仪式而保存下来,且时时有自然的修改和增饰。"②茅盾认为,神话产生后在流传中虽然不断地被加工和增饰,但其雏形却产生于原始社会,是原始信仰的产物。此后,学术界持此类观点的人络绎不绝。我们认为,从民间信仰的角度来界定神话,是比较接近神话真相的视角。民间信仰是在广大民众中自发产生并自然传播的神灵崇拜,包含信仰对象、观念、仪式三个基本要素。神话是人们不能完全支配自然力的产物,必然包含对不可战胜的自然力的崇拜,即神灵崇拜,可见神话是建立在民间信仰基础上的,是民间信仰的载体。据此,可以对神话做如下界定:神话主要产生于人类童年时代,部分产生于文明时代,是人类从神灵信仰出发,借助于原始思维,以不自觉的艺术加工形式创造出的超自然神灵的幻想故事。换言之,神话是以民间信仰的对象、观念和仪式为基本原型,借助于民间信仰活动而传承的神圣叙事。

人们在举行民间宗教活动时,往往将神话作为其中的一部分,巫师主持巫术仪式时,往往要讲述神话,以增强仪式活动的可信性和神秘性。神话产生于民间信仰,并借助于民间信仰得以传承,民间信仰是神话传承的载体。从神话传承与民间信仰的关系,也可证明神话的民间信仰特征。当然,由于现代文艺思想的影响,神话也有被从民间信仰中剥离出来而单独作为艺术欣赏作品来传承的时候,但那毕竟不是神话的自然传承。"相当一部分的神话,充其量只能充当文学艺术创作的发酵剂,如果剥离其生存的土壤,当作单独的艺术品来欣赏,往往会味同嚼蜡。"③事实上,在一些故事村,人们为休闲娱乐而聚集在一起讲述故事的时候,也多是讲述那些悲欢离合的生活故事、幽默风趣的笑话和寓言故事,很少有讲述那些情节

① 鲁迅:《神话与传说》,社会科学文献出版社 2002 年版,第 17 页。

② 茅盾:《神话的保存与修改》,社会科学文献出版社 2002 年版,第 35 页。

③ 王青:《中国神话研究》,中华书局 2010 年版,第 37 页。

单一的神话故事。神话传承与民间信仰的关系更经常地体现在祭祀对象上。我国各民族神话尤其是创世神话中的主人公，往往都是民间信仰中的祖先神、大神。人们定期举行仪式，祭祀这些神灵，实际上也在唤醒人们关于神话的记忆。透过祭祀活动可见，神话与民间信仰水乳交融，难分彼此。总之，神话的自然传承，必依赖于民间信仰，民间信仰是神话传承的载体。神话的传承形式充分说明神话是一种神圣的叙事。“人类社会的神话大部分产生于原始社会。原始社会产生的神话一部分进入文明时代后伴随着原有信仰的消失而在生活中消失，不过其中不少神话为典籍所记载，所以能为今人所知，但典籍记载不是神话的自然传承。还有一部分神话则伴随着原有信仰的存在、发展而存在、发展，呈现出活性的状态。”[①]同时，进入文明社会后，原始民间信仰的衍生和新的民间信仰的形成，又导致了一部分新神话的诞生。总之，大部分神话产生于原始社会，相当一部分神话产生于人类文明社会的初期，少部分产生于后来的社会。

从民间信仰的角度考察神话与人为宗教故事的关系，也可见两者的区别。神话与人为宗教故事，虽然都根植于信仰，但神话所根植的是民间信仰，而人为宗教故事所根植的是人为宗教，神话是民间自然产生的神灵故事，而宗教故事则是人为编造的神灵故事。当然，宗教为了取信于民，也将一部分神话吸纳进宗教故事系统，如道教所吸纳的西王母神话，基督教所吸纳的挪亚方舟神话（洪水神话），但这些神话故事原本是民间信仰的产物，只不过为宗教所利用而已。神话与传说的关系从来就纠缠不清，从民间信仰的视角，也可厘清二者的关系。同样为涉及历史人物的幻想故事，其中与民间信仰的观念、仪式密切相关的是神话，只是表达对历史人物的纪念或崇敬的是传说。同样为涉及山川风物的幻想故事，纳入了民间信仰观念、仪式范畴的是神话，只是表达对山川风物的美好和神秘性的赞美的故事则是传说。此外，神话涉及的山川风物多是指大的类别，而传说涉及的山川风物则多是具体事物。至于一些民间传说为宗教所吸纳后具有了宗教功能，仍不能当作神话，因为这些故事的信仰属性是人为赋予的，而不是在民间自发产生的。

---

① 向柏松：《神话与民间信仰研究》，人民出版社 2010 年版，第 7 页。

(二)口承叙事的防风氏神话

防风神话，主要流传在太湖流域。在历史文献的记录上，只有寥寥数语。在文人叙事里，对这个神话的记录的篇幅相当稀少且十分简单。在《国语》里，虽然有有关防风神话的记载，却也似乎并不是特意要记录下这个神话，而是顺便提下。说到吴越争霸时期，吴军在会稽发现了一根巨大的骨头，感到很疑惑，于是就派人请博学的孔子解释一下。孔子就讲起了大禹治水神话里的一个小插曲："禹致群神于会稽之山，防风氏后至，禹戮而杀之。"①司马迁在《史记·孔子世家》里讲到这个神话也是引用了《国语》的说法。此外，后世的典籍也都遵循着这种说法。若不是20世纪80年代起许多口头叙事遗存的发现，防风神话可能就此湮没了。在民间叙事收集领域，在民间文艺工作者的收集整理下，现在采集的有关防风氏的神话传说有二十余篇。流传于湖州市德清县的主要有《尧封防风国》《大禹找防风》《防风立国》《防风著书》《防风之死》《防风塔》《防风井》《防风为何封王》《防风三难大禹》《三条鱼精争封地》《三王选地盘》《雌雄井》《防风氏与金龙狮》《篾匠成将军》《防风王的架坯》《石龟传奇》《防风舞》等。根据内容，这些作品概括起来可以分为：禹杀防风；防风氏的治水的功绩；防风神话与当地文化契合产生的叙事。

口承叙事遗存的发现，证实了典籍记载的文本之外活态叙事作品的存在。而这些活态的口承叙事，正好弥补了文字记载留下的叙事空缺。正如杨尚奎教授所认为的"远古史不是用文献记录，而是存在于神或巫的心中，用口舌叙述出来的"②。在今天的德清县三合乡二都村为中心的太湖流域，民间文艺工作者发现了大量有关防风氏的民间叙事作品。从其本质上来分析，其中既有神话、又有传说，还有民间故事，无不散发出浓郁的地方文化气息。这样的发现使得整个防风神话叙事系统涉及防风氏的死因、防风氏的功绩，结构较为完整，枝叶比较丰满。在防风神话传承的过程中，出现了一个典型的变化，那就是神话叙事的传说化、故事化特征。

---

① 《国语·鲁语下》。

② 转引自钟伟今、欧阳习庸主编：《防风资料汇编》，天津古籍出版社1999年版，第126页。

这同样也是每个地域性神话最终的归宿。神话是起源于较早时期的一种叙事类型，主要表现的是创世、救世等母题。它的典型特征，是在叙事的表象下蕴含着一种神话的思维特征。这种神话的思维是“人类发展的一定阶段上，在特定的生产方式、生活形态和心理环境中原始人类的一种特殊智力形态和思维方式，是原始人借以认识和掌握世界的一种理论思维体系”①。当然，由于神话产生的时代跨度很大，从母系社会到父系社会再到奴隶社会，甚至在封建社会，也还有人在创造神话。神话这一概念是历时性的，发展着的。在发展变化的过程中也产生了大量的神话以外的叙事类型。

在目前收集的防风神话叙事中，占多数的是传说、故事一类。在《三王选地盘》中，开头就是“不知是哪一个朝代的哪一位帝王，封了三个王：防风王、樊兴王、徐王”。三王为了取得地盘，都使出了自己的看家本领，最后，大家都有了自己的地盘。防风王就在二都，樊兴王住上柏（德清县下属乡镇），徐王住塘径（德清县旧时乡镇，现已被划分）。在《雌雄井》中，说的是防风庙里的防风井和北方的杨家府的水井是相通的。“在清朝不知哪一个皇帝手里，朝廷出了个‘癞毛军师’”，前往杨家刁难杨家后裔，最终落荒而逃。在这两个故事里，都出现了表征“故事”类型出现的特征：习用的开头，没有具体的时间和地点，态度是世俗的，主要角色是人类。此外，在《三条鱼精争封地》《防风井》《防风塔》《防风草》等篇目中，都讲述了世俗的情节，不具有神话的色彩。这些民间叙事的内容，大多融入了许多现代性、现实性的因素以及地方性的知识。严格地说，不属于神话的范畴，是在神话的基础上衍生出来的民间叙事类型。

书面文献记载的有关防风神话的内容，语焉不详，内容极其单薄，防风氏只是作为一个小小的配角，衬托了中华文明始祖之一——大禹的威严。通过对目前已收集的防风神话口承叙事的分析，可以发现，叙事的内容和情节有时虽然是嫁接重组的，但是表现出了叙事的艺术特征。相对于呆板单调的文人叙事，防风神话的这些口承叙事融合了当地的文化，贴近现实生活和人们的思维方式，更具有生动活泼的特色，更易为民众所喜闻乐见。从形态上来观察，防风神话叙事“在越来越浓厚的人类审美情感

① 刘魁立、马昌仪、程蔷：《神话新论》，上海文艺出版社 1987 年版，第 4 页。

作用下,逐渐趋向审美化、艺术化”[①]。袁珂先生在《古代神话的发展及其流传演变》一文中说:“至于神话的流传演变,是说同一神话,长时期在群众的口头流传中,故事情节逐渐由简单而趋于繁复了,人物形象逐渐由粗线条的勾画而变得细致了,有的甚至和原来传说的形象有了差异,神话的气氛也由朴野而变得文雅了——这就是我们所谓的神话的流传演变。”[②]这充分说明,神话在发展演变的过程中,不断融入主观创造的因素,在神话的基础上,不断地传说化和故事化,从而发展出类型丰富、枝叶丰满的民间叙事,这是神话传承过程中的一个重要特征。

从接受的角度上来说,表演比单纯地说更具有魅力。演唱者在演唱某种叙事作品的时候,往往抑扬顿挫,仿佛身临其境,并试图将这种感觉带给听众。而叙述者,就明显缺乏这样的魅力。除非一个故事能手,能够惟妙惟肖,尽情地演绎一个个活泼生动的故事。从而加深听众印象,以便日后传播。环太湖地区的浙北苏南是吴语山歌流行的地区,吴语山歌最早始于春秋时期,兴盛于清代,内容主题包括:史诗型叙事山歌(如《华抱山》)、抗争型叙事山歌、异类婚型叙事山歌、劝化型和私情型叙事山歌[③]。吴语山歌的产生与发展和吴地的稻作生产有着十分密切的联系,广沃的稻田是吴语山歌赖以生存和发展的土壤。防风神话的发源地德清县二都村从地理位置上来说,正好位于杭嘉湖平原的中心,山川环抱,景色秀丽,是典型的稻作文化地区。但是,历史上和现在,都没有发现以山歌形式叙述的有关防风神话的叙事。

“文化是一种组织严密的体系,它可以分为基本的两方面——器物和风俗,由此可进而分成较细的部分和单位。与物质文化相配的部分包括种种知识,道德上、精神上、经济上的价值体系,社会组织,语言,它们总称作精神文化。精神文化都明显地属于学习得来的习惯,像社会法则、法律、习俗等等就是这样。”[④]防风神话在历史的发展变化过程中,其形式和内容,都已经被湖州人的生活习惯、思维方式深深地影响了,成为当地人

① 上海民间文艺家协会:《中国民间文化——民间口承文化研究》,学林出版社1993年版,第34页。

② 袁珂:《神话论文集》,上海古籍出版社1982年版,第75页。

③ 郑土有:《吴语叙事山歌演唱传统研究》,上海辞书出版社2005年版,第87页。

④ [英]马林诺夫斯基:《文化论》,费孝通译,华夏出版社2002年版,第4页。

日常生活行为礼仪的一种表达方式，它的形态，不仅仅留存在书本记载或口头上，还已经融入了当地的生活流之中，熔铸成了一种地域性特征明显的文化体系。“神话是一种文化体系，是一种活的力量，它是社会中以活的形式出现的实体。”①活的力量，活的形式，自然要求神话在传承过程中形成新的功能以取代旧有的功能。神话不是一个静止的，没有生命力的单纯的神圣叙事体。

神话仪式学派认为，仪式是神话的基础，神话作为仪式部分的叙事，神话是在仪式中叙述的事件，在仪式中既讲述神话又实施仪式，神话可以间接地讲述或伴随着仪式讲述②。神话与仪式是存在着相互关联的倾向的，它们之间存在着一个共同的心理基础。神话支持仪式，也是神话贴近现实，对世俗行为的支持。民间信仰往往是地域性神话叙事发展的终极阶段，信仰形成的源泉，“人类思维对于过去，有一种天生的崇敬之情，而人类的宗教虔诚和儿童的恭顺孝敬，都是从这同一自然源泉中涌流出来的”③。在防风神话发源地德清县三合乡二都村，每年农历八月二十五都要举行祭祀防风的秋季典礼，同时举行热闹隆重的庙会。时间跨度为三天，从八月二十四到二十六。清末民初是秋祭防风最兴盛的时期。神话的文化遗存是在一个神话传说的发源地，某些被后人附以与该神话传说有关的内容的景物，是神话传说里英雄人物生命的延续。这些景物，往往和神话传说的主角的行为有着密不可分的联系。例如防风氏曾经在此疗伤休养，在此大会诸侯，等等，不一而足。文化遗存的出现，一方面是人们出自对该人物的崇拜和景仰之情，也表达了中国人追求美好的审美理想和缅怀颂扬英雄人物的价值取向。另一方面，是为了解释景物的起源，是一种农耕文明时期神性思维的体现。广义来说，从神话传说衍生出来的祭祀典礼庙会等仪式活动类型，也可以视作防风神话的文化遗存。对文化遗存的开发和利用能有效地体现神话在工业时代新的功能，从而有利于扩大神话的影响，方便神话的传承，是在媒介时代神话活态传承的重要

① [英]马林诺夫斯基:《巫术 科学 宗教与神话》，李安宅译，中国民间文艺出版社1986年版，第5页。

② 转引自孟慧英:《西方民俗学史》，中国社会科学出版社2006年版，第165页。

③ [德]麦克斯·缪勒:《比较神话学》，金泽译，上海文艺出版社1989年版，第14页。

动力。

(三)蚕桑起源的"蚕马"神话

20世纪20年代,关于"蚕马"神话,曾引起过学术界的争议。茅盾先生在《中国神话研究》中对马头娘故事是否是原始人的神话提出了怀疑,认为它是后人的伪造①。钟敬文先生的《马头娘传说辨》则不同意这一观点,并提出了自己的见解②。新中国成立后,袁珂先生在《古神话选释》一书中,对"蚕马"神话也做过一些分析介绍③。关于神话的产生,我们已无从考据。我们需要探索的是,为什么湖州地区蚕桑起源神话中产生"马皮裹住女子化为蚕"的神话而不是别的母题的情节?

我们认为,首先是因为蚕的形状像马。蚕通常将头高高昂起,姿态似马,它吃叶的动作也和马吃饲料极其相似。"蚕之为状,……头高而皮皱,喙呐呐似马,食叶如马食料。"④事物形态的相似引起联想,恐怕是将蚕和马扯在一起的一个原因。由于先民的思维往往受到混沌律制约,他们会将外形相似的事物误认作同体,以为蚕就是马,马就是蚕。这种思维方式,今人认为荒谬,而先民却习以为常。所以古代才会有将天驷星当作蚕神崇拜的现象。其次,蚕的生长过程也是非常神奇的。据科学家研究,一条蚕从蚁蚕发育到成蚕,三十多天的生命过程之中,体重增加了一万多倍,身长的增加,也有四十倍。四眠四起(也有三眠三起的),接着作茧自缚,而后蛹化为蛾,又破茧而出,获得新生。这里无法不涉及先民们普遍具有的一种"变形"信仰。那时他们看见一个蛋突然变成一只鸟,一个蛹突然变成一只蝴蝶,一粒种子会变成一棵树,一个蝌蚪会变成一只青蛙,那么他们自然会相信人可以变成动物,动物也是可以变成人的了⑤。这种神秘的"变形"信仰,曾为我国古代神话孕育出了精卫填海、李冰化牛、大禹化熊等脍炙人口的故事。不难想象,当原始人的"变形"信仰和蚕一旦产生联系,它实在是很容易孕育出马头娘这样的神话来的。在我们的祖

---

① 茅盾:《中国神话研究》,人民文学出版社1969年版,第324页。

② 钟敬文:《钟敬文民间文学论文集》,上海文艺出版社1985年版,第120页。

③ 袁珂:《古神话选释》,人民文学出版社1982年版,第88页。

④ 《蚕桑萃编》卷七。

⑤ [英]柯克士:《民俗学浅说》,郑振铎译,商务印书馆1934年版,第118页。

先看来，马皮披在一个少女身上变成了蚕，这并不比由蛹变蛾，由蚕蚁变蚕更困难些[1]。第三，为什么是“女化蚕”而不是“男化蚕”呢？如前所述，自古养蚕的生产劳动一直都是以女性为主操持的。“蚕桑苦，女工难，得新捐故后必寒”[2]，“自头蚕始生至二蚕成丝，首尾六十余日，妇女劳苦特甚。……自始至终，妇功十居其九”[3]，蚕妇们的劳动和桑蚕吐丝是极其相似的。“古人在创造神话的时代，就生活在诗的气氛里，所以他们不用抽象思考的方式而用凭借想象创造形象的方式，把他们的最内在最深刻的内心生活变成认识对象”[4]，“神话既不是骗子的谎话，也不是无谓的幻想产物，它们不说是人类思维的朴素和自发的形式之一。只有当我们猜中了这些神话对于原始人和他们在许多世纪以来丧失掉了的那种意义的时候，我们才能理解人类的童年”[5]。从这层意义上说，我们对“蚕马”神话种种起因的探索和解读，正是为了努力理解我们的祖先。

“蚕马”神话流变的滥觞，当属“欧丝”女子：“欧丝之野在大踵东，一女子跪据树欧丝。”[6]这是蚕神的雏形，一开始即为女身；尚未与马相联系。最早记载“蚕马”神话的，据考为三国吴张俨所作之《太古蚕马记》，收录于《五朝小说》《旧小说》等类书中，学者一般疑为魏晋人所伪托。《搜神记》中则形成了较为完整的故事情节：

> 旧说：太古之时，有大人远征，家无余人，唯有一女。牡马一匹，女亲养之。穷居幽处，思念其父，乃戏马曰：“尔能为我迎得父还，吾将嫁汝。”马既承此言，乃绝缰而去。径至父所。父见马，惊喜，因取而乘之。马望所自来，悲鸣不已。父曰：“此马无事如此，家得无有故乎！”亟乘以归。为畜生有非常之情，故厚加刍养。马不肯食。每见女出入，辄喜怒奋击。如此非一。父怪

① 钟敬文：《钟敬文民间文学论文集》，上海文艺出版社1985年版，第122页。

② [清]沈德潜：《古诗源》，中华书局1963年版，第403页。

③ 同治《湖州府志》卷二引《西吴蚕略》。

④ [德]黑格尔：《美学》，朱光潜译，人民文学出版社1960年版，第64页。

⑤ [法]保尔·拉法格：《关于亚当和夏娃的神话》，高丙中译，人民文学出版社1998年版，第247页。

⑥ 《山海经·海外北经》。

之，密以问女，女具以告父："必为是故。"父曰："勿言。恐辱家门。且莫出入。"于是伏弩射杀之。暴皮于庭。父行，女以邻女于皮所戏，以足蹙之曰："汝是畜生，而欲取人为妇耶！招此屠剥，如何自苦！"言未及竟，马皮蹶然而起，卷女以行。邻女忙怕，不敢救之。走告其父。父还求索，已出失之。后经数日，得于大树枝间，女及马皮，尽化为蚕，而绩于树上。其纶理厚大，异于常蚕。邻妇取而养之。其收数倍。因名其树曰桑。桑者，丧也。由斯百姓竞种之，今世所养是也。言桑蚕者，是古蚕之余类也。[①]

其后，《汉唐地理书钞》《蜀图经》《太平广记》等均有记载，情节也大同小异，都离不开这样一个母题：女欲见其父而誓约许婚——马显示奇迹迎父归——女父悔而杀马——马皮裹女子飞去——女化蚕。明、清两代是湖州地区蚕神信仰的最盛时期，普遍信仰的蚕神是"蚕花娘娘"，又称"马头娘"。神的形象是一位女子骑在马上，手里捧着一盆茧。湖州含山今仍存蚕神庙，庙中有蚕神塑像，其民间流传着的故事说：

从前，当地有户人家，父女二人与一头白马相依为命，父亲出远门长久未归。女儿对马说："你若能把我父亲接回，我与你结为夫妻。"白马果真把他父亲接了回来，从此，白马整天围着她不肯离开，其父发觉后，经再三盘问，才知道女儿向白马许愿的事，这是万万使不得的。趁女儿不在，他狠狠心，一箭把白马射死，剥下马皮晾到院子里。女儿得知后，连忙奔过去抚摸着马皮，暗自流泪。其时，马皮忽然从竹竿上滑落下来，裹着姑娘随一阵旋风而去，顿时不见踪影。几天后，人们在树林里发现了她，只见她的头已变成了马头的模样，正爬在树上扭动着身子吐丝，从此人们尊奉她为蚕神，为她建庙塑像，称她为"马头娘"。[②]

---

① 《搜神记》卷十四《女化蚕》。

② 钟伟今：《浙江省民间文学故事集成·湖州市故事卷》，浙江人民出版社 1991 版，第 14 页。

这则民间故事在杭嘉湖地区流传着，当地的蚕农从自身的生活经验出发，根据自己的理念对其进行加工和改造，从而又编出了另一则更加地方化和世俗化的民间蚕神故事。其故事梗概如下：

> 清明时节，村民正忙着裹粽子，好不热闹，可是居住在含山脚下的武员外的女儿蚕花公主，此刻却皱着双眉满腹心事。原来是武员外率兵打仗被困于新市，生死未卜，蚕花营救无计，便贴出告示说：谁人救得吾父，妾身即愿许配谁。只见一白马从白马塘上飞奔而来，张嘴揭下告示，便向新市方向飞驰而去。过不多久，只见武员外骑着这匹白马安全回家。武员外原本想好好重谢白马的救命之恩，但看过告示并听了女儿的许婚请求之后，甚觉荒唐，坚决不依，只是拗不过女儿，即施"偷梁换柱"之计，将丫环小青代替蚕花与白马拜堂。白马受骗，狂奔乱跳，撞死小青。武员外恼羞成怒，杀死白马。蚕花闻讯，撞壁自尽。家人将她与白马安葬在含山顶上。两个月后，蚕花的坟上长出一棵桑树，白马的坟上出现了许多蚕，且爬到桑树上吃桑叶，从此，含山一带的人开始养蚕。为了感谢蚕花公主和白马的恩赐，大家捐款在含山顶上建起一座蚕花殿，殿内精心雕塑了一尊蚕花公主的像和一匹白马像。从此，每年清明时节，远近的蚕农都要来含山朝拜蚕花公主，以祈蚕花丰收，生活富足。[①]

同为"蚕马"神话，湖州地区的民众于中原通行的版本之中删改了几处文墨，正是这几行并不浓重的墨迹，便将一种新的精神意蕴展现开来。湖州地处江南核心区域，这一方面是经济行政的划分，更主要的，这里自北人三次南迁以后，结合天然独特的物质基础，开凿出了"文化江南"的亮丽风景线。"江南文化，……对生活在华夏文化圈内的人形成了一种永恒的心理召唤和审美诱惑，使之萌发出一种置身于人间凡尘，又企盼超越世

① 钟伟今：《浙江省民间文学故事集成·湖州故事卷》，浙江人民出版社 1991 版，第531 页。

俗樊篱之束缚的生命感怀。”[①]江南人懂得如何在现世喧嚣中，超越实用伦理的束缚，最大限度实现个体生命超越功利的审美需要。正是对这种诗性情感的追求，萌生了蚕神故事的改造动机。湖州地区的蚕农们更愿意相信，支持其现实辛劳的动力，和佑护其经济生产的神灵，源于爱与美的至情至义。同是人马合之的“蚕马”神话，在中原人眼里是对世间因违礼而动情、背信而弃义的天真少女的惩罚。她必须以自己的情感、身躯乃至生命去赎罪。湖州地区的蚕农们则虔诚希望，世间超越伦理的情爱是感天动地的，不被生死阻隔，也不因异类而亡，凡俗纠葛可以因真情而消融，美与自由高蹈于心灵深处。关于“蚕马”神话的余波，至今还在湖州蚕乡广为流传，也就是说，它还“活”着。

如果我们将“蚕马”神话置于社会文化的大背景下，从社会学的角度分析论证，它无疑又能带给我们当时生产方式、婚姻形态、伦理道德等方面的文化信息。一是“男耕女织”的生产方式。马克思说：“人们为了能够‘创造历史’，必须能够生活。但是为了生活，首先就需要衣、食、住以及其他东西。因此第一个历史活动就是生产满足这些需要的资料，即生产物质生活本身。同时这也是人们仅仅为了能够生活就必须每日每时都要进行的（现在也和几千年前一样）一种历史活动，即一切历史的基本条件。”[②]“一农不耕，民或为之饥；一女不织，民或为之寒。”[③]社会发展的需要，决定了蚕业的发展和对女织的监督；蚕业的发展决定了蚕农对蚕神的敬仰，暗中祈求神灵的庇护，消除灾害，使蚕茧丰收。蚕茧的丰收仅取得了物质资料，靠女织才能获得物质产品，因此出现了社会对女织的监督，女不织将会受到社会的谴责。“蚕马”神话中虽然没有提到女织，但是最后以马皮裹身化蚕吐丝，迫使她实现女织的价值。马皮可视为社会对女织的监督和不织的惩罚。在汉画中织女被刻在月宫下，四星相连的梯形中，织女手持梭子正在织锦，而“女化蚕”神话中蚕的吐丝，标志着女织是社会所需要，男耕女织的生产方式是农业社会发展的产物。

进一步观察和探析“蚕马”神话，它还给我们传递出另一个社会文化

---

① 黄健：《现代江南作家的柔性艺术风格》，《名作欣赏》2006 年第 11 期。

② 《马克思恩格斯全集》第 1 卷，人民出版社 2009 年版，第 32 页。

③ 《管子·轻重甲》。

信息，即对传统道德的维护。神话为旧说，从上古传递下来，是与当代的社会意识形态和现实相吻合的产物。对道德的维护包括两个方面，一是少女不遵守妇道，私许婚姻又毁约；二是其父怕辱没门庭，将马射杀。从少女许婚的角度说，违背了“发乎于情，止乎于礼”[①]的名教。就是说男女之情应于情理之中而发生，因道德礼仪而终止。不能逾礼。《诗经》云：“艺麻如之何？衡从其亩。娶妻如之何？必告父母”[②]，“伐薪如之何？匪斧不克。娶妻如之何？匪媒不得。”[③]就是说男女的婚事，必须告诉父母经得父母的同意，并且必须有媒人，《礼记》总结为“男女非有行媒，不相知名”[④]，“男女无媒不变”[⑤]。“父母之命，媒妁之言”“无媒不成婚”成为一种传统礼俗，若违犯就会遭到道德的谴责。干宝在搜集整理这一神话的过程中，就受这一观念的影响，谴责违背礼仪的行为。“子顺父，妻顺夫，臣顺君何法？法地顺天也。”[⑥]“蚕马”神话中，马皮本质上是礼教的象征，“马皮裹女，喻示着礼教永远束缚了少女”[⑦]。从父亲杀马的角度看，一方面作为家长，他既是礼教的执行者，又是礼教的维护者。当他得知女不经父母，私自许婚于马，认为是“辱家门”，是对礼教的悖逆，是不遵守妇德的表现，发现“马见女出入，辄喜怒奋击”时，他毫不留情“伏弩射杀之，暴皮于庭”。从这个角度理解，“女化蚕”“吐丝”隐含着对封建礼教束缚人性的否定。

三、碑记文献

碑记文献[⑧]中录存的一些碑铭的内容并不见于地方志记载，而它往往

---

① 《论语·八佾》。

② 《齐风·南山》。

③ 《豳风·伐柯》。

④ 《礼记·曲记》。

⑤ 《礼记·坊记》。

⑥ [清]陈立：《白虎通疏证》，吴则虞点校，中华书局1997年版，第194页。

⑦ 纪永贵：《蚕女故事的文学——文化解读》，《民间文化》2000年第7期。

⑧ 本书所引用的碑记文献，依据地方志《金石》梳理、点校；凡能找到原碑的，则力求从原碑上加以拓片，然后再做抄录、整理工作，有些原碑经风雨侵蚀，字迹已很难辨识，只能根据行文加以缀连，或稍加考释、补正，未必完全正确；碑已佚的，或仅有拓片或录文的，则依拓片或文字录之。

是原始的、真实的，具有很高的史料价值，可以补史之阙。"什么'物件'过去曾存在而现在不再存在？它们现在却还是某种确定的用具，但却不被使用了。……什么'过去'了？无非是那个它们曾在其内在来照面的世界；它们曾在那个世界内属于某一用具联系，作为上手事物来照面并为有所操劳地在世界中存在着的此在所使用。那世界不再存在。然而一度在那个世界之内的东西还现成存在着。但作为属于世界的用具，现在仍还现成的东西却能够属于'过去'。"[①]碑刻资料具有双重性，既反映区域社会和民间生活，也反映国家或地方性制度。立碑需要经过公众认同，碑刻所在的地点往往是社区的中心，如寺庙、祠堂等地，因此它所记载的是普遍承认的行为规范，可以反映特定时代特定人群的心态。作为传世文献之外的史书，民间的历史档案馆，碑刻文献对于考证传统民间社会的组织形式、民间宗教信仰体系的形成、国家与民间社会的关系等问题是一宗宝贵的财富。

(一)"阴阳表里以为守"

对于地方政府来说，从事某些信仰活动本来就是他们政治生活的一部分[②]，而其背后隐含的意义显然就是从事这些活动可以帮助他们更好地治理地方，旧时湖州地方政府同样有这样的企图。作为基层的政府官员，在明清时代，地方官员从他到治所任职的那一天开始，就开始了与神灵打交道的过程，而其最直接的表现方式就是对各类神灵的祭祀。官员在职期间要始终注意祭祀的对象主要有：传统的农业神、城隍神、文庙及各类先贤祠庙、厉坛等[③]。"每岁八月二十五日，有司致祭(防风氏庙)，设封守，禁樵牧，著为令敢，再拜稽首，刻诸石，复为辞，以侑爵献。"[④]当然，对于这

---

① [德]马丁·海德格尔：《存在与时间》，陈嘉映、王庆节译，生活·读书·新知三联书店 2006 年版，第 430 页。

② 事实上，官方祭祀活动的存在可谓源远流长，蒲慕州就曾经对汉代的官方祭祀进行过研究。当时有正月上丁之祀、二月祭太社、八月祭太社、十一月冬至之祀、十二月大傩以及其他如祈雨、止雨等活功。参见蒲慕州：《追寻一己之福：中国古代的信仰世界》，上海古籍出版社 2007 年版。

③ 王健：《利害相关：明清以来江南苏松地区民间信仰研究》，上海人民出版社 2010 年版，第 101—102 页。

④ 万历《湖州府志》卷十四《坛祠》。

些神灵的祭祀，其花销是列入每年政府正式预算之中的，这在地方志中多有记载："（德清县）文庙二祭银六十两，启圣公祠二祭银一十二两，祭文昌银二十两，关圣银六十两，河神银十四两八钱，厉坛米折银六两，社稷山川坛各二祭三十二两，邑厉坛三祭二十四两，乡贤、名宦祠二祭银八两，余不亭侯、新市新塘土地等祠二祭二十三两一钱六分六厘，东华吕公、织帘沈公二祭，旗纛一祭共银二两五钱，土牛春酒银二两"①，"祭祀项下，文帝祭银六十两，武帝祭银六十两。社稷山川坛祭银二十一两七钱四分。厉坛米折银六两。天目龙神祠祭银八两。迎春酒礼银二两。雩祭项下，额拨雩祭银六两。蚕祭项下，额拨蚕祭银四两。"②

此外，对坛庙进行日常修葺也是地方官员的职责。因为庙宇作为神灵的栖息之地，其建筑质量的好坏体现了人们对神灵的崇敬程度，因此也关系到神灵能否灵应的问题。在一些官员看来，一座富丽的庙宇以及崭新的神像是有利于吸引普通百姓的。政府对庙宇的修葺却没有正常的预算，其经费的来源大致有以下几种渠道：一是通过地方官员首倡来募集资金，当然地方官员的行为往往只具有象征性意义，其目的是为了筹得更多的款项；二是向上级政府申请专款；三是一些地方先贤名宦祠有时由被祭祀者的后代发起修葺。"宫墙东南隙地一区，为察院故址，形家谓地居巽峰，文明所兆。建文昌阁于高阜之上巅，则风气会聚，科名将益以盛。余心韪之，乃捐俸缔构，竖基六楹，重溜三层，高三丈五尺，始事于乾隆八年(1743)十月，讫工于九年(1744)五月"③。"兹惟龙祀，小葺□祀，旧献寝殿各一区，廊庑门阶具在葺，用支倾易，绕垣四周，表门敕守，以清神道，工无加焉。非以简神，爱民力也。嘉靖五年(1526)菊月甲申吉日，知县泰和郭治记。顺治间，重修庙貌，神示显应，双眸转瞬，须髯戟张，众皆惊。"④"东永灵庙，东清风桥之东，佑圣祠之西，建置年月并神之本末、庙位之详，悉具载于前。宋咸淳中，镇人、知南康县事姚琯先常舍地入庙，既又捐赀修葺，由是构基弘展"，"（西永灵）庙岁久颓圮。正德五、六年(1510—1511)间，镇人、佥事陈霆，义民童迁各捐赀倡众，及省祭官丘珏亦募化诸缘，相

① 嘉庆《德清县续志》卷三《食货志・钱粮》。

② 光绪《孝丰县志》卷四《食货志・赋役》。

③ 同治《湖州府志》卷四十《政经略・祀典》。

④ 康熙《孝丰县志》卷九《艺文志・碑记》。

与鼎新修饰，焕乎烂然，足以妥神灵而光庙貌矣"①。清代凌介禧的《募修土地庙增置殿宇引》载："曩者创建神殿，地隘不能宏敞巍瞻。兹殿左民居愿售，而殿无东壁，依民居以广神殿，则东壁庶保永固矣。唯产价及修理资费不小，爰集同人倡募、勉劝合里之捐施，共襄善举。俾神殿扩于有日，必神佑佑于无疆，为此类善姓君子发慈愿，慨捐助、乐助，以观厥成。仰叨神庇，阖境安康，膺受多福，功德无量也。"②

事实上，神灵的意义更多的是体现在天灾人祸的时候，对于一位尽责的地方官员来说，当地方遇到灾难性事件时，带领或代表民众向神灵祈祷是其职责所在，在这时更能体现信仰作为一种执政资源的意义。这方面最典型的就是当遇到旱涝灾害时，他们必然会向神灵求助，为了表示自己的虔诚，他们在祈祷时往往会冒着暴雨或头顶烈日。"予（归有光）数决大狱，类（城隍）神有以告之。会大旱，自太湖祷雨方山，还至神前，拜致所取龙洞之水，方出庙，大雨如注，万众欢呼，以为神之报答如响也"③，这个过程其实是非常艰辛的，"方山上有黑龙湫，冬、夏水不涸。民言先时祷雨多应，予遂往山下，欲上山。民皆叩头言：'山陡险，不可上。先至此祷雨，皆望祀，无登者。'予曰：'为祷雨来，畏险，非诚也。'又曰：'赤日烈甚，无群木之岩，徒走上下近之四十里，暍不可登也。'予曰：'为祷雨来，畏暍，非诚也。'遂披荆棘而行，或侧径仅置半武。过小龙洞，洞亦有湫。又上乃至大龙洞，两石罅上合下，开如佛龛，高可四五丈。湫广数尺，其中甚清凉，因拜祭。有物蜿蜒俎间，已下方盛暑烈日，天无织云"④，为此，归有光还撰写了《谢雨祭城隍神文》："值此农时，山川如涤。令实闵雨，有祷于神。荷神降临，惠泽雱霈。万民欢喜，循省独惭。实上天之爱人，岂微诚之能感也？蒙神之力，敢不报谢！更祈终惠，永荷神休。尚飨。"⑤"黄龙洞，在吴兴郡北，去城关二十里，枕太湖。……每岁旱，郡民祷之。东坡曾游，有诗述迹"⑥，苏轼《黄龙洞祷晴诗》曰：

---

① 正德《仙潭志》卷二《庙祀》。

② 同治《晟舍镇志》卷七《艺文·庙宇》。

③ 乾隆《长兴县志》卷四《庙祀》。

④ 嘉庆《长兴县志》卷九《水》引《明·归震川集》。

⑤ 《震川先生集》卷三十《祭文》。

⑥ 乾隆《金井志》卷二《文献考》引《辍耕录》。

吴兴连月雨，釜甑生鱼蛙。往问下山龙，曷不安厥家。
梯空上巉绝，俯视惊谽谺。神井涌云盖，阴崖垂薜花。
交流百道泉，赴谷走群蛇。不知落何处，隐隐如缫车。
我来叩石户，飞鼠翻白鸦。寄语洞中龙，睡味岂不嘉。
雨师少弭节，雷师亦停挝。积水得反壑，稻苗出泥沙。
农夫免菜色，龙亦饱豚豭。看君拥黄紬，高卧放晚衙。①

除旱涝外，涉及农事生产的灾害发生时，神灵也是地方官员依赖的对象。“乾隆丙午(1786)夏，蝗食禾殆尽，日中漫飞半天如云雾，捕之不尽。邑侯虔祷于王二相公祠，翌日，蝗俱向北僵死。其濒太湖地方，蝗尽为风淹入湖中，渔者网鱼辄得蝗。”②旧时湖州文风极盛，地方科举兴盛与否是百姓特别是地方士绅关注的一个重要方面，对于地方官员来说，如果能够在任职期间促进地方科举的发展，那么无疑可以得到地方士绅的赞誉与支持。因此，我们也看到，地方官员往往把科举的兴衰与文昌信仰和风水联系在一起。“奎文阁，在(双林镇)石漾水镜寺南，虹桥港口。吾镇无文阁，形家亦嫌东逝之水去路杂汊，关锁未紧”，“吾镇自沈莪村乔辛酉(1741)乡荐后，断科三十年。(乾隆)辛卯(1771)，文阁初建，即有费筠塘荪登秋榜。甲午(1774)，俞见、林芬元乡闱又捷，嗣后科甲连绵，地理或不诬乎”③，“予(知湖州府通判事陈名荣)分守苕郡，驻浔镇。镇与江南震泽接壤，其东兀立于水之中者，为分水墩，上有文昌阁焉。创自明宗伯董公，继修于潘公，而毁于戊午秋，盖二百余年矣。人皆谓浔水自苕而下，径行六十里，赖此以蓄其势也，非重建之不可”，“阁甫成，而士子文风益振，市中商贾络绎至。岁初患旱干，未几而甘霖大沛”④，“极乐庵，在(南浔镇)东栅外震泽县界。明嘉靖甲子(1564)，董份始建真武殿，左文昌，右关帝。……庵实隶震泽地，但在浔东数武，势相联属，镇民赛祷皆于是焉。譬之

① 乾隆《乌程县志》卷二《山川》引《东坡居士集》。
② 同治《长兴县志》卷三十一《杂识》引《传经楼稿》。
③ 民国《双林镇志》卷九《庙寺》。
④ 同治《南浔镇志》卷八《寺庙》引《重建分水墩文昌阁记》。

天文书，南门不属库楼，寿星不属井宿，而势不得不相附以见也”①。

对于旧时湖州地方官员来说，在遇到危难时求助于冥冥之中的力量已经成为理所应当的一件事情。从客观上来看，这本身已经成为一种施政的策略，是他们取信于民的必要手段②。必须指出的是，从官员的角度来看，只要他们在平时对神灵保持了必要的虔敬，那么，在危难之际神灵就会显灵，两者之间有着某种对应的关系，这是毫无疑问的。

> 县官归有光，于今日祀厉，即于坛所，哀告于城隍之神，曰：自六月以来，雨泽不降，田禾焦枯。令有迁徙之命，民被催科之急。沴气上干，祈祷莫应。阖境忧惶，莫知所为。令今候代，犹有一日司民之责；适今祀厉，敢复沥恳于神。令宰牧三年，飨祀无失，哀矜鳏寡，对越在天。神其毋以世人之见弃，而亦不肯惠顾。若能督率万鬼，呼吸风雷，顷刻以至，犹能使岁半熟，以慰此嗷嗷之民也。敢告。③

仔细揣摩归有光这篇《祀厉告城隍神文》的语气，不难体会到在这位长兴县令的观念里，城隍神与他在某种意义上是平等的，他们各司其职，“令今候代，犹有一日司民之责”。“督率万鬼，呼吸风雷，顷刻以至，犹能使岁半熟，以慰此嗷嗷之民”是城隍的责任，如果“以世人之见弃，而亦不肯惠顾”，那么它就没有资格享受地方的祠祀。旧时湖州地方官的行为实际上已经成为民众崇祀神灵的借口，这在客观上推动了民间信仰的发展。

(二)地方士绅的祠祀观念

要从观念上考察旧时湖州地方士绅对待祠祀的态度，从思想史的角度看，有必要对传统儒家经典中关于神灵祭祀问题的态度做一些追溯。而在儒家经典中较多涉及祠祀的当属《礼记》，其中很多论述一直为后世

① 民国《南浔志》卷十二《寺庙》。

② 王健：《利害相关：明清以来江南苏松地区民间信仰研究》，上海人民出版社 2010 年版，第 101—102 页。

③ 《震川先生集》卷三十《祭文》。

儒生所引用，以作为神灵祠祀正当性的佐证，或是反对祭祀某一神灵的依据。从祭祀对象的角度来看，“法施于民则祀之，以死勤事则祀之，以劳定国则祀之，能御大灾则祀之，能捍大患则祀之”①是祭祀对象正当性的标准。张文规《斫射神庙记》(略)云：“大历七年(772)，贼郎景聚兹山，游奕将军钱景秀率乡村子弟尽斫射手，遂平草贼。贞元三年(787)，乡人立草屋，称‘斫射神’。长庆中毁去，会昌中，为斫射亭而无像，文规始置神座。”②从祭祀者的角度而言，“天子祭天地，诸侯祭社稷，大夫祭五祀。天子祭天下名山大川，五岳视三公，四渎视诸侯。诸侯祭名山大川之在其地者”③强调了祭祀者与祭祀对象之间在身份上的对应性；从祭祀行为适当性的角度而言，“祭不欲数，数则烦，烦则不敬。祭不欲疏，疏则怠，怠则忘”④表明对神灵的祭祀应适可而止，否则便是对神灵的不敬。

“有其废之，莫敢举也；有其举之，莫敢废也”⑤体现了传统儒者在鬼神问题上敬而远之的基本态度，是相辅相成的两个方面，表达了他们在鬼神问题上的谨慎态度。但我们在翻捡明清时期湖州士绅关于祠祀的碑记文献时，却发现他们更多的时候是在践行后半句，往往有意无意地忽视了前半句。徐志莘在《敕封保济戴侯庙灵感记》中载：“今乾隆九年(1744)，侯降乩谓：‘邑当不戒于火，吾签诸上帝而弗许，誓请以身代。’人皆悠缪其言，莫之信。十年(1745)春，侯复降如前，曰：‘吾三请之，始允邑之灾可免矣。’人犹易之。迨蒲月五日夜，火自寝殿起，蔓及前庑，两楹悉成煨烬。傍殿之民居，未曾延爇片椽。越旬日，萧山人复来告曰：‘侯庙同是日焚，邻之庐舍亦并完好如常。’由是，蚩蚩之民闻兹灵感，无不目击齿张，趋风肃拜，悉出囊中金重建庙，以答神贶，崇台绰楔，岿然改观。”⑥

不可否认，在传统社会中，绝大部分的儒家知识分子从来也不是无神论者，在对待神灵的问题上，他们与普通农民在基本的反应方式上是一致的。“任何宗教会议的决议……都无法制止一个南欧的农民在预期的事

---

① 《礼记·祭法》。

② 嘉庆《长兴县志》卷二十六《碑碣》。

③ 《礼记·王制》。

④ 《礼记·祭义》。

⑤ 《礼记·曲礼》。

⑥ 嘉庆《德清县续志》卷九《艺文志·诗文》。

不灵验时，向圣像吐口水，因为在习惯上该礼敬的事都做到时，其他就是圣者要负的责任了。"韦伯把这种现象看作是一种原始宗教中的"强烈的自然主义倾向"或"前泛灵论"，并且认为他们始终"根深蒂固于民间宗教里"①。武康县《舞阳侯庙记》载："侯即生于沛，长于沛，我里人有读史论世，传侯遗事者，未尝不感发奋迅，如与侯遇也。况《地志》所载，固非无据而云然哉。侯庙食上柏里，乡人水旱疾疫，有祷即应。侯非于本里加灵，其精爽结积，弥久而光。虽在沛中有祠祀者，亦应尔也。每岁重九，值侯诞辰，里人争具牢醴，动以千计。噫当时拥盾军门，死且不恤，岂谓后人俎豆千秋，迄今不废。然而牲牷肥腯，黍稷馨闻，则皆昔之斗酒彘肩，立而饮啖者也。入侯庙者，其亦可以兴矣。"②

涂尔干说："原则上说，没有什么东西因为它的本性就一定会高高在上，成为圣物，但同样也没有什么东西就必然不能成为圣物。……一种事物所呈现的神圣性，并不蕴含在它固有的特性之中，而是被添加上去的。"③翻捡地方志的碑记文献，我们不难发现，无论是上层还是下层士绅，在对待神灵的基本反应方式上实际上都遵循了"敬神—神无灵—慢神、毁神"的行为逻辑，这"自然主义的倾向"确是根深蒂固。所以说，地方士绅与普通民众一样，对神明首先是持有一份崇敬的心理，并且对神灵有着某种利益性的诉求，希望通过对神灵的敬奉，形成某种人神互惠的关系。这首先就表现为地方祠祀可以满足士人的某些心理需求。"仙潭之祠宇寔繁，然唯永灵之神载诸祀典，此而东岳行祠，虽非兆庶所宜祀，然历宋元迄今，显有封爵，固以其五岳之长，而非无名之鬼也。且其行祠遍天下，天下既奉之矣，子安得而独异他。如佑圣祠以祀真武，真武寔圣朝建庙武当，在今日所崇重者，是其庙貌之大疑，不得略书也。若刘王，虽非吾土血食之神，然乞灵祈福，民庶奔辏，以其签卜之灵验而应，夫水旱疠疫盗贼之祷求，则亦非□无功而坐享鸡豚者，虽独存之可也。外此而私庵野庙淫名社

---

① [德]马克思·韦伯：《宗教社会学》，简惠美译，广西师范大学出版社2011年版，第3页。

② 乾隆《武康县志》卷八《艺文志》。

③ [法]爱弥尔·涂尔干：《宗教生活的基本形式》，渠东、汲哲译，上海人民出版社1999年版，第560页。

鬼如刘宣教之类，崇之不为礼，毁之非背教者，例不书。”①

事实上，作为信仰个体，在心理层面，对神灵的基本诉求主要就包括有两个层面：一个方面是对个体生命的关注，由此衍生出对家族延续的需求；另一个层面则是对个体发展的追求，在传统社会主要表现为对功名富贵的渴望。其中，前者无疑是每个生命个体都有的普遍性的需求，而后者在文献中也多有记载。从另外一个角度看，地方祠祀的存在实际上还为士人，特别是中下层士绅维持与形塑自身的地位和形象提供了一种可利用的资源。明清时期，湖州地方士人对文昌神的崇拜是比较典型的，我们地方志书中可以看到当时不少中下层儒生对文昌神的近乎狂热的崇奉和敬惜字纸习俗的身体力行，兹举数例：“陈骧，字云衢，号玉湖，归安人，嘉庆十九年(1814)进士。……重修邑志，创收字纸会，勒碑以垂永远。”②“徐弘逵，字云阶，乌程贡生。建义冢、义桥，施药、助棺，收废书之糊蚕箔者，又以素纸易妇人夹线书焚之，又捐田助育婴堂。邑令罗愫標其名於旌善堂”③，且“以‘善人’称之”④。“吾镇惜字会旧有二，一在灵寿禅院，一在斗姥阁，皆建焚纸炉。其经费悉零募日捐，雇工收之，斤给钱六或四，随时增减。朔望焚纸，包灰寄上海，豆船投之黄浦。道光二十七年(1847)，汤云湄、汤埙伯、蔡少莲等又建炉于云近堂，集同人捐钱收焚，章程仍前。经咸丰十一年兵燹，惟存灵寿禅院一炉。字有功于人事至巨，惜之无拂乎人情也。”⑤“维摩庵，在清源门外。里人于此设拾字会，有歙人胡某、金某助置长生田四亩，授庵僧复元，俾司拾字之事，后废。乾隆十年(1745)，里人归鸣谦、孙文揆、张朝纲等共三十人捐资延僧，复拾字纸。”⑥刘蓟植在《三善会序》中，将“甃路、埋胔、惜字之会”题曰“三善”，认为“负贩之贱，罔不识字。顾积卷既多，不无散佚，往往有残编断简弃掷粪壤之中。职在有司，其忍弗率先敬惜以仰承右文之化乎?”，“岁在丙寅正月之吉，爰进有众，爰咨于庭……两阅寒暑而三事备举。是役也，太学生郎志俊、诸生张晋修之

---

① 正德《仙潭志》卷二《庙祀》。

② 同治《湖州府志》卷七十三《人物传·政迹》。

③ 乾隆《乌程县志》卷七《人物》。

④ 民国《南浔志》卷十九《人物》。

⑤ 民国《双林镇志》卷三十二《纪略·惜字纪》。

⑥ 光绪《乌程县志》卷八《寺观》。

力为多"①。

惜字林碑记

文林郎知乌程县事彭志杰撰,候补儒学训导丁芮模书并篆额。

惜字林在郡城西南隅,邑绅士之所建也。其地平𡉏,道峰俯阚日河,既爽且垲,亦靓而幽。自嘉庆十有四年冬,绅士等醵金置产,鸠工庀材,构阁三楹,虔祀司禄之神。庭前筑藏二坐,有扃有堂,有庖有湢,设司事综理其中。凡字纸之残且废者,雇工遍郡搜罗,并沿途攈拾,日之昕夕,焚于炉灰,盈则出之,盛以篓舟而送诸海,行之有年。近又于阁中增奉苍圣、许君栗主,岁时具茗果展敬,以志渊源、崇古学也。甲戌冬来请记于余,余谓绅士等协心襄理,诚敬克殚,俾圣贤字迹不至隧秽沦泥,所以振儒风而端民俗者,胥于是乎在若。夫为之弗替,式廓且增,以垂诸久远,则余于绅士有厚望焉,爰乐而为之记。嘉庆十有九年(1814),岁在阏逢阉茂阳月戊午朔十日建。②

(三)造神与构境的视觉化

人类趋吉避凶的本能使之渴望拥有一个"纯净和神圣"的生活空间,即"把自己的住所放在一个向上开放的宇宙之中,也就是说,放在一个与神圣世界密切联系的宇宙之中……尽可能密切地与诸神住在一起"③。纵观汉族的民间信仰,大体上针对的是以下三种超自然力量:神明、祖先和鬼魂。神灵是如何诞生的?泰勒认为,宗教、神灵都源于"万物有灵论","灵"即"灵魂"。那么"灵魂"又源自何处?他的回答是来自古代哲学家的推理:这些蒙昧时代的哲人力求了解生与死的区别,探讨梦、幻觉等难以

① 同治《安吉县志》卷十五《艺文》。

② 《惜字林碑记》现存湖州市莲花庄公园,湖州地方志及《两浙金石志》均失载,笔者据湖州职业技术学院沈文中教授拓片抄录、整理。

③ [罗]米恰尔·伊利亚德:《神圣与世俗》,王建光译,华夏出版社2002年版,第46页。

理解的现象，于是建构出灵魂的概念。基于此，泰勒又提出了“宗教进化论”，认为宗教的发展存在着从低级到高级，从多神到一神的线性进化过程[①]。罗德尼·斯达克、罗杰尔·芬克则认为，人出于交换的需要建构出神灵，随着社会的发展和神灵之间竞争的加剧，一神教会战胜多神教。社会越复杂，范围越大，历史越悠久，就越可能出现占统治地位的排他性一神教[②]。继罗德尼·斯达克、罗杰尔·芬克之后，西方社会学界关于神灵起源的研究日渐稀少，这或许是因为人们在基督教一教独大格局下的西方社会中很难找到相应的经验材料，于是绝大多数研究者将目光转向“一神教是如何产生的”之类的问题。与之相对，中国社会中丰富的多神信仰却能为讨论神灵的起源提供丰富的素材，历史学家也已经在这方面做了出色的研究，如滨岛敦俊认为，江南地区的人格神诞生与三个因素有关：生前的义行、死后的“显灵”和官府的敕封[③]。这三者的勾连，恰恰通过碑记文献，使当时造神与构境以视觉化的方式呈现在后世民众面前。

义行所强调的“义”，或许是汉语中使用最广泛、最具理论伸展性却又被社会学界忽略的概念之一。礼义廉耻被儒家称为“四维”，“四维不张，国乃灭亡”[④]；儒家又把仁、义、礼、智、信合称为“五常”，义乃为最高的道德标准之一。当子路问道：“君子尚勇乎？”孔子的回答颇耐人寻味：“君子以义为上。君子有勇而无义为乱，小人有勇而无义为盗。”[⑤]义在孔子那里显然成为决定事物性质的首要标准。孟子也从不讳言他对义的重视：“生，吾所欲也；义，吾所欲也；两者不可得兼，舍生而取义者也。”[⑥]或许是受圣人之言的影响，民间对“义行”也异乎寻常地强调。在汉人民间信仰中，“义行”不仅关乎现世的道德，更左右着死后的归宿。按照汉人的理解，人死后魂魄分离，但灵魂仍然存在，通常被称为“鬼”，这意味着成为鬼是大

① [英]爱德华·泰勒：《原始文化》，连树声译，广西师范大学出版社 2005 年版，第 86—90 页。

② [美]罗德尼·斯达克、罗杰尔·芬克：《信仰的法则——解释宗教之人的方面》，杨凤岗译，中国人民大学出版社 2004 年版，第 173 页。

③ [日]滨岛敦俊：《明清江南农村社会与民间信仰》，朱海滨译，厦门大学出版社 2008 年版，第 166 页。

④ 《管子·牧民》。

⑤ 《论语·阳货》。

⑥ 《孟子·告子上》。

多数人死后的宿命，只有极少数人能成为神，成"神"的幸运儿在生前往往都具有"义行"[①]。如"通灵王庙，在府治南长桥下，祀汉铜官山赵监。吴王濞令监督胥靡采铜，不忍虐民之力。石压而死，故祀之"[②]，"(祠山)神姓张，名棣，生而神奇，将引苕霅二溪水通至广德，身为猪龙，掀泥掉石，被家人见，遂不果。后成神。夫邑之六十里水路未通，神之憾也"[③]，"舞阳侯庙，在县南十三里上柏镇，祀汉舞阳侯樊哙"，"侯，汉高帝故人也，夫人高后女弟。从起丰沛，卷蜀汉，定三秦，与项羽战荥阳，成皇间佐有天下，以元功定封舞阳侯，卒谥曰'武'"[④]，"宋潘丙、潘壬，长兴南乡人，太学生也。见史弥远废济王，不平，因纠乡兵立之。事败，济王遇鸩，丙、壬被诛，因欲屠湖州。弥远梦中见李太尉求免，遂追回大统制。一城生灵，俱拜李侯更生之赐，长兴至今敬事之"[⑤]，"王二相公神庙，神主西太湖，危急时呼之立应。李《府志》:神姓王，住安化区上埠下村人。父洪源，母苏氏。年十二，有客贩饼过湖，遭风舟覆，神乘芦席浮湖面，与客运饼，并救溺者无算。崇祯年间，斯圻湾浮小木二，神蹈木沉湖。常于湖面救人，因建庙祀之"[⑥]。

事实上，生前行义的人在历史长河中有很多，但绝大多数人死后都未能由"鬼"变成"神"。"鬼"与"神"的区别关键在于其是否显灵，或者说有无灵迹。传统社会中，"显灵"是人格神诞生的主要因素之一。需要指出的是，社会科学无法考证"显灵"的真假与否，也无意宣扬此类神迹，但我们可以通过对碑记文献关于"显灵"问题的讨论，探索哪些社会因素助长或抑制了民间信仰现象的发生和变化，或可为我们理解传统社会民间信仰的复兴与演化趋势提供一定的启发。"宋德祐丙子(1276)秋，巨寇蛮檀哨聚群盗，围绕新市，大肆劫掠。时有杨统官在镇守御，兵力不敌，民心惶惶。祷于灵感之庙，俄而，旌旗蔽空，神戈耀赫，即解而去。民获再安，皆神赐也"，"顺治丙戌(1646)四月一日，土寇陈万良侦城中无备，率乌合数

---

① [日]滨岛敦俊:《明清江南农村社会与民间信仰》，朱海滨译，厦门大学出版社2008年版，第169页。

② 万历《湖州府志》卷十四《坛祠》。

③ 光绪《孝丰县志》卷三《建置志·坛庙》。

④ 道光《武康县志》卷十《建置志·坛庙》引《舞阳侯庙记》。

⑤ 嘉靖《吴兴掌故集》卷九《古迹》。

⑥ 嘉庆《长兴县志》卷十《坛庙》引《鳌山王二相公庙碑记》。

千来攻东关。天微明，从大虹桥瞳相接而至。贼遥望城上旗帜隐隐，军容布列，大惊。及薄城，斫门，透一隙，守者从隙处发矢，射杀数贼。启门而出，贼奔溃，相蹂躏入河，死者无算。悉乡民揭竿担囊，恩逞其毒于城者也。时城守兵仅五、七人，全捍御功，人咸谓戴侯神兵力也”①。“万历间，尚书潘季驯治河，筑高家堰屡溃。一夕，梦赤面长髯者告曰：‘吾汉寿亭侯也。河有毒龙是祟，吾念公勤于王事，当为公斩之。’翌旦，白昼昏晦，风雷交作，河浪掀天。少顷，风雷并息，波面尽赤，得断蛟二，而堤以就”②，“惠应庙，在德清县东北梅林村，祀汉钜鹿太守魏霸。水旱疫疠，有祷辄应。宋建炎中，金虏犯境，大著灵异。嘉泰三年(1203)，赐今庙额”③。“吴总管祠，在禹王宫后，祀元巡检吴宪卿。征赣有功，没后屡显灵异”④，“延祐二年(1315)，赣蔡五九乱，上命平章张庐讨之。贼势甚炽，庐不能军。空中殷殷闻有声，呼‘平章勿恐，象州巡检援兵至矣。’平章仰视，惊喜之不胜，知公之不忘夫赣也。自是悉甲而前，兵声大振，赣复平”⑤。

尤其值得注意的是，朝廷的敕封对人格神的诞生也至关重要。我们不妨以关羽信仰为例来说明这个问题。自宋代开始，统治者开始敕封关羽，以宣扬其忠义精神。宋哲宗封其为“显烈王”，元代加封为“显灵义勇武安英济王”，明神宗赐其“协天卫国忠义帝”封号，清顺治皇帝更是加封其为“忠义神武灵佑仁勇威显卫国保民精诚绥靖羽赞宣德关圣大帝”。关羽信仰的民间版本纵然有千差万别，但在关于何谓正统关公的问题上，国家具有最大的话语权。对此，华生(Watson，1985)认为国家的敕封是地方神明“标准化”的关键所在。⑥ 旧时，湖州民间信仰中的诸多神祇也频繁受到统治阶级的敕封，甚至惠及妻女。除陆圭及其三个女儿外，德清县新市镇永灵庙的敕封是非常具有代表性的。“永灵庙，续前《志》，神姓朱，名泗。晋武帝咸宁五年(279)伐吴，次年，孙皓降，至元帝永昌元年(322)阵

---

① 康熙《德清新志》卷十《杂志·异闻》。

② 乾隆《乌程县志》卷九《祠祀》引《董份关公庙碑》。

③ 万历《湖州府志》卷十四《坛祠》。

④ 民国《双林镇志》卷十《祠墓》。

⑤ 民国《双林镇志》卷十二《碑碣》引《吴总管祠碑》。

⑥ 转引自黄雅雯：《精英与通俗？——读〈中华帝国晚期的大众文化〉》，《西北民族研究》2015年第2期。

亡，则侯实生于己亥，卒于壬午，年四十四岁"[①]，湖州府一个市镇的"土神"，在绍兴九年至端平三年(1139—1236)不到百年的时间里，屡次获得敕封：

> 敕湖州府德清县新市镇永灵庙土地保宁将军：维神之灵，覆护一方。曰雨曰旸，随祷而获。肆加显号，用答殊休。永佑我民，歆于世世。宜特封显佑侯，绍兴九年(1139)五月日。
>
> 敕湖州府德清县新市镇永灵庙显佑侯：朕自即位以来，修崇祀典，及有功德于民者，赐号加爵，惟恐其后况。尔神庙食此方，曰雨曰旸，随祷辄应。部使者顺民之请，以状来上，兹用申加二字，以烜赫厥灵。其益彰显惠民，亦永永丕享。可特封显佑通应侯。
>
> 敕湖州府德清县新市镇永灵庙显佑侯妻：幽明之理一也，妇人无爵，从夫之爵，今尔神既已进爵为矦，申加显号。则于厥配讵可阙无褒宠兹用，并赐嘉名，封以小君，尚其阴相，滋侯庙食。可特封协惠夫人。庆元二年(1196)八月日。
>
> 敕安吉州新市镇永灵庙显佑通应侯：朕操庆赏之权，以爵有功，其于神犹人也。尔以晋永嘉之大将，逮周广顺，以启封垂，庇一方血食。自古旱干有祷，响答如应。比岁以来，灵异尤著，蝗孽随风而入水，寇巢托梦以指述，既功状之上闻，岂宠章之可缓，侯封赠二，庸侈神休，加惠我民，俾世世享。可特封显佑通应惠利侯。端平三年(1236)十二月日。[②]

---

① 民国《德清县新志》卷三《建置志·坛庙》。

② 正德《仙潭志》卷五《记载》引《永灵神号加封记》《重修新市镇永灵东庙碑记》。

第五章　民间信仰的社会生活呈现与表达

在传统社会，以家庭为核心的信仰共同体是民间信仰赖以存在和发展的重要基础，也是中国民间信仰空间系统的起点。村落、市镇是由不同的家庭及家族基于共同的地缘关系结合而成的，其内部的日常信仰生活是以来自不同家庭的人们共同参与的集体祭祀活动为表征的，是各个家庭信仰的重要补充和提升。这种信仰空间是村落、市镇内部用来举行集体祭祀活动的地方，被赋予一定的神圣含义。其中，既包括具有明显信仰符号和普遍象征意义的空间，例如庙宇或临时搭建的神棚等，也包括不具有明显信仰符号但却在特定情况下为当地民众所信奉的某些器物，例如道路、水井、树木、洞穴等。庙会，是指在寺庙内或附近举行的酬神、娱神、求神、娱乐、经贸等活动的集会，具有跨家庭、家族和村落的特点。这种祭祀活动令寺庙所具有的空间神圣性更加广泛，参与的世俗人群也更为庞杂。村落、市镇及庙会的信仰空间也会随着信仰主体的需要而发生位移。因为人们既可以设立、废除或移动某一座庙宇或庙宇中的某一尊神像，也可以根据自己的需要选择进入哪一座庙宇，或敬奉哪一位神灵。某种程度上说，社会生活的公共性、移动性、时间性是民间信仰社会适应力的集中体现，受到民众信仰的实用理性等特征的制约。

一、信仰与市镇的兴起及空间变构

明清以来，市镇的渐次兴起与繁盛是江南经济史上最引人注目的事件。考察市镇兴起的源头，我们发现地方民间信仰本身就是市镇集结、形成的路径之一："围绕地方神庙形成的区域中心不断拓展着江南民众的生存活动空间，并且在此基础上集结各种资源，最终形成为一定地域内的经济中心"[1],"正是人们围绕庙宇与神灵所举行相关的民间信仰活动,带来了相应的人流和物流,久而久之,便可能促成新的市镇的集结。而当市镇逐渐成形之际,一座香火兴旺的庙宇则更成为了地域共同体一致的心理需求"[2]。宋代以后,具有明显地域特色的以土神与城隍为代表的民间信仰,与商业相结合,成为影响市镇空间结构的重要因素。市镇空间结构的核心,我们可以称为"庙桥市"制,即镇庙和庙前广场与庙桥,以及四周的"市"共同组成的复合空间,这一核心我们近乎可以认为是市镇空间拓展的起点和动力[3]。通过对南浔、双林、菱湖、新市、晟舍、乌青等市镇空间结构的分析,我们可以证实因共同民间信仰而作为市镇兴起和空间变构核心的存在。同时,我们必须指出的是,民间信仰固然是市镇兴起与空间变构的重要途径,但是对其作用也不能过分夸大,而只能把它看作是市镇兴盛的原因之一。

(一)南浔镇起源论蕴含的民间信仰元素

南浔镇在湖州乃至江南市镇中颇具代表性,它扼苏浙边区门户,处于苏杭嘉湖四地的中心点上,是湖州至嘉兴、苏州、上海水陆交通必经之路,在商业和货运方面,占有极其重要的地位。明末清初时,南浔已是"阛阓鳞次,烟火万家,苕水流碧,舟船辐辏,虽吴兴之东鄙,实江浙之雄镇"[4]。到了清道光年间,南浔"东西南北之通衢,周约十里,郁为巨镇"[5]。如果我们将区域社会史的眼光重点从宏观社会转向微观社群——市镇的兴起,无疑面临着一个最实际、最直接的问题:作为社群的市镇研究,缺乏历史文献。就如历来研修南浔地方史专家们的无奈感叹:"无如浔偏隅也,无典籍引稽,其得之传闻无证者什之七,即散之稗官而未可信者什之三。地

---

① 王健:《利害相关:明清以来江南苏松地区民间信仰研究》,上海人民出版社 2010 年版,第 136 页。

② 王健:《利害相关:明清以来江南苏松地区民间信仰研究》,上海人民出版社 2010 年版,第 141 页。

③ 乌再荣、鲍家声:《明清江南民间信仰与市镇空间结构》,《城市规划学刊》2011 年第 2 期。

④ 同治《南浔镇志》卷一《疆域》。

⑤ 道光《南浔镇志》卷首《凡例》。

于吴兴最佳丽，不幸而数百年文献无征，良可一概。”[①]这样，南浔历史几乎“十之七”得之于民间“传闻”。应该说，南浔的情形具有相当的普遍性。可以说，对于试图构拟社群历史的学者来说，如何面对民间传说、民间信仰、民间传闻这类遗产已成为一个必须解决的问题。刘易斯·芒福德认为，宗教圣地或者说庙宇具有一些“精神的”或超自然的威力，吸引着各方人口前来朝觐，进而使人口开始聚集，而“市场的那些功能——取得货物，贮存货物，分配货物——原来是庙宇来承担的”[②]，“郊区的寺庙不但可供市场交易，往往还容纳商旅住宿，有邸店之功用”[③]。作为民间信仰载体之一的寺庙、宫观，对市镇的兴起有着相当程度的影响。

从人类聚落形态的发展历程来看，“自农村聚落成长为城市聚落是通常的发展路径，市镇则可以视为居于农村聚落与城市聚落之间的聚落类型”[④]。而南浔镇的形成，实际上就是一个从村落发展到市镇的渐进过程。据叶美芬教授考证，南浔镇的成型“胚胎”是浔溪村和南林村[⑤]。南浔镇早在唐代就建有庙宇——祗园寺，吸引着各方香客。到南宋时，土地堂的出现更是为当地社群生活提供了一个中心市场，每年初夏庙会开始后，远近人口汇聚于此长达四个月之久，从而带来了当地的兴旺与繁荣。南林本为寺庙名，父老相传，吴越王钱弘俶于五代后周显德年间(954—960)建南林寺，后毁于火，改称报国寺[⑥]。董说于《楝花矶随笔》曾言：“南林者，古寺名……”[⑦]据此，可推知南林大致是在北宋时期渐成村落的，其发育甚至还早于浔溪村。“因为在江南，恐怕在全国亦是如此：有块风水宝地，建了寺庙，有了香火，香火相继，村以寺名，便成了南林村。”[⑧]旧时南林寺附近有

---

① 同治《南浔镇志》卷三十一《集文》。

② [美]刘易斯·芒福德：《城市发展史——起源、演变和前景》，宋俊岭、倪文彦译，中国建筑工业出版社2005年版，第9—11页。

③ 赵冈：《中国城市发展史论集》，新星出版社2006年版，第171页。

④ 叶美芬、邵莹：《从村落到市镇：南浔镇起源探微》，《浙江社会科学》2007年第6期。

⑤ 叶美芬：《南浔古镇史料研究》，上海远东出版社2008年版，第147页。

⑥ 朱从亮纂辑：《南浔文献新志》，朱仰高校勘，未刊稿，第57页。

⑦ 民国《南浔志》卷三十六《碑刻一》引《楝花矶随笔》。

⑧ 小田：《民间传说的社会史内涵——以一个江南市镇的成长历程为依托》，《河北学刊》2006年第1期。

土地堂,曾有庙会,每年初夏至农历九月初五,"七社人烟"云集于土地堂,"贸易者先期而至,手技杂戏毕集,报赛演剧无虚日"[①],从而形成了一个典型的寺庙型聚落,即南林村。虽然土地堂的建立时间无考,但传说表明,南宋初年,土地堂已经存在,换句话说,至迟在南宋初年,南林已成村落。

浔溪最初并非地名而是河名,但我们知道整个太湖流域人类文明及其聚落的发展,无不与河流水域的分布有着密切的关系,亦所谓"水之所聚即为地气之所钟"[②],南浔自当不例外,它依托的正是浔溪。浔溪因有利于农田水利和交通运输,对地方的繁衍起着十分重要的作用,所以早有人口在此落户从事农业生产。随着农业的发展和商品交流的频繁,沿溪定居者日众,逐渐形成了具有一定规模的村落,因地处浔溪之滨,故该地名浔溪村。宋人洪迈在志怪小说集《夷坚志》中已经明确使用了"浔溪村"的称谓。《徐三为冥卒》一篇中就有如下叙述:"湖州乌程县浔溪村民徐三者,绍兴十五年(1145)七月中暴死,四日而苏,言追至冥府……"[③]南浔镇的"胚胎"即浔溪村与南林村,到南宋时已经"发育"成熟,可能形成了某种"似城聚落"。浔溪村位于平江与临安间水陆交通的要冲,漕粮运输频繁,浔溪桥的架设则进一步带来了商业的繁荣,浔溪村由此成为农产品集散的重要口岸。南林村则由于土地堂、南林报国寺等寺庙的存在,吸引大量百姓来此进香朝拜,从而形成了繁华的庙会,商业自然也兴盛起来。随着商业的繁荣,货运的畅流,地方手工业也得到了发展。商业和手工业的发展,使南浔地区的市场更趋繁荣,人口也相应增多,已经完全达到了市镇规模,非一般自然村落可比。但就如英国城市学家保罗·惠特利所说:"无论经济……引发了社会组织中的怎样的结构性变化,这些结构性变化一定要得到某种当政机器的支持才能获得制度化的持久性。"[④]南浔镇的"诞生"及其早期发展,在某种意义上就印证了这一论断。宋室南渡建都临安后,出于战争军需的考虑,在南浔设官建镇课税,最终导致了两村合并形成"南浔镇",其名就是取南林之"南"字,浔溪之"浔"字而来。合并

---

① 道光《南浔镇志》卷一《方舆志·风俗》。

② 民国《南浔志》卷首。

③ 《夷坚志》己志卷二十《徐三为冥卒》。

④ 转引自[美]科斯托夫:《城市的形成——历史进程中的城市模式和城市意义》,单皓译,中国建筑工业出版社 2005 年版,第 32 页。

后，南林和浔溪成为南浔镇的别名。浔溪作为别称更常见，如明末潘尔夔《浔溪文献·序》中载有“浔溪，苕东古镇也”，《志馆采访启》中载有“岂可使浔溪大镇纪载蔑焉”①，康熙六十年(1721)，谈九乾《广惠宫碑记》还有“浔溪一镇”②之说。此时，南浔镇“市井繁阜”，已经分为了七巷，《嘉应庙敕牒碑》中即有“七巷社首”③的字样，日本学者斯波义信也曾指出，南浔实际上“已远远超过一般县城的规模而发展成为城市”④。

此外，日本人类学家柳田国男也发现，以民间信仰为载体的民间传说的特点是“有其中心点”，所谓“中心点”，指“传说的核心必有纪念物，无论楼台庙宇，寺社庵观，也无论是陵丘墓冢，宅门户院，总有个灵异的圣址，信仰的靶的，也可谓之传说之花坛，发源的故地，成为一个中心”⑤。中心点不但是民间传说产生的客观凭借，也增加了它的史实含量。民间传说既然常常凭借中心点而存在，那么，许多民间传说实际上就成为某种纪念物由来的解释和说明。毕竟“人证”(受众)、“物证”(纪念物)俱在，传说者在解释纪念物的由来时，必然受到社群的检验，至少在关于社群事件的历史顺序和空间格局方面，大致不离。因此，民间传说不能仅仅看作是观念史的素材，它与真正的“过去”之间也存在着特殊的关联，尽管在大多数情况之下，这样的关联并不是直接的。然而，“对于有如市镇这样的社群来说，早期的形成过程常常是一个难以确定的问题。原因很简单，尽管其起源并不久远，但最初人们并没有在意它的存在，等到它有些影响，试图追踪其早期行迹时，却又无法找到它的文献依据。因而，充斥于社群间的大都是一些经不起推敲的，作为民间信仰载体的民间传说”⑥。或许因为别无选择，社会史学者开始认真对待民间传说，并从中发现了暗藏其间的历史价值。为此，我们不揣固陋，期据现存史料，通过考察南浔镇起源的民间信仰“烙印”，以期在更为广阔的视野中展现江南市镇形成的“宗教”明

---

① 民国《南浔志》卷四十七《集文二》。

② 民国《南浔志》卷三十八《碑刻三》。

③ 同治《南浔镇志》卷二十五《碑刻一》。

④ [日]斯波义信：《宋代江南经济史研究》，方健、何忠礼译，江苏人民出版社 2001 年版，第 398 页。

⑤ [日]柳田国男：《传说论》，连湘译，中国民间文艺出版社 1985 年版，第 26 页。

⑥ 小田：《民间传说的社会史内涵——以一个江南市镇的成长历程为依托》，《河北学刊》2006 年第 1 期。

晰脉络。

史料清楚地表明：康王寺系由褒能古寺旧址在"崇祯时"改建而成。至于褒能古寺出现于何时，借助"泥马渡康王"传说可知，当在康王南渡，即南宋建立之前。报国寺，前身为南林寺，建于"唐五代显德年间"(954—960)。南林桥，大体上应与南林寺同时。这里，土地堂与康王寺、报国寺、南林桥等同时出现在"泥马渡康王"的传说中，可以得出一个基本结论：土地堂的出现当在唐五代显德年间之后、南宋建立之前；换言之，南林于北宋时期渐成村落。最后，需要强调的是，假如没有"吴越王建南林寺"的"父老相传"，我们无法知道南林成村的上限；而没有"泥马渡康王"之说，我们既不知道土地堂与康王寺和报国寺有过或长或短时间的并存，也不能确定这些物化景观至迟出现的时间(南宋初)，即南林成村的下限。对于"泥马渡康王"这则传说，"传说者的动机是想借助于某个在中国历史上具有重大影响的历史事件，来渲染地方历史和地理的神圣性，这样，地方社群通过与'重大历史事件'的钩连进入皇朝编年的框架，从而被赋予了一定时代特征"①。

南浔镇兴起伊始，其关键性的标志是北宋政和年间浔溪桥之建成。其实，在江南水道十字交汇处架桥，往往不是聚居成村的要素，而是招商成集的条件和象征。换言之，北栅的浔溪一开始就不是村落，而是集市。当然，这时南栅的南林也已经是一个"丝米农贸市集"②。但与浔溪不同，在成为"农贸市集"之前，南林经历过一段村落过程。因此，可以这样说，南浔的前身是南林村，南栅这个村落首先发育为市集，再向北栅的浔溪扩张，于是，浔溪因为地处交通要津(通津桥之名以此而来)而成为市集的一部分。如此大的"市集"称之为市镇自然更为合适，南浔镇遂应运而生。

(二)"庙桥市"制的市镇空间核心要素

市镇与乡脚共同构成了一个基层的市场共同体与社会共同体。市镇是乡脚的经济中心与宗教中心，乡脚是市镇的辖区。商业发展使农民生

---

① 小田：《民间传说的社会史内涵——以一个江南市镇的成长历程为依托》，《河北学刊》2006年第1期。

② 朱从亮纂辑：《南浔文献新志》，朱仰高校勘，未刊稿，第69页。

活超越了传统的以“社”为核心的村落空间。在江南河道纵横的自然环境中，水路交通的便利成为最初某村归属于某镇的重要因素，这种以市镇为中心、以乡脚为边界的空间，即为施坚雅所描述的“市场共同体”，它们的地理空间“呈正六边形结构”[①]。经济发展可以导致社会结构的变迁和社区空间的拓展，却不能消除乡土社会赖以凝成的核心——共同信仰。市镇与乡脚所构成的不仅是一个经济组织单位，也是一个基层乡土社会，“乡脚”的空间不仅是市镇的商业辐射区，同时也是具有共同信仰的乡土社会群体生活的空间领域。“村落不是一个自给自足的宗教活动单位。但凡遇到干旱、蝗灾或水灾，所有宗教和巫术的活动都在该区的镇内举行。镇不仅是经济中心，也是宗教中心。”[②]市场共同体和基层乡土社会统一在市镇空间中，以镇庙和镇市结合成为市镇空间的核心，是镇内举行类似宗教仪式的庙会的空间载体。这种以共同信仰而凝成的地缘社会结合，“是一个以市镇为中心，与周边村落构成一个直接互动的生活共同体”[③]，我们可以称其为“社会共同体”。

在这一共同体的地理空间结构上，典型特征是市镇的出入口——四栅。四栅是市镇对外沟通的出入口总称，是市镇与乡脚的边界。四栅晨启晚闭，类似城门，以保障市镇的安全。一般市镇均有水栅和陆栅，“四栅”的出现标志着市镇不同于乡村的性质[④]。双林镇“分东、南、西、北四栅，东栅自虹桥以西迤南至北和睦兜、石墈北、谈家桥，西至闵家巷、经堂巷，北至菩提庵基东荡止；南栅自南和睦兜以北，东至沈家巷、陆府前、东庄湾，西至耕坞桥、墨浪湖分界，北至环兴桥、浮霞墩止；西栅自大通桥以东，东至太平桥，南至耕坞桥，北至刘家塘止；北栅自荡口以南，南至横街，东至东荡西，西至太平桥、薛家汇止，塘北汲水港以东至东岳庙附于北栅”[⑤]。

---

① [美]施坚雅：《中国农村的市场和社会结构》，史建云、徐秀丽译，中国社会科学出版社 1998 年版，第 28 页。

② 费孝通：《江村经济——中国农民的生活》，商务印书馆 2001 年版，第 73 页。

③ 小田：《江南场景：社会史的跨学科对话》，上海人民出版社 2007 年版，第 407 页。

④ 乌再荣、鲍家声：《明清江南民间信仰与市镇空间结构》，《城市规划学刊》2011 年第 2 期。

⑤ 民国《双林镇志》卷一《方域》。

旧时乌程县乌青镇有“跨镇南北河十桥”，其中“登瀛桥在崇福宫北，俗名栅桥，乾隆二十一年(1755)重修。……乡思桥在利济桥南，明万历二十二年(1594)，镇人夏熏倡建”；“跨镇西河七桥”中，“望佛桥，对密印寺山门”；“乌镇街自南至北凡十二桥”，“黄家板桥在普宁桥北感古集，嘉靖间，镇人杜应璿易石，上有小庙，康熙二十五年(1686)，奉旨禁淫祀毁去。……利济桥在利济寺北，乾隆五年(1740)重建，同治七年(1868)又重建。……飞盖桥北堍有总管堂”；“乌镇西街自安利桥至西栅凡八桥”①。

菱湖镇龙湖书院旧有文昌阁，民众架石修元宰桥在书院前。元宰，即丞相。“元宰比肩于尚父，中铉继踵于《周南》”②，寄托着读书人企求“学而优则仕”的心境。永宁桥，“环石三拱，……或云：灵山山脚在桥下，桥上建亭，供五圣神像于东堍”；拱宸桥，在“南圣宫前，俗呼‘南圣宫桥’，形家谓灵山山根结穴于此”；斜桥，“环石三拱，上筑墙垣，并立神庙以掩去水，庙塑武帝、财神，市人岁时酬献”③。

德清县新市镇，别名“仙潭”。仙潭同时又是镇上三潭，即跃龙潭、仙潭、神驾潭(陈家潭)之一。“三潭，旧传通济桥下为一潭；通仙桥下为一潭；米漾桥下为一潭。今皆浅浊淤狭，难于舣船。意当时清冷渊静，故为神仙所游泳。乃知岁久变迁，为市民所侵多矣。”④仙潭湾之东有“通仙桥，今呼仙潭湾桥”⑤，“设真人祠于潭上，桥之北旧有额曰‘仙潭’云”⑥。三桥埠在“(德清)县北七里，自平远门至埠有三桥，故名。一北津，一杨楠，一太平，舟楫交通，商贾辐集，向有课税局，今废。《逸志》云：一嘉定，一上市，一指南，指南即杨楠也。……三桥埠距市集一里，市长亦里许。百货列肆，所宜咸有，繁华胜于县中，过市集左右皆田亩”⑦。其附近有三座庙宇：“普济庵在三桥埠，唐咸通五年(864)建，侃禅师开山，元毁，洪武六年(1373)，僧维桢重建，国朝乾隆十二年(1747)，僧尚宏重建。……金粟庵

① 民国《乌青镇志》卷十三《桥梁》。

② 《文选・王融〈三月三日曲水诗序〉》

③ 光绪《菱湖镇志》卷八《舆地略・桥梁》。

④ 正德《仙潭志》卷一《山川》。

⑤ 正德《仙潭志》卷二《桥梁》。

⑥ 顺治《仙潭后志》卷末《跋》。

⑦ 民国《莫干山志》卷二《市村》。

在上市桥，即东几庙。逸廛庵在上市桥，旧名陈家庵，明御史陈乾阳建，国朝乾阳之孙懋贻舍，故更名。”[①]《莫干山志》所载“三桥”的两种界定，除“嘉定桥因嘉定山得名”外，其余修建者均为僧道或有僧道参与：“北津桥，明洪武元年(1368)，僧善建建；杨楠桥，南宋建炎元年(1127)，僧无尽建，明洪武三年(1370)，道士丁介然重修；太平桥，洪武元年(1368)，僧惟真建，国朝乾隆初年，里人募建；上市桥，雍正年间，道士柏体仁、僧月朗募建。”[②]筹集组织民间资金，开展修路、架桥等活动，是宋代以来佛教、道教力量参与基层社会经济开发常见的一种形式。西晋沙门法立、法炬共译的《佛说诸德福田经》对“七福田”的叙述中就有“安设桥梁，过度羸弱”的概括，兴修桥梁成为一种佛教功德，且往往由僧人主其事。因为僧人具有极高的威望及化缘募斋的经验，易于从官吏与乡民那里获得钱财与人力的资助。僧人这种善举的示范，一旦在乡民心里产生作用以后，许多乡民就会热心从事公益事业，如筑路、植树、打井、修桥、清理涉水河道等，这是佛教对其规范的良好体现[③]。

双林镇放生桥“在和睦兜，东接太君堂，西达南兜，起建年代失考，本木建，嘉庆十九年(1814)甲戌募修，甃以石”；万兴桥“俗呼土地庙桥，在禹王庙，木建，乾隆乙卯(1795)改石”；盒子桥“在东岳庙前，低舆地平，不通舟楫，一名庙桥”；广福桥“在陆总管庙前，康熙辛丑(1721)，闽粤商人建”；三元桥“东有三官殿，故俗称‘三官桥’，乾隆己酉(1789)重修，改名三元”；倪家桥“在倪家堧，桥北有庙”；西林桥“桥西南畔有鬼神坛”。[④] “镇有凤形，普渡桥为首，虹桥、大通桥为翼，万元、化成、万魁三桥乃尾也。……化成桥跨塘，居三桥之中。……桥畔向缆客舰，多乘夜行，谓之‘夜航’。埠桥上设立灯杆，斓然如画，四方商贾望杆云集。”[⑤]在三桥之间，有大大小小的庙宇五座：“六总管庙，在化成桥南。……关圣庙，在化成桥直北碑亭。……禹王宫，在万魁桥南，旁有土地堂，故又称土地庙。……财神堂，在万

---

① 民国《莫干山志》卷五《寺庙》。

② 民国《莫干山志》卷四《桥梁》。

③ [法]谢和耐：《中国5—10世纪的寺院经济》，何高济译，上海古籍出版社2004年版，第275页。

④ 民国《双林镇志》卷五《桥梁》。

⑤ 民国《双林镇志》卷五《桥梁》。

魁桥南堍,上有三义阁。……吴总管祠,在禹王宫后。"[①]新街"在禹王庙东南,东至塘桥巷陆府尹珩旧第,万历初创为街。……港水自广福桥进弯,至街西头止,名'里庙兜'。两旁店廊即行路,南即古新街,此名天宁街,今尚有天宁阁在街西,旧是有西向一廛","塘桥巷口至明月桥为中横街,……横亙一镇之中,商贾汇集之地"。[②]

(三)祖宫记忆的塑造与镇域庙界的形成

滨岛敦俊在《总管信仰》一书中注意到了台湾的祭祀圈理论,并提示要注意台湾与江南社会经济构造方面的差异可能对祭祀圈构建产生的影响[③]。在滨岛论著的启发下,笔者认为,在明清时期的湖州地区,与民众的信仰生活相结合,同样也存在着若干类型的祭祀圈,它们的形成、发展既与民众的心理需求相关,同时也是湖州经济社会变迁的产物。如风云雷雨山川坛、社稷坛"程、安二县统祀于府",风云雷雨山川坛"安邑备祭品,春秋上巳日祭",社稷坛"程邑备祭品,春秋上戊日祭"[④],无疑可以视为跨县域的祈求农业丰收的自然神祇祭祀圈[⑤]。

跨村落祭祀圈是建立在"村落内祭祀圈"[⑥]基础之上的,其最本质的特征就是在各村落之间形成了一个中心庙宇,围绕这一中心庙宇及其神灵而形成的祭祀组织及相关活动就组成了所谓跨村落的祭祀圈。湖州清明有游含山的习俗,一般前后三日。三日以后,即清明第六天(当地俗称"六

---

① 民国《双林镇志》卷九《庙寺》、卷十《祠墓》。

② 民国《双林镇志》卷四《街市》。

③ [日]滨岛敦俊:《总管信仰》,日本研文出版社 2001 年版,第 175、219 页。

④ 乾隆《乌程县志》卷九《祠祀》。

⑤ 台湾学者林美容曾经提出,一个祭祀圈的成立必须满足以下几个条件中的两项或以上:一是共同出资修建神庙;二是收丁钱或题缘金;三是演出公戏;四是头家炉主;五是巡境;六是其他共同的活动,如宴会等等。清代湖州府及乌程、归安二县关于风云雷雨山川、社稷的祭祀,已经基本符合了林美容所提及的祭祀圈成立所需要的基本条件。参见林美容:《由祭祀圈来看草屯镇的地方组织》,《"中央研究院"民族学研究所集刊》1986 年第 65 期。

⑥ 有学者指出:村落内祭祀圈尚未足以构成一个自足的祭祀(信仰)单位时,一个最为显著的特征就是,在该类祭祀圈内部还并不存在类似于巡境的活动。因此从某种程度而言,它还只能被看作是一种准祭祀圈。参见王健:《利害相关:明清以来江南苏松地区民间信仰研究》,上海人民出版社 2010 年版,第 63 页。

清明”)，山下诸村尚有“马鸣会”的习俗，以含山蚕花殿为中心，亦属蚕神祭祀活动。含山脚下紧挨着三个自然村，即山北村、辅家浜村及分金村。山上蚕花殿中之马鸣王菩萨系由山下这几个村合力捐资雕成，据说雕神像的枣树就出在山北村，因此当地有马鸣王菩萨“娘家是山北村，外婆家是分金村”的说法①。出会自这一天的清晨开始准备，山下诸村每户出一至数人，上山进庙，焚香点烛祭祀马鸣王，并请道士拜一堂“马鸣忏”。然后大家齐在山上用素席，席后便开始出会。出会队伍一般从北面下山，经山北、辅家浜、分金村，恰好绕山一周。其中至山北、分金村时都要停一下，进村“坐茶”，即由村里人泡茶或糖汤招待客人。绕山一周一般至黄昏时分，队伍重回山上，将菩萨归位便告结束。在湖州地区，围绕某一中心庙宇与神灵形成的跨村落的祭祀圈及其组织实际上成为当地百姓日常生活运作的最小单位，神灵及相关祭祀作为日常生活的一部分，其意义就“在于型塑了相关居民的共同体意识，同时也带动了社区内部及社区之间的交流沟通”②这种共同体意识，我们暂且将其称为“祖宫记忆”，其对于祭祀圈的形成有着不可估量的影响。

长兴县白岘乡境内流传着一则传说：夏朝大禹治水时，有一干将跟随左右，后因治水有功，被人尊称为“祠山菩萨”，供奉于白岘乡吴岕口村的一个庙宇中，另传说这位干将的前身是一只野猪精，因而祠山菩萨的面具是黑色的。另外还有供在襄阳岭庙中的“禹王菩萨”，他是大禹的象征，是祠山菩萨的娘舅，因而后者需要朝拜前者。吴岕口村祠山庙“祠山菩萨”画像前的供桌放有黑、白、红、黄、青五种颜色的木刻面具头像，头戴官帽，面具上有獠牙。平日里，这些面具都用“毛堂纸”包起来存放在箱子内，待到每年农历十月十一日开始，村里人就要把菩萨(面具)一个个请出来，到十一月十四这一天，各路菩萨全部出动，称为“出会”，各村的“小辈菩萨”们都等在村外迎接朝拜，与行路队伍汇合后，再往另一个村汇合下一个菩萨。每一个村的队伍都有至少二十人。最后，各路菩萨到“祠山庙”朝拜祠山菩萨，再由 16 人抬着祠山菩萨到襄阳岭一起朝拜禹王菩萨，整个“出

① 李顺大，79 岁，湖州市南浔区善琏镇分金村人，施敏锋根据 2011 年 4 月 10 日采访记录整理。

② [日]滨岛敦俊：《明清江南农村社会与民间信仰》，朱海滨译，厦门大学出版社 2008 年版，第 43 页。

会"过程才算结束。[①]

历史记忆是民众对发生在过去的事件的一种集体定位。因为它是民众间的集体性的定位,说明它具有普遍的社会影响,是民众间的一种共识。但是,作为民众间的共识,历史记忆是否就是客观历史本身?借用涂尔干的话,这属于"社会性事实"的范畴,它的历史内容可能是虚构的,但其社会影响则是不容否认的事实[②]。蚕神信仰可以说是湖州地方上的一种重要的文化资源,周围村、镇的信徒出于地域认同的需要,显然都希望蚕神的祖庙(或总坛)位于自己的地域范围。马鸣王菩萨的"娘家、外婆家",禹王菩萨是祠山菩萨的"娘舅"这些词汇的出现,"祖宫记忆"扮演了一个相当重要的角色。这种"祖宫记忆"在"笔祖"蒙恬信仰中亦可见一斑。湖州市南浔区善琏镇,是湖笔的发源地,素有"湖笔之都"的美称。善琏镇的起源建立在一个传说之上:蒙恬被秦始皇遣往江南购置珍玩,他因私自将银两用于赈灾而不敢回朝,在善琏西堡村的永欣寺小住。其间,蒙恬偶然救下西堡村的溺水女子卜香莲,两人互生情愫。一次打猎归来途中,蒙恬发现山兔毛可供制笔,将兔毛纳入竹管,卜香莲又在无意间用石灰水将兔毛脱脂,制成毛笔。从此,在蒙恬夫妇的传授下,西堡村民世代以制笔为业,并祀蒙恬为"笔祖"。在叙述这个故事时,村民卜水清能精确地复述每一个细节,还会不时强调:"卜香莲很聪明的。"[③]卜水清是现在西堡村唯一姓卜的人,根据当地世代相传的说法,她家是"笔祖娘娘"卜香莲的后人。"你别看附近有个卜家堰村,他们都是后来的。"卜水清用不容置疑的口气说道。新中国成立前老蒙公祠还没被烧毁时,蒙恬像是要从镇上游行到西堡村的,"以前的善琏就在这里(指西堡村),码头那边是后来才建镇的,游回来表示不忘本"[④]。蒙公生日那天,笔工们都要去摸"笔祖"夫妇的手,祈求来年手艺见长,生意兴旺。每年农历三月十六"笔祖娘娘"

① 章爱牙,83岁,湖州市长兴县白岘乡吴岕口村人,施敏锋根据2011年7月4日采访记录整理。

② [法]爱弥尔·涂尔干:《社会学方法的准则》,狄玉明译,商务印书馆1995年版,第47页。

③ 卜水清,70岁,湖州市南浔区善琏镇西堡村人,施敏锋根据2012年10月30日采访记录整理。

④ 谢善发,73岁,湖州市南浔区善琏镇西堡村人,施敏锋根据2012年10月30日采访记录整理。

卜香莲的生日虽然被其他村民关注的程度小一些，不过卜水清家会放挂鞭炮，点上蜡烛，“毕竟是娘家人嘛”。

法国学者哈布瓦赫指出：“人们通常正是在社会之中才获得了他们的记忆的。也正是在社会中，他们才能进行回忆、识别和对记忆加以定位。”也就是说，记忆依赖于社会环境，依赖于社会的集体记忆。在此基础上，哈布瓦赫认为个体记忆与集体记忆间又是互为实现的：“个体通过把自己置于群体的位置来进行回忆，但也可以确信，群体的记忆是通过个体的记忆来实现的，并且在个体记忆之中体现自身。”①在地方认同意识的支配下，信徒“祖宫记忆”的塑造也直接导致了镇域“庙界”的出现。所谓“庙界”，顾名思义，“就是指一个神庙的神灵所管辖的地域范围”②，也就是不同祭祀圈的边界所在。史料表明，在明清以来的湖州地区（尤其是市镇），民众对这样的边界，往往有着比较明确的认识，而这种认识我们或可视为民众信仰需求与表达的一种历史积淀以及祭祀圈的民间表达。在最初的意义上，土地庙是庙界构成的核心。历史上的土地庙与里社有着密切的关系，明初建立的里社制度曾将地方信仰与基层的乡里制度联系在了一起，此后制度虽有变迁，但是其影响却一直是存在的：“凡各处乡村人民每里一百户内立坛一所，祀五土五谷之神，专为祈祷雨炀时若，五谷丰登，每岁一户轮当会首，常川洁净坛场。遇春秋二社，预期率办祭物，至日约聚祭祀。……务在恭敬神明，和睦乡里，以厚风俗。”③正是围绕着土地庙（或社庙），湖州从明清以来在基层市镇中就形成了所谓的庙界，并产生了各类祭祀组织与祭祀行为。“吴羌山观音大士像，逢岁旱，须由淡竹坞农请下之，恳官往祈雨；岁潦，由十七区农请下之，官乃祈晴。时禁屠宰，县署停征，系遇灾慰遣之举。”④

乌程县乌青镇祭祀土地神的“东西庙”典型地反映了地域认同意识对庙界形成的影响。张侃《重修土地庙记》云：“湖秀之间有镇焉，画河为界，

---

① [法]莫里斯·哈布瓦赫：《论集体记忆》，毕然、郭金华译，上海人民出版社2002版，第68—71页。

② 王健：《利害相关：明清以来江南苏松地区民间信仰研究》，上海人民出版社2010年版，第75页。

③ 《明会典》卷九十四《礼部五十二·里社》。

④ 民国《德清县新志》卷二《舆地志·风俗》。

西曰乌镇，东曰青镇。名虽分二，实同一聚落也。镇各有土地神，号为东西庙。西则土地广袤，居民阜殷，庙当往来之冲，献享旁午。东则土宇，居民不及三分之一，庙又僻在塔院东南隅，出入必径奉牲酒以告者，往往患其溷图而罕至。其祠宇或兴或废，不若西庙之缮理有人，常久不替。非神之威灵偏有显晦，盖其所托之地势然也。……二庙之神虽各分地受职，其精爽交通，如水行地中，无往不在；报应响答，非有彼疆此界之异耳，使两镇之人勿贰尔心而曰吾镇事吾神而已。"①

长兴县城的社庙也体现出明显的"庙界"："盛渎社庙，在宜春门外，县东兴坊及宜春门外居奉以为社神。……云鹤社庙，在承恩门外杨柳湾，……城中西北隅居民奉以为社神。……都监社庙，在嘉会门内，城南居民奉以为社神。……许郎社庙，在神武门外冲真观旁，神武门内及河泊所街居民奉以为社神。"②旧属归安县的菱湖镇"福增乡社神祠，像供茶亭，祠未建，神姓张，衔称张大明王。崇礼乡社神祠，向在北栅，里人吴瑶舍地建于秀溪桥畔。神姓沈，名相，字仲卿，德清县白彪里人，秉性耿直，尽毁南渡诸邪神木像，诵释迦经，取水自殉。土人祀为社神，宋端平间，赐封镇广明王"③。双林镇的土地庙有四座，"土地庙二，一即禹王宫，殿在禹王殿东，与宫基连。……一在大通桥东，咸丰戊午(1858)，里人郑祖琳、俞兆南、陆星槎、严瑞芝等募置刘、顾二姓地及凌姓捐助之地建庙，并祀蚕神"，"东林土地庙，在普光桥西，与总管庙连。墙垣颓落，烟火稀微，即十二景枯庙也。康熙丁巳(1677)，里人重建，附于总管庙东"，"三林土地庙，在观音桥西南，隔河临水，奉松亭乡土地神"④。

旧属德清县的唐栖镇社庙有"水南、水北庙，丰年乡社祠。相传为宋福王二女，长为水南土地，次为水北土地，极灵应。……四乡窎远，各祀于本乡，水南庙在余桥北，水北庙在大河坝，水西庙在库桥西，水东庙在库桥东，皆女主，称曰'建兴之神'"⑤。新市镇则有祭祀朱泗的"东西庙"："神为晋元帝将，永昌元年(322)，王敦反，公突阵战死，葬于新市。明帝即位，追

① 民国《乌青镇志》卷十五《祠庙》。

② 光绪《长兴县志》卷十二《坛庙》。

③ 光绪《菱湖镇志》卷六《祠墓》。

④ 民国《双林镇志》卷九《庙寺》。

⑤ 光绪《唐栖志》卷六《祠庙》引《栖里景物略》。

赠镇国大将军，立祠新市以祀之。周太祖广顺中，改封保宁将军，宋高宗绍兴五年(1135)，诏封显佑侯，赐额永灵，玺、书俱勒石庙中。元时进封灵感公，明太祖洪武初，列于祀典，县官春秋虔祀罔替，清代因之，土人奉之惟谨。庙在觉海寺西，即今之西庙是也。宋元祐中，东隅人以走祀不便，复建庙于平桥之东，是为东庙。辖东南境，西庙治西北方，疆域井然，两庙巍然并峙也。”①从表面上看，镇域庙界似乎代表了民众对于神灵管辖区域的一种臆想，是虚幻而不现实的。尤其是“东西庙”的叙述给人的印象是：庙界的划分，好像只是乡民图地利之便而采取的一种随意性很强的行为，因此无一定之规。事实上，明清时期湖州市镇民众要求对神灵管辖界限进行划分形成“庙界”，“恰恰正体现了官方行政机制对民众祭祀观念的影响，亦隐晦地表明了他们对国家力量的认同与重视”②。

二、神圣与凡俗中的“热闹”庙会

庙会作为一种综合性的文化事项，“几乎是政治、经济、生产、生活(衣食住行)、宗教信仰、文化艺术、社会交往、民族心理等的综合反映，具有全息性质”③。“一物品之成为文化的一部分，只是在人类用得着它的地方，只是在它能满足人类需要的地方”，“所有的意义都是依它在人类活动的体系中所处的地位，它所关联的思想，及所有的价值而定”④，传统庙会的功能是从内容上传达社会和组群的特殊效应。根据功能主义的观点，作为民间信仰文化系统重要组成部分的传统庙会之所以能够在人类文化系统中占据重要的位置，正是因为它能够满足人们的需要，对于民间信仰文化系统的运行有其不可替代的功能。

(一)赛会酬神的神圣节点

浙江的传统庙会，蕴藏量极其丰厚，其表现形态也丰富多样。一般认为，传统庙会大致上可分成迎神赛会型和朝山进香型两大类，当然有时候

---

① 民国《德清县新志》卷十三《杂志・遗闻》。

② 徐茂明：《江南士绅与江南社会(1368—1911年)》，商务印书馆2004年版，第172页。

③ 陶立璠：《民俗学概论》，中央民族学院出版社1987年版，第187页。

④ [英]马林诺夫斯基：《文化论》，费孝通译，华夏出版社2002年版，第17页。

也会是两种情况兼而有之的[1]。就湖州的传统庙会而言，彰显着鲜明的赛会酬神的特点。

"里中数十家合祭火神，祭毕饮福而散，各家按年轮值，曰'火殃会'，有并祭众神者，曰'朋头利市'"[2]；"三月二十八日，俗谓东岳诞。自二十六日起，街市布幔幛天，悬灯结彩，有设灯谜于商肆前以助兴者。紫阳观东岳神前设供品，备极古雅。台上有鼓吹（清音台），灯彩辉煌，男女杂众，如游不夜城。俗以南方为火位，故悬灯以献之，或云此为商人娱乐，今已减杀"[3]；"俗以是日（二月二日）为土地神诞，里人醵祝聚饮，曰'土地会'。三日，相传梓潼帝君诞辰，读书者集友祝神设宴，曰'文昌会'"[4]；"四、五更时，备牲醴祀财神，谓之'接路头'。爆竹声不绝，较除夕尤盛。太平桥庙塑五路财神像，商家结社赛会，先于初四晚鼓乐娱神，夜半以仪仗迎神像，历四栅几遍"[5]。

原本的民间信仰在庙会迎赛过程中作为一种生活知识，"不仅告诉社会成员怎么去做，还决定了他们怎样去想"[6]。清明前后，德清的"旋社"在上午的仪式完毕后，"午后，各社迎神上险塘，至清溪古庙内，演戏牲醴以享之。十七区各庄乃省视塘身而加土，至今援以为例"，而"戴侯上塘，必何家埭人抬之，谓戴侯于洪杨一役时，其神像由该乡匿于濠内得免，因自据其功，他社不得任其事，成积习矣"[7]，"（三月）八日为包公会，祀宋孝肃公拯，递铺演戏祀神，烧香者云集"[8]。人的主体性是现代性的一个核心理念和本质规定。以神为本的中世纪基督教神学认为上帝是创造、主宰一切的神圣主体，人是上帝的造物，人的本质和价值只是上帝的光辉在人身上的折射。直到文艺复兴和启蒙运动倡导人文主义、推崇以人为本，才把人从上述神学教条下解放出来；上帝失去了至尊之主的地位，人被塑造为

---

① 顾希佳：《传统庙会的当代意义：以浙江为例》，《浙江学刊》2010 年第 6 期。

② 同治《湖州府志》卷二十九《舆地略・风俗》。

③ 民国《德清县新志》卷二《舆地志・风俗》。

④ 同治《安吉县志》卷七《风俗》。

⑤ 民国《双林镇志》卷九《庙寺》。

⑥ 高丙中：《民俗文化与民俗生活》，中国社会科学出版社 1994 年版，第 93 页。

⑦ 民国《德清县新志》卷二《舆地志・风俗》。

⑧ 同治《安吉县志》卷七《风俗》。

至高无上的主体。“人是目的”,“永远不能只看作是手段”[①]。这一关于人之主体性的现代性经典命题表达了人的价值与尊严,人不再需要从上帝那里获得存在的理由与生活的意义。与西方情形不同的是,中国民间信仰早在传统时代就有以人为根本和目的人文主义因素,它是以人为主、为人所用的。民间信仰以人为本位去类万物之情,以人为中心建构世界图景,以人为主体追求天人合一,神人关系完全由人的愿望左右。在此信仰的崇拜对象中,祖先本是后人的血亲并保佑后人,其他神灵也多来自有功德之人。“及夫日月星辰,民所瞻仰也;山林、川谷、丘陵,民所取材用也”[②],不论来源如何,神都是人塑造的被人利用、为人服务的偶像。旧时湖州的各类迎神赛会本质上也围绕着人的物质和精神需要展开,抱着服务于人、免祸祈福的目的。

“四月初八日,俗传为释迦佛诞辰,僧尼以南烛草染糯,做黑饭供佛,因相馈送,庵寺建龙华大会,以浴佛为名”[③],尽管“中峰和尚偈语云‘呱声未觉便称尊,搅得三千海岳昏。恶水一年浇一度,知他雪屈是酬恩’,其语盖不以浴佛为然也”,但民众仍然在“四月八日作青粳饭以食之,以祈延年”[④]。长兴县(正月)十五日为上元“灯会”,“作鳌山”的目的很清楚,就是“卜丰歉”[⑤];每年的城隍神诞,组织“迎会”,“以为袚除地方不祥”[⑥],五月十三日为“汉寿亭侯诞辰”,组织“行香”,“以驱除疫疠”[⑦];“(十月)望日为下元节,相传水官解厄之辰,举三官会,与中元日同”[⑧]。可见,在传统封建社会,民众的信仰动机都与“每个人的切身利益和生活共同体的局部利益相关”[⑨];“万历己亥(1599)迄乙巳(1605),有气如虹,见于弁山之阿,长有五丈,白若纯绵,名曰‘白鲎’。其时,田禾秀而实者鲜矣。三老谓:‘祟在

---

① [德]康德:《道德形而上学原理》,苗力田译,上海人民出版社 1986 年版,第 81 页。

② 《礼记·祭法》。

③ 崇祯《乌程县志》卷四《时序》。

④ 嘉庆《长兴县志》卷十四《风俗》引《菰城文献》。

⑤ 同治《长兴县志》卷十六《风俗》引《菰城文献》。

⑥ 乾隆《长兴县志》卷四《庙祀》。

⑦ 乾隆《湖州府志》卷三十九《风俗》引《湖录》。

⑧ 同治《长兴县志》卷十六《风俗》。

⑨ 乌丙安:《中国民俗学》,辽宁大学出版社 2006 年版,第 274 页。

白鲞',咸赛会祈禳,鸣金竞逐"[1]。在神诞日抑或遇到困难时举行庙会,祭祀各路神灵,是因为神是人创造出来为人服务的,而促使民众积极从事各种祭祀活动的力量,来自古老传统的权威和未来福祉的诱惑。庙会不仅要适应民众群体的社会需要,更要满足信徒个人的生活要求,它根植于民众生活,不仅是民众生活的一部分,而且渗透进民众生活的各个方面,影响并服务于民众的一生。

杜赞奇曾对"过去与现在"的关系有过这样的论述:"任何传承的过程同时也是一种创造的过程。为了承认自己是一个群体,每一个群体都必须在现在创造一种有关过去的自我的可信的形象,即在新的、变化了的现实中找到自我。当现在完全被一种外来的话语统治时,这种差异对我们来说就尤其引人注目。不过,这不应该掩盖一个事实:过去与现在的结合是不断进行的、真实的。"[2]"道光中,里人创行社会于二月二日,舁像行香,颇极喧闹",这是双林镇禹王宫社会的场景,按前述"禹王宫,在万魁桥南,旁有土地堂,故又称土地庙。吴总管祠前向有禹王堂数椽。明成化中,吴总管祠裔吴伯明梦禹王至其地,遂舍基二亩,以拓其宇,前有甬道直抵官河。万历辛卯(1591),裔孙吴小楼重修,沈稠有记,始延道士王景阳司香火",到了顺治癸巳(1653),"明经吴自请于郡邑募修,增饰旧制,冕旒端肃,殿高七十尺,为一镇之望。庙址赋役,吴氏子孙世永纳焉。康熙丁未(1667),吴氏复修山门",而且"庙裔吴世英疏请邑侯至镇,常讲乡约于此"[3]。"人类总是想给自己周围的事物赋予意义,而且,这时的'给予意义'完全是根据与人类自己的关系进行的。哪怕对象是属于自然界的,也将根据它与人类的关系来判断其价值,然后编入人类世界"并将人类称为"使用符号的动物。"[4]吴总管的显灵传说,极有可能是吴姓子孙(可能从事类似巫师的行业)伪造出来的,表面上伪装成祭祀祖先灵魂(鬼)的"祠

---

① 同治《湖州府志》卷四十四《前事略·祥异》。

② [美]杜赞奇:《从民族国家拯救历史:民族主义话语与中国现代史研究》,王宪明译,社会科学文献出版社2003年版,第61页。

③ 民国《双林镇志》卷九《庙寺》。

④ [日]池上嘉彦:《符号学入门》,张晓云译,国际文化出版公司1985年版,第6页。

堂”，其实质是“庙”[①]。

“宗教基本上或主要是以恐惧为基础的。这其中一部分是对于未知世界的恐怖，一部分是像我说过的，希望在一切困难和纷争中有个老大哥以助一臂之力的愿望。恐惧是整个问题的基础——对神秘的事物，对失败，对死亡的恐惧。”[②]“四月望前，朱家桥土神生日，大街悬灯结彩，有扎鳌山者，极一时之盛，商店举行之”；“城隍会，有三班六房衣裳，齐楚故事抬阁，亦最盛。每于夏初行之，近年停辍，惟九月初城隍庙香市犹昔”[③]。“（七月）初六日为化成桥总管神诞，庙前搭厂，挂灯演戏，舁神像巡四栅。初七日为东林总管神诞，乡民醵钱演戏祝献，舁神像巡行各村并至镇”[④]。在传统社会中，民众一旦遭遇到人力不可及、不可抗拒的天灾人祸，便会不顾一切地烧香叩头，供祭神鬼，恳请神异力量赐福消灾，祛病降吉。人们用崇拜的各种手段与神鬼进行着利益的酬答互换，重则捐资修庙，再塑金身，轻则晨昏三叩，焚香供祭，这些其实打着功利的烙印[⑤]。从庙会参与者即民众的角度看，他们的目的主要是从神灵那里获取精神激励，借以应对各种现实的挑战，实现各种功利层面的世俗福祉。当然，他们同时也会对那些有功、有益或有助于自己生产、生活的人或物表示感激，并习惯于用最虔诚的祭祀方式进行。问题的奇妙之处在于：通过一座简单的神祠（亦可没有），一个香炉、几炷香、几杯清酒和若干供品，人们运用祭祀之法或迎神赛会对这些人或物表示感恩或崇敬之后，祭祀对象就变成了“神”，并就此拥有了护佑、赐予及责罚的莫大力量。人们在感激祭祀对象的同时，也获得了精神激励或自信。并且对于庙会参与者而言，神灵的大小或属性均可不论，“灵验”即可。而神灵的“灵验”与否，则与社会、政治、经济、自然现象，甚至与某些个人的行为得失或人为炒作有关，而与神灵本身的性质、地位和德行无关，具有极大的偶然性，由此导致民间神祇几乎必然的“不断涌现”和“新陈代谢”现象。祀奉神灵的庙会渐从主要为了娱

---

① [日]滨岛敦俊：《明清江南农村社会与民间信仰》，朱海滨译，厦门大学出版社2008年版，第24页。

② [英]罗素：《罗素文集》第1卷，何兆武译，商务印书馆2012年版，第28页。

③ 民国《德清县新志》卷二《舆地志·风俗》。

④ 民国《双林镇志》卷九《庙寺》。

⑤ 乌丙安：《中国民间信仰》，上海人民出版社1995年版，第7页。

神变为神人兼娱，到后期更是以娱人为主；献给神灵的食物祭品，最终还是为人享用。

（二）仪式娱人的凡俗狂欢

信仰和仪式是人类学宗教研究领域中两个重要的范畴，前者是对自然、社会与个体存在的信念假设，后者则是表达并实践这些信念的行动[①]。在宗教人类学家看来，仪式具有十分重要的地位。它是指"用于特定场合的正式行为，它们虽然没有放弃技术惯例，但却是对神秘的存在或力量的信仰，这些存在或力量被看作是所有结果的第一位的和终极的原因"[②]。仪式有许多功能，无论在个人层面，还是在群体层面或社会层面上，都可以成为情感的渠道并表达感情，引导和强化行为模式，支持或推翻现状，导致变化，或恢复和谐与平衡。仪式就像一个容器，它承载了丰富的社会文化信息。通过仪式的观察与研究，我们可以从中洞悉出人性与文化之间的关联。旧时湖州地区的民众依托庙会进行着仪式活动的实践，"现在是过去想象性行动造就的事物，并且有赖于人类持续不断的实践来延续自身的制度，而当前的想象性行动不可避免地将会进入新的可能的未来；造就新世界的过程中，现存世界将会被无情地调整、重塑和革新"[③]。

涂尔干在研究澳洲土著人的仪式活动时，曾经有过这样的一段描写："社会的分散状态使社会生活单调、萎靡而且沉闷，但是只要集体欢腾一开始，一切都改变了，那就立刻化为狂欢，人们就会像疯子一样到处狂奔，一个劲地任意胡为，集体活动本身就是一种格外强烈的兴奋剂，一旦他们来到一起，由于集合而形成的一股如电的激流就迅速使之达到极度亢奋的状态。"[④]这段话对旧时湖州庙会的各类仪式同样适用，我们在地方志记载的庙会活动中就能够看出这种凡俗的"狂欢"。中国人是有狂欢精神

---

① 郭于华：《仪式与社会变迁》，社会科学文献出版社 2000 年版，第 2 页。

② ［英］菲奥纳·鲍伊：《宗教人类学导论》，金泽等译，中国人民大学出版社 2004 年版，第 176 页。

③ ［英］奈杰尔·拉波特：《社会文化人类学的关键概念》，鲍雯妍、张亚辉译，华夏出版社 2009 年版，第 4 页。

④ ［法］爱弥尔·涂尔干：《宗教生活的基本形式》，渠东、汲哲译，上海人民出版社 1999 年版，第 206 页。

的，那种与世界性的狂欢活动相似的精神内涵，在中国的民俗中是同样存在的。“所谓狂欢精神，是指群众性的文化活动中表现出来的突破一般社会规范的非理性精神，它一般体现在传统的节日或其他庆典活动中，常常表现为纵欲的、粗放的、显示人的自然本性的行为方式。这种精神往往在世界许多地区传统的狂欢节中得到充分的表现。”[①]旧时武康县“（八月）二十五日，封山里人为防风会”，“九月九日，上陌里人为舞阳侯会”，均“略如春社”，而“春社”的场景是：“各村率一二十人为一社，屠牲酾酒，焚香张乐，以祀土谷之神。装师巫台阁，击鼓鸣锣，插刀曳锁，叫嚣豗突，如癫如狂”[②]；“（五月）三日为汉寿亭侯诞辰，递铺出会，……有破皮肉挂香炉于臂者，有为枷锁伏罪绑缚如就刑者，皆随神舆遍历，至十五日乃止”[③]；“新市于寒食日起，至清明日止，迎姚、桂二将军塑像，下置酒缸，每至酒家，必索酒，其直趋狂奔，滋生事端，与治城同”[④]；双林镇东岳庙会时，“架彩棚于舟，粉白黛绿，往来杂沓；士女靓妆，彩舟鳞次；坞桥左右，薄暮群泊。黄昏点灯，街市人满，一如白昼。酒肆茶坊，欢呼喧闹，二更始已，士人或作灯谜张于灯棚下。而露印庵之各摊场几无隙地。又有缘绳索、舞缸瓮、吞刀吐火诸戏，以及异禽奇兽、洋片洋景屯聚沿街空地，往来游观，几于目不暇接云”[⑤]。

仪式的虚拟性特征，除了仪式行为方式（即表演）的虚拟性外，也体现在仪式场景的虚拟性。比如：祭祀仪式场所的神像是对神的虚拟、祭坛和祭场是对神圣空间的虚拟；丧葬仪式中的纸人纸马是对真人真马的虚拟、为亡灵鬼魂抛撒的阴界纸钱是对人间货币的虚拟。仪式的表演，就是在这种虚拟场景中的现实表演。大凡与信仰有关的仪式表演，不仅是对现实世界的模拟，而且是对神秘世界的虚拟。表演神话的仪式，正是将无形的（语言的）神秘传说拟化为有形的神秘世界的一个过程。“届清明日，（德清县）各村肩戴、叶、柳三像，前锣后伞，狂奔街市间，店铺设香烛以示

① 赵世瑜：《狂欢与日常——明清以来的庙会与民间社会》，生活·读书·新知三联书店2002年版，第116—117页。

② 乾隆《武康县志》卷三《风俗志》。

③ 同治《安吉县志》卷七《风俗》。

④ 民国《德清县新志》卷二《舆地志·风俗》。

⑤ 民国《双林镇志》卷十五《风俗》。

敬。惟东坝社纡回盘旋,异于它社,名曰'旋社'。或谓戴侯溺于水,水有漩涡势,故像其形";"寒食,西门外向有龙船会,乡人迎总管神戴侯,而以庙内之神船为殿,画船旗鼓杂其中,所谓'夕阳箫鼓几船归'也。又有撩船数十艘,皆树小旗帜(两旁排列十数桨,锣一、鼓一,船首一人持竿吆喝),互相竞驶以为乐。相传戴侯因援竞赛人溺,力尽而毙,故以此为纪念"①。

维克多·特纳在调查恩丹布人的"伊瑟玛"仪式时发现,在恩丹布语言中,"仪式"一词叫"Chadian",它有另外一层含义,即"一项特殊的责任"或者叫作"义务"②。"(三月)二十八日为东岳神诞,士民祝献于庙。数日前鼓乐喧阗,络绎不绝。按:岳庙社会最盛,镇人结社者可数十起,大小各业,皆有职司于庙。二十六日昼夜演戏(今改夜戏于二十七日昼)。二更时,移神像出,至大殿。庙中遍处悬灯,陈列仪仗,寝殿设古玩、花卉。新街、横街及各巷皆结彩悬灯,有多至五层者,繁华与苏阊灯市无异。二十八日起至四月初,约五六日,每日午后舁神像出巡四栅,曲折周到,各社地戏(俗名"故事")前后扈从,乡愚夙许愿扮罪犯,则荷枷拖练,行走终日,又有扎臂香、肉身灯、儿童拜香等。神像所过,商店咸设香案,新绢巷或设下马饭"③;"七月初五日至初七日,(菱湖镇)迎金元六总管、金元七总管神会,初八日,迎福增乡、崇礼乡二社神夫人会,初九日迎福增乡、崇礼乡二社神会,初十日迎太均夫人会,俱扎扮故事,佐以銮仪,舁神出行,六日而罢。初七日,总管生日,演剧酬神。"④

安吉县正月十五日的"三官会","村里稍关戚友,灯必赴之;至则必款以酒食;不尔便生嫌怨。盖虽戏事,而土俗相沿,至今不改云"⑤。正月十五日,"(晟舍镇)乡人做三官会,其实借礼'三官忏'为名,同盟结拜,酣饮终日,曰'三官会弟兄'。有因新正不能茹素,改期三月十五日"⑥。"(双林镇)乡村必有庙,所祀者曰'总管',正二月间必有社戏一二日,费则照田科

---

① 民国《德清县新志》卷二《舆地志·风俗》。

② [英]维克多·特纳:《仪式过程——结构与反结构》,黄剑波、柳博赟译,中国人民大学出版社2006年版,第11—12页。

③ 民国《双林镇志》卷十五《风俗》。

④ 光绪《菱湖镇志》卷十《风俗》。

⑤ 同治《安吉县志》卷七《风俗》。

⑥ 同治《晟舍镇志》卷二《风俗》。

派。虽孤寡贫乏、衣食不给，亦必急切筹措。戏期内亲友过，从例需供给，贫家辄典资以充之。每年必举社，村中人聚而饮，啖肉食等，有定式。稍不如式，司会者当其责广众中，大声以呵。社有余钱，则挨户分存生息。临期有亏负，罚甚酷，此则各村皆然也”①。涂尔干认为：“无论什么样的膜拜仪轨，都不是无意义的活动或无效果的姿态。作为一个事实，它们表面上的功能是强化信徒与神之间的归附关系；但既然神不过是对社会的形象表达，那么与此同时，实际上强化的就是作为社会成员的个体对其社会的归附关系。”②罗斯在其《社会控制》一书中表示，社会控制是一种优于自然秩序的人工秩序，它由具有民族特色的社会组织这一控制主体，运用法律、舆论、信仰、宗教、礼仪、社会暗示、社会价值观、伦理法则等多种手段，对社区、团体、组织等对象实施控制③。信仰在社会控制体系中有特殊的功能，它通过诉诸超自然的力量为人类建构的社会秩序涂上神圣的色彩，达到维系其稳定的目的，仪式以象征化的方式来演示社会中的各种社会关系以及在处理这些关系时应遵循的规范。

“民俗仪式和舞蹈，是该民族的历史演进、宗教信仰、生产生活方式、民俗歌舞、审美情趣等多种民俗文化的综合展现。民俗舞蹈以形象的人体艺术动态展示了仪式文化内涵，仪式衬托了民俗舞蹈的文化意蕴，仪式是民俗舞蹈的本质特征。从文献学角度，原生形态的民俗仪式舞蹈，系非语言文字的人体动态文化，它的流传弥补了文字记载历史的不足，具有极其宝贵的历史研究价值。”④在湖州庙会的各类仪式中，与“水”有关的不胜枚举：“（二月）十九日，四都有观音会，龙船竞渡，间有秋千、舞组诸戏，士女杂众往观，五下都观音会同”⑤，“七月七日，（菱湖镇）迎总管神会，间陈水嬉”⑥，“看（东岳庙）会之人以坞桥港为盛，又有水运秋千之戏”⑦，“山前

---

① 民国《双林镇志》卷十五《风俗》。

② ［法］爱弥尔·涂尔干：《宗教生活的基本形式》，渠东、汲哲译，上海人民出版社1999年版，第297页。

③ ［美］罗斯：《社会控制》，秦志勇、毛永政等译，华夏出版社1989年版，第68页。

④ ［美］克利福德·格尔茨：《文化的解释》，韩莉译，译林出版社1999年版，第12页。

⑤ 乾隆《武康县志》卷三《风俗志》。

⑥ 同治《菱湖志》卷一《风俗门》。

⑦ 民国《双林镇志》卷十五《风俗》。

漾，在山前，绵亘五里许。土人以二月二十一日为山神灵应侯寿诞，作水戏以酬神，聚会于此。龙舟凤舫，彩鹢莲船，掉桨鼓桡，跳跃于波浪之中，各试操舟之技，鸣钲捶鼓，百戏俱呈，商贾凑集，士女络绎，纵横十数里，数日如市。"①"水嬉"作为湖州庙会仪式中的特殊存在，其娱乐功能我们从诗中可窥一斑：

观水戏诗

画舫参差别样妆，乡村年例祝三王。
巧将竞渡奔驰景，幻作游春歌舞场。
箫鼓声声增跌宕，旌旗色色助飞扬。
迎神正值中和月，云集应教遍四方。
蓦地相逢直欲仙，花团锦簇各争妍。
飘摇风送秋千架，荡漾波摇龙凤船。
自是洞天春不尽，非关福地景无边。
升平气象从兹见，只在春风桃李前。②

寒食观竞渡曲

船头磨刀龙角壮，船末搴旗龙尾飏。
船腹指搁画桨齐，蹙浪翻波溪倒涨。
前船后船争先驰，五采蜿蜒鳞之而。
鸣金伐鼓沸天地，彩旒锦障风飔飔。
别有楼阁凌空泞，波心秋千相对举。
红妆粉面碧罗裙，恼乱桃花迷柳渚。
飘摇滀漯琉璃堆，冯夷河伯助沿洄。
堤平溪阻蚁蜂集，堵墙摩肩声喧豗。
五风十雨年丰泰，长养朝廷多恩霈。
村庄熙皞妇子宁，社会乡风渐侈汰。
竞渡年年当此时，龙舟赛力斗参差。
阑珊人醉随波去，散逐飞花任所之。③

① 嘉庆《东林山志》卷三《形胜志·溪泽》。
② 嘉庆《东林山志》卷三《形胜志·溪泽》。
③ 嘉庆《德清县续志》卷九《艺文志·诗文》。

孙宗承菱湖纪事诗

漫学从前张水嬉，白银盘里数红旗。
宫商一束灯花翠，只欠樊川杜牧之。[①]

(三)公共空间的奢侈风尚

与庙会仪式的狂欢张力相契合，旧时湖州的庙会排场也极尽豪华奢侈之能。旧时安吉县"(正月)十五日上元节，谓之'灯节'。俗皆礼拜三官神，聚众设斋，诵经礼忏，谓之'三官会'。夜则灯皆入城市，喧阗达旦，视他夜尤甚。灯所过处，皆助以硫星爆竹，亦有以烛相赠者"，"(三月)二十八日，俗传东岳神诞。州故无庙，近有好事者醵金作会，每会多至数十人。塑画神像，肩舆仪仗皆备，轮流当值。至期，齐集首家，拜祝酣晏送神。其事甚费，西南近孝丰处最盛"；"(五月)十三日为汉寿亭侯诞辰，递铺出会，用抬阁置铁杆、木杆，高三四丈，裹以彩帛，以小儿扮故事，参差扎缚其上，肩抬游街，前后烧香者填塞街市"[②]；"八月十八日，相传卫公生日。众先期醵金，置酒酣宴，演扮先代人物，鼓吹歌唱之声，昼夜不绝，谓之'李王会'"[③]。孝丰县"上元夕，旧通衢张灯为乐，自十三夜至十八日止，南乡龙庙制鳌山及鱼龙诸灯尤甚，虽俭岁亦以为常。士女观者恒万人，以为繁费矣"[④]。德清县的"太均会，有太均神者，一称卫房圣母，乡俗以为保子，故有社会四五处。光绪间，各社醵赀出夜会，灯彩地戏极精妙，火树银花不足多也"[⑤]。"七夕，(乌程县)公门人役俱用炒肉烧饼祀金元戚总管之神，以纸皂隶焚之，或有结会街迎者。万历丙辰(1616)，忽倡大会，至满街用幔帐，戏伎杂陈，喧阗竟日"[⑥]。

菱湖镇"(正月)十三日，上灯丰年，则有灯会，扎工精巧，四方多来观者。吾里灯会自同治季停止，光绪丁亥(1887)、戊子(1888)重议举行。各社循例各扎彩灯一座，如龙舟、聚宝盆、香亭、古鼎、宝塔、香炉、采莲船、花

① 光绪《菱湖镇志》卷十《风俗》。

② 同治《安吉县志》卷七《风俗》。

③ 《涌幢小品》卷十九《卫公生日》。

④ 康熙《孝丰县志》卷一《方舆志・风俗》。

⑤ 民国《德清县新志》卷二《舆地志・风俗》。

⑥ 崇祯《乌程县志》卷四《时序》。

瓶之类。俱用云母石作障，陆离光怪，如无缝天衣，精巧自非他处可及。是时，四方来观者，人以亿万记，船以千百计，道为之塞，河为之填。市井间沿街扎齐灯彩，光华夺目，真钜观也。或为藏头诗句，任人商揣，曰'灯谜'。又扎造滚灯及龙灯、马灯，游迎街市"①。七月，"（乌青镇）土人迎赛金元七总管之神，又迎三元会，扮抬阁故事，穷极巧丽，费金钱无算"②。"里中故有佛会，如老人婆子辈念佛群聚而已。自万历辛丑（1601）而恶少始倡观音会，则费在二三百金以上矣。强人之所不欲，以阴济其私，官司不为禁约。其明年壬寅（1602），则风益炽，费近五六百金。而四郊乡村之家，争来市上亲友家看会，说者云共费千金"③。

"织旋漾，在（双林）镇东。……溪多歌舫，春暮岳庙赛会，土人架彩棚舟中，为秋千戏，士女聚观，画船箫鼓，鬓影衣香，极一时之盛"④；"三月二十八日为（东岳）圣诞，灯彩辉煌，铺陈华丽，吹台演唱，百戏杂陈。同治七年（1868），里人募建寝宫，宁波人建敞厅，轿会人建轿房，以后会事岁有增盛。至光绪庚子（1900），因夜会滋事，日会亦不禁自绝。事详《纪略》"⑤。《东岳会始末记》对双林镇东岳庙会的奢侈风向及张力更是描写得淋漓尽致："东岳庙，旧为乡约所，清康熙中改为庙，至道、咸间，香火极盛。东岳会之兴，或始于乾、嘉间。粤乱以前，会有八仙、三星、花神等名，皆如其名，以乡童饰之，每会多不过十余人。乱后，有旧家子某，无业好嬉游，主花神会，醵金张大之，别会群起仿效。于是，各模戏、剧饰、儿童连贯数十人或至百为一会。会有十日，间皆迎神前导，夜各离散别，为诸淫亵戏状，纵横于市衢，所谓'闹灯棚'也。妇女之儇者，列坐于市肆，诸无赖喧哗潮涌灯棚下，习为常，或至斗殴大闹，此东岳会之大异矣。"⑥

除"消耗无谓""致费不资""其事甚费""亦过费矣"等感慨外，地方士绅阶层对庙会的奢侈风尚表现出了极大的担忧。"无故而裂缯市马，聚倡碎金，析栅卸功，侈靡无状，事属不祥。倘践踏争斗之祸出自意外，不知谁

① 光绪《菱湖镇志》卷十《风俗》。

② 乾隆《乌青镇志》卷七《风俗》。

③ 乾隆《乌青镇志》卷十二《旧闻》。

④ 民国《双林镇志》卷二《水道》。

⑤ 民国《双林镇志》卷九《庙寺》。

⑥ 民国《双林镇志》卷三十二《纪略》。

任其咎哉？予力不能止，姑论其理如此”[①]。五月十三日为“关圣诞辰”，乌程县往年只是“焚香拜祝”，“万历甲寅(1614)间，郡城蓦创，敛资出会。台阁优戏，喧阗街市，合城若狂。倘伏寇，突发千万人中，谁执其咎，当道宜慎”[②]；对于万历丙辰(1616)的“总管会”，李节推达语当事者曰：“我任此五年，并无此事。今忽有之，是为不祥。非保身家之道，慎勿复行。”后遂止[③]。湖州地方官对庙会的奢侈风尚也采取了相应的措施：“值每岁(城隍)神诞，必多设仪仗，多扮巫鬼，奉神游城三日……举国若狂，而游手之徒，藉此酗酒为非，既靡费钱财，亦殊敝风俗。余(归有光)莅邑之五年，严行禁止，旧俗遂寝。”[④]孝丰县的春社，因为“以为繁费”和“鄙亵不经之甚”，“有司每禁不行，因稍衰止”[⑤]。

旧时湖州地区以民间信仰为核心的庙会排场豪华，显现出日趋明显的奢侈风尚，有其深刻的经济背景。马克思说：“商业依赖于城市的发展，而城市的发展也要以商业为条件。这是不言而喻的。”[⑥]明清时期江南经济的发展特点，最明显的表征就是商品化和城镇化。商品化必然带来城镇化，而城镇化必然推动促进着商品化。宋代以来，江南以经济繁荣社会富庶而蜚声全国；明中叶以降，江南经济进入高度成长时期，工商业蓬勃发展，多层次市场的形成，市场经济的活跃，全国乃至海外市场对这里生产的生丝、丝绸、棉布等商品的需求日益增长，进一步刺激了江南经济与社会的繁荣程度。

归安县双林镇，明永乐间始兴，成化间因丝绸生产而人口大增。为了购丝，“端午前后，闽广客商聚贸于镇”。所产包头绢，明代隆、万以后品种花样尺幅繁多，“各直省客商云集贸易，里人贾鬻他方，四时往来不绝”[⑦]，清前期阖镇有2万多人，衣庄70余所，乾隆时尚存十分之六，有“小苏州”之称[⑧]。菱湖镇，明初设税务司，到成化、弘治年间，“商贾蕃凑，丝业尤甲

① 乾隆《乌青镇志》卷十二《旧闻》引《见闻杂记》。

② 崇祯《乌程县志》卷四《时序》。

③ 乾隆《湖州府志》卷三十九《风俗》引崇祯《乌程县志》。

④ 同治《长兴县志》卷十二《坛庙》。

⑤ 康熙《孝丰县志》卷一《方舆志·风俗》。

⑥ 《马克思恩格斯全集》第25卷，人民出版社2009年版，第371页。

⑦ 乾隆《东西林汇考》卷四《土产志》。

⑧ 民国《双林镇志》卷十五《风俗》。

一邑"。入清后,人称"小满后新丝市最盛,列肆喧阗,衢路拥塞",号称"万家烟火"。[①] 镇上丝业分工细密,"其专买乡丝载往上海与夷商交易者,曰'丝行',别有小行买之以饷大行及买丝客人者,曰'钞庄',更有招乡丝代为之售,稍抽微利,曰'小领头',俗呼'白拉主人'。镇人大半衣食于此"[②]。

位于苏、浙交界的南浔镇由南宋以前的一个村落,发展到清中期横亘南北5里,东西3里,"烟火数万家"的巨镇。鸦片战争后,随着中国生丝出口的剧增,南浔更发展成为江南最大的丝市。全国各地著名丝商如徽州、宁波、绍兴、南京等地商人纷纷在镇上设立会馆,与当地丝商竞争:"熙熙而来攘攘往,一日贸易数万金……小贾收买交大贾,大贾载入申江界。申江鬼国正通商,繁华富丽压苏杭。番舶来镇百万计,中国商人皆若狂。"[③]南浔成为直接沟通江南生丝产地与全国最大通商口岸上海的雄镇。

介于嘉、湖、苏三府六县、为乌程和桐乡两县共辖的乌青镇,元末遭兵燹,民庐寺观多为灰烬。明代嘉靖年间成为"人烟辐辏,环带数千家"的大镇,万历时居民近万。该镇"市逵广袤十八里……名为镇而实具郡邑城郭之势"[④]。由于四乡产丝,入清后,"蚕毕时,各处商客投行收买。平时则有震泽、盛泽、双林等镇各处机户另买经纬自织"[⑤]。乌青镇所产的丝,通过商人的活动销往了各地。

哈贝马斯曾提出"公共空间"[⑥]的理论。庙会作为民众的祭祀场合,属于公共空间的范畴。在当时传播媒介不发达的情况下,通过公共空间,传递商业贸易信息,达成商品交易协议,应是比较常见的现象。与此相得益彰的是,随着市镇工商业发展和市场经济繁荣,庙会带上了浓厚的市井色彩,呈现出功利主义的倾向,因而使得它的世俗特性、奢侈风尚更加强烈地凸现出来。奢侈风气日积月累,形成市镇民众的集体意识,相沿成俗。在市场经济繁荣的背景下,与民间信仰相关的庙会排场奢华,其根本原因

---

① 同治《湖州府志》卷二十二《村镇》;光绪《菱湖镇志》卷一《疆域》。

② 光绪《菱湖镇志》卷十一《物产》。

③ 民国《南浔镇志》卷三十一《农桑》。

④ 乾隆《乌青镇志》卷二《形势》。

⑤ 康熙《乌青镇志》卷七《土产》。

⑥ [德]哈贝马斯:《公共领域的结构转型——论资产阶级社会的类型》,曹卫东、王晓珏、刘北城等译,学林出版社1999年版,第61页。

就在于此[①]。

三、性别差异场域中的妇女“群像”

根据马斯洛的需求层次理论，在基本的生存需求满足后，人们对健康、文化和精神方面的需求将上升到重要地位。在封建社会，女性因受生理因素与社会因素(男权主义)的影响，无论在社会上还是在家庭中，基本处于弱势地位，容易形成强烈的依赖心理，这种依赖性甚至成为女性的一种精神本能。[②] 特别是在生活遇到压力或受到打击时，女性较之男性更容易求助于超现实力量的保护。跑庙烧香是封建社会中妇女信仰自由的文化表征和意愿选择，也是妇女在传统的家族祖先祭祀之外对信仰自由的主动追寻。父权家族社会男性的家长地位决定了妇女在家族祭祀活动中的边缘位置，家族祖先本是丈夫先辈的事实也使妇女与“他们的”祖先难以心灵相契，虽然自进入丈夫的家门开始她们就归属于丈夫家族，但在血脉上原本非亲非故、甚至未曾谋面。无论是制度化宗教的寺观，还是民间信仰的祠庙，都没有家族祭祀中的性别等级陈规，面对形象可观、可以直接倾诉的神灵，妇女成了祭祀的主体。男人倾向于家内的祖先信仰，女人却倾向于家外的神、鬼信仰，宗教文化中这种“男人的祖先，女人的神”[③]的性别差异现象在旧时湖州地区也同样存在。

(一)“诸神”旨意中的跑庙烧香

一般来说，封建社会的男性在家庭内部所从事的民间信仰活动主要体现在祖先崇拜、风水信仰、禁忌习俗以及神灵信仰等方面。这些信仰活动与年节习俗中所标记的时间节点相结合，共同建构了以家庭为核心的信仰体系，并以相对稳定的空间形态表现出来。与此同时，日常生活中的各种禁忌亦在实践层面强化了女性对于自身生活空间的认知和界分，从

---

① 樊树志:《江南市镇的民间信仰与奢侈风尚》,《复旦学报》(社会科学版)2004 年第 5 期。

② 李霞:《民间信仰的社会凝聚机制——性别角度的初步探讨》,《天府新论》2005 年第 5 期。

③ 刘东旭:《男人的祖先,女人的神——贵州群乐人宗教实践的性别差异》,《世界宗教文化》2010 年第 6 期。

而确立了一种神圣化的时空秩序和价值体系，以消解自身在家庭生活中的边缘情境，对于制度化宗教神灵的虔诚祭祀，则将女性引入了较为积极的表达宗教情怀和宗教诉求的状态。

作为一种独特的性别文化现象与民间信仰习俗相关，"跑庙"与旧时湖州妇女在现实社会中的物质、文化生存和身心情感经历有着密切关系，几乎成为当时妇女的一种最基本的社会生活方式。在封建社会，湖州地区同样是等级森严的。妇女在上层者为金闺名媛，下层则为贫妇村妪。但就民间信仰而言，其对佛道二教、天地鬼神之崇信，上流社会的妇女并不因为其知书达理而与下层社会的妇女有本质的区别："释氏教兴，家家无不事之，自老少男妇，贤愚贵贱，皆入其陷阱而不能出。"①

"南方信佛，自古云然。每见妇女无论老幼，俱入庙烧香念佛，利济寺为尤盛。有玉皇忏、观音忏、十皇忏、灶君忏、梁王忏、地藏忏、雷祖忏、蚕花忏诸名目，每月有之。更有念七佛，七日一期，远处来者宿于庙，近则朝去晚来。"②正月初一日，妇女烧香，又谓之"走十庙"。朱发竹枝词曰："拉得四邻游十庙，金环权作布施钱。盖指此也"③；晟舍镇则是"（元旦）午后天晴，沿乡男女，盈船满载，来游利济寺及各庙，络绎不绝，谓之'游十庙'"④。"浔人每至新正，妇女不分老幼，俱艳妆入庙、烧香、念佛、酬愿。"⑤"（正月）初九日，玉皇生日，士女集广惠宫烧香。"⑥正月二十八日，俗传系东岳诞辰，"郭内民各以类为醵。是月，石冢堂射村岳庙烧香祈嗣，少妇俱至"⑦；乌程县则"俗传为东岳、齐天大圣诞辰，妇女赴东岳庙烧香"⑧。

旧时，俗传二月十九日是观音大士诞辰，"庵院皆设斋念佛，妇女入庙

---

① 崇祯《乌程县志》卷四《风俗》。

② 同治《晟舍镇志》卷二《风俗》。

③ 光绪《菱湖镇志》卷十《风俗》。

④ 同治《晟舍镇志》卷二《风俗》。

⑤ 民国《南浔志》卷三十三《风俗》。

⑥ 同治《南浔镇志》卷二十三《风俗》。

⑦ 康熙《归安县志》卷七《风俗纪》。

⑧ 崇祯《乌程县志》卷四《时序》。

烧香者从此络绎不绝，经月乃已”[①]，“城中慈感寺尤盛”[②]，双林镇则是“新庵、旧庵为盛”[③]。三月初三日，俗传北极佑圣真君诞辰。“（长兴县）士女烧香，舟山尤盛”[④]，“（乌程县）士女杂踏，竞往北山烧香，以其山有佑圣宫也”[⑤]，“（三月）廿八日，东岳生日，士女集广惠宫及极乐庵烧香作会”[⑥]。

除观音、东岳等诞辰“跑庙烧香”外，地藏信仰在旧时湖州妇女中也有很大的市场。长兴县西南四安镇之尖山有显圣寺，“山形端秀峻拔而无破碎，形家谓之‘焰天火’。本朝顺治十三年(1656)，僧孤标重建地藏宝殿于巅，更名‘仙山’，颇著灵应。七月晦日为地藏诞辰，士女进香者肩摩于道”[⑦]。“（七月）三十日，地藏王生日，士女往东藏寺烧香礼佛达旦，曰‘坐夜佛’。人家门前设香烛，或以木屑和油，沿路焚之，曰‘点地灯’”，对此董恂在《地灯曲》中有详细描述：“年年七月三十日，已坠斜阳无暝色。遍地辉煌桦烛红，不断明灯替明月。薰天火树焰银花，胜过元宵闹蛾节。燃来木屑和膏油，爇罢都梁搀艾纳。旁人为我说今宵，大放光明地藏佛。蜡炬高烧十万枝，灯益光明佛尤悦。肩摩毂击佛殿挤，膜拜虔诚更难及。家家月朔不茹荤，欲仗清斋脱罪业。佛号喃喃老媪宣，数珠一一村翁捏。艳妆更有女如云，避人坐爱僧房密。施财不惜破悭心，弃拔金钗库中质。清晓来游暮不归，道吃香厨饭难得。白昼烧香夜点灯，要把来生善缘结。愿得天上大喜欢，生事何遑计福仄。减尔今朝糊口资，供他昨夜缠头物。欲祈佛佑在皈僧，何必浮图四千级。”[⑧]

一般来说，民间信仰是普通民众在自己的日常生活中建立起来的，与其日常生活和生命历程密切相关。因此，旧时湖州地区的女性信众对于自身生活空间有着十分精准的计算：需要祭祀什么神，什么神在什么时候祭祀，用什么来祭祀，都来自于她们或祖祖辈辈生活经验的积累，她们绝不会轻易浪费一根香、一张纸。

---

① 同治《安吉县志》卷七《风俗》。

② 崇祯《乌程县志》卷四《时序》。

③ 民国《双林镇志》卷十五《风俗》。

④ 乾隆《长兴县志》卷十《风俗》。

⑤ 崇祯《乌程县志》卷四《时序》。

⑥ 同治《南浔镇志》卷二十三《风俗》。

⑦ 乾隆《长兴县志》卷四《寺观》。

⑧ 民国《南浔志》卷三十三《风俗》。

明代胡允嘉在《人日武康道中》写道："人日今晴好，山川旧不移。菜羹香自把，华胜翦谁遗。赛鼓村翁走，郊游女伴持。往来经岁岁，空复渭阳诗。"[①]"鸣因寺，在新市镇大南栅。本名'明因'，俗称'南寺'。清同治间重建，殿东有陈洲娘娘像，妇女祈祷不绝。"[②]"每岁正月十一(南堂太君神)圣诞前后数日，祝献演唱，士女聚观，河舫酣歌，喧阒竟日"[③]；"三林土地庙，在观音桥西南，隔河临水，奉松亭乡土地神"，"旧时庙屋甚窄，道光间，住僧募建山门、旁殿、僧楼，梵呗钟鱼，终日不绝"，恐怕和"每岁二月初二日为诞日，妇女拈香顶礼甚众"是分不开的[④]，"二月初二日煮年糕，拜土地、灶。三墩土地庙及松亭乡禹王宫等处烧香，村姬老妪备糕、圆各物至庙礼忏，谓之'上庙堂'"[⑤]。

"(清明)翌日，谓'二明日'，村男女争赴普静寺祈蚕，及谷雨收蚕子乃罢"[⑥]；"(七月)每朔望，女妇设茶果堂中，茶多至三十碗者，或云供土地神。供毕，或通饮餟于邻妪"[⑦]。"九月初一日，报国寺香火最盛。初五日，崔、李二大明王生日，家家煮糯米饭，具酒果设祀，谓之'拜双土地'。嘉应庙烧香游览，士女阗溢，百戏杂陈，前后二旬始罢"[⑧]。"云头庙，在(长兴)县西南隔塘。相传有许二郎耕稼于此，后忽为神，乡人立庙祀之，天旱祷辄应，俗呼'云头菩萨'。每岁九月上旬，里人具粢盛牢醴，老弱士女毕集，竞鸣钲鼓报赛，以答神庥"[⑨]。

(二)"众生"祈福中的多神虔祀

时间性是民间信仰空间的另一内在特征。也就是说，在某一特定时期内，信仰空间的神圣性才得以凸显出来，否则，它便退隐为世俗形态。换而言之，神圣空间的存在常常以神圣时间为前提或相伴存在。"立春前

---

① 道光《武康县志》卷二十三《杂志・艺文补》。
② 民国《德清县新志》卷三《建置志・寺观》。
③ 民国《双林镇志》卷九《庙寺》。
④ 民国《双林镇志》卷九《庙寺》。
⑤ 民国《双林镇志》卷十五《风俗》。
⑥ 乾隆《乌青镇志》卷七《风俗》。
⑦ 嘉靖《吴兴掌故集》卷十二《风土》。
⑧ 同治《南浔镇志》卷二十三《风俗》。
⑨ 嘉庆《长兴县志》卷十《坛庙》。

一日，官府迎春。各官轿前分列故事、优戏，殿以春牛，士女纵观。至日五鼓，鞭春牛而碎之，人皆争取其土，以为宜田蚕。明·谢肇淛诗：雪消腊尽北风寒，官府迎春簇马鞍。对对梨园扶暖轿，楼头不敢卷帘看。”①在神诞日、年节或婚葬等时间点，信仰空间的神圣性便得以充分彰显；某些世俗空间经过一定神圣时间内信仰仪式和特殊的信仰符号的洗礼也会被建构成神圣空间。时间性对信仰空间的影响既包括世俗空间的神圣化，也包括神圣空间的世俗化。信仰空间随着时间的周期性或不规则转换，不断被强化、确认及传承。因此可以说，时间性是民间信仰获得稳定空间并得以存在、发展的要素之一。

妇女是旧时湖州民间信仰空间的重要力量，在很多民间信仰活动中，妇女都构成了人群的主体。“传统中国社会中，恐怕没有一个公共活动像民间信仰这样具有全民性，因为它不但不排斥妇女，而且在很大程度上，还以妇女为主。”②明清以来，湖州地区民间信仰活动中的妇女，涵盖了城乡妇女的各种职业角色、各个年龄阶段以及各个社会阶层。可以说，与男性相比，民间信仰在明清以来湖州地区妇女社会生活中的重要性更为突出。长兴县东岳行宫碑阴上层额云“重修建东岳行宫施主题名”，下层额云“东岳行宫常住田土”，“皆篆书横列，字迹颇不恶，而以出为土，则□于六书之旨矣。予向读南村《南村辍耕录》载连枝秀、珠帘秀、顺时秀、天生秀等，疑为妓女之称。今读此刻施舍户有程二秀、因千十二秀、张千十一秀、周季一秀、赵□二秀，始知元时女子皆以秀为称，若宋人称第几娘。因氏见于左氏传，自后此姓绝少，此刻因姓凡数人。”③

除“优戏”外，旧时湖州岁时节令和庙会祈赛中也有不少女艺人的身影。双林镇“二、三月间，有外乡妇女来镇，一男人手小锣鼓，沿门歌唱，拨弄帚秤等物者，曰‘扫蚕花地’”；姚筌汀《打花鼓词》又载：“横街在一镇之中，百货交集，春夏时多花鼓游伎，来自江淮，如《西湖志余》所载者。店舍东西估客多，市河绕出接官河。何来一簇游街妓，花鼓轻敲打小锣。按：近乡有符咒喧堂戏，戏咏一绝。野田空处搭高台，笙管悠扬鬼戏开。窃恐

---

① 乾隆《长兴县志》卷十《风俗》。

② 小田：《在神圣与凡俗之间——江南庙会论考》，人民出版社 2002 年版，第 223 页。

③ 嘉庆《长兴县志》卷二十六《碑碣》引《潜研堂金石文跋尾》。

夜深人已倦，荧荧磷火绕场来。擅此术者，云有灵鬼任驱使，实作伪惑众也。又拟看烟火词：遍爇硫磺碧绿映红（火色有红有碧），不愁焦灼术弥工（人物用绸扎，经火不燃）。流星烛爆花千丈，龙戏明珠鹤舞空。今宵皎月未东升，人语喧嚣火更明。不惜遗簪兼坠珥，归家笑语话三更。双镇神庙开光，于演戏外，或亦为此。镇人无有能作者，须购自嘉、苏等处，彻夜喧嚣，火飞满野，初无思患预防者。"①

旧时湖州民间信仰中还有一类特殊的女性——巫婆。正是这些装神弄鬼、唯利是图的"师娘"们，成为了明清时期湖州地区妇女们打破传统，走出深闺，公开参与民间信仰活动的鼓动者和中介人。除"招村巫禳蚕室"②外，女巫对寺庙香火还有一定的助力："灵泉，在觉海寺大雄殿前。相传泉初止一穴，有女巫传神语云：'此水能治目疾。'试之辄效，于是远近尘至，布施无虚日，而殿宇益焕然矣。因湫方沼潴泉，虽旱不涸。"③"女巫，俗称'关仙婆'。乡农病，多关仙（如查家宅、请保许类）。关仙请神，俗云'夜菩萨'，用鼓乐、道士、三牲，甚至设筵多席，破产不悔，大抵由四邻之饕餮者怂恿其事而享其余，为明理者所不屑为，已悬为厉禁。"④"康熙末，利济寺重修，游者如云。有严老娘者，蠢妇也。为邪鬼所凭，忽仆于地，寻醒，发妄言，里人信之，妇女尤甚。彼蠢妇从此衣尼姑衣，借游僧之说以蛊惑妇女，哄骗钱财者不少，但仅事哄骗，尚不致贾祸。闻乾隆初，太仓有女子以邪教惑人，咸称为'活观世音'，后事发，诛其首，从者俱问罪，并牵连无辜之人，可不惧哉？近年，塘南、北乡间亦有此风，名曰'摆香案'，愚民受其笼络，余尝以'太仓女子'警之。"⑤

妇女信众所制造的神圣空间往往会与其生活空间保持一致，而不会多跨出一步。这也说明中国民间信仰的存在，离不开人们的生活经验，似乎与波普金的"理性的小农"等论断，有某些暗合或相似之处。我们认为，这并不能够否认妇女对于民间信仰世界的感知和接受能力，至多只是她们营造信仰空间的独特方式或手段而已。妇女信众对于生命之宗教意义

① 民国《双林镇志》卷十五《风俗》。

② 《西吴蚕略》卷一。

③ 嘉庆《新市镇续志》卷一《川泉》。

④ 民国《德清县新志》卷二《舆地志・风俗》。

⑤ 同治《晟舍镇志》卷六《杂记》。

的追求与其他宗教信仰者相比，不论是出发点还是终极目标都是一致的，只是她们将信仰的基础建立在她们的现世生活之中，这一点在涉及蚕事的民间信仰中可窥一斑。《闲闻琐记》载："乡间妇女糊蚕篷，率用旧书败卷，云可避邪……蚕之初生，用筛置之，乌满则用篷，篷必以纸糊，其缝两眠出薙盛之用筐，或用匾器之大者，可以容蚕之多也……贮蚕之器见于《湖录》者有筐匾筛篷，皆以竹为之篷，以纸糊其孔，村妇又以翦红纸方胜黏其中。且惑于二氏之说，至乞其符录贴之，谓足以祛祟。"为此，纪官在《蚕纸叹》中说："文字历灾厄，秦火未为深。六经已残缺，复此汗秽侵。吴兴四月间，蚕箔纸应禁。嗟哉邹鲁书，竟为蚕矢淋。顾此心戚然，习俗痛日沈。何以挽斯风，放笔徒长吟。"[①]"岁杪及新年，妇女无事有迎请厕神芦姑之戏，即卜紫姑之遗意"[②]，"立春日，妇女以芦相夹，谓之'召芦姑、厕姑'，以卜一年休咎"[③]，"或抉箕、插花召'箕娘'，以卜一年休咎"[④]。

(三)"传统"迫力中的循环展演

明清二代，始终站在道德制高点上的是儒家伦理。对于妇女积极参与民间信仰的行为，上层士绅倍觉反感和排斥；官方的限制、严禁和取缔，从未间断。即便社会上层势力一直对妇女参与民间信仰之行为予以鄙视、劝阻和严禁，但妇女们的热情却始终没有消减，反而一次次上演"打击—复兴—再打击—再复兴"的循环。总体来看，明清时期湖州妇女参与民间信仰活动之曲折艰难，反映了中国社会文化"大传统"与文化"小传统"之冲突[⑤]。

社会"大传统"鄙夷的中心缘由，是对男女混杂的恐惧。"男女授受不

① 民国《南浔志》卷三十《农桑一》

② 民国《双林镇志》卷十五《风俗》。

③ 嘉庆《长兴县志》卷十四《风俗》。

④ 光绪《菱湖镇志》卷十《风俗》。

⑤ 20世纪50年代，美国学者罗伯特·雷德菲尔德(Robert Redfield)就提出了"大传统"(great tradition)和"小传统"(little tradition)的概念并将其用于社区研究。此后李亦园、王铭铭等学者也有各自对此的解释。王尔敏则在其著作《明清时代的庶民文化生活》(岳麓书社2002年版)中对明清时期的官绅文化和庸俗文化有具体的解释。总体上来说，大传统指社会上层知识阶层的文化，小传统则指未受教育的一般民众的文化。

亲”①,“男女不杂坐,不同施枷,不同巾栉,不亲授。嫂叔不通问。男女非有行媒,不相知名。非受币,不交不亲”②。在封建士绅眼中,明清时期频繁、公开地参加民间信仰活动的湖州妇女实在有伤儒家观念中男女之“大防”。“(长兴)县西有东岳庙,三月廿八日系帝诞日,县中妇女先晚入庙烧香,夜即于庙内外席地而坐,守至天明,不令瞌睡,次早方散,名曰‘宿山’,以祈育蚕种田丰收。男女杂众,不下万余人,其间窥探、争闹、饮酒、逞凶,靡所不至。文官率役稽查,武弁援兵防守,长邑陋俗,由来非一日矣”③;“妇女赴东岳庙烧香。狎邪辈肆行无理,每至构争端”④;“新市元宵后有夜会,扎地戏灯彩,名曰‘闹阳鼓’。清明后,觉海寺有香市,村农妇女结伴成群,名曰‘轧蚕花’,游手混杂,莫之能止”⑤;“(东岳)会有十日,间皆迎神前导,夜各离散别,为诸淫亵戏状,纵横于市衢,所谓‘闹灯棚’也。妇女之儇者,列坐于市肆,诸无赖喧哗潮涌灯棚下,习为常,或至斗殴大闹”,“盖此会既名常例,胜会每举行,户无不闻,人无不出,其在妇女,整妆崇饰,有异平日,列坐面外,任人平视。固一国之狂,意固不尽在会,而十戏社若为之媒介者。自光绪庚子(1900)禁革后,即日会行香亦不复举。所谓精华已竭,褰裳去之矣”,“号称明季已有之东岳会,竟于庚子年后截然废止矣”⑥。男权社会容易忽视女性区别于男性的生理、心理需求,他们“错误地认为男女之间的交往乃是偷情、调戏、私奔、奸淫等社会坏风气的恶源。他们不理解女性在面临各种社会压力的情况下对宗教的特殊需求,他们不太注意妇女的种种精神苦闷,因此他们把妇女投身于宗教活动的行为只简单地归结为肉体的欲望,忽视了她们的精神渴望”⑦。

“浔镇尼庵,殿供佛像,其卧房则装饰华美,恣人冶游,虽无弹唱之声,而一班雏尼工于狐媚,几同于勾栏,实为风俗人心之害。咸丰间,大先伯曾与先君拟公禀府邑尊,留其老者,嫁其少者,而以其地充公,留一

---

① 《孟子·离娄上》。

② 《鹿洲全集·女学》。

③ 乾隆《长兴县志》卷十《风俗》。

④ 崇祯《乌程县志》卷四《时序》。

⑤ 民国《德清县新志》卷二《舆地志·风俗》。

⑥ 民国《双林镇志》卷三十二《纪略》。

⑦ 赵世瑜:《狂欢与日常——明清以来的庙会与民间社会》,生活·读书·新知三联书店2002年版,第296页。

二处为老尼清修之地，不准再招幼尼。会逢粤匪之难，事遂中止。今后如有人能行之者，造福乡里匪浅。”[①]对男女混杂的恐惧，进而衍生为对宗教从业者“恶行”的担忧。明清以来，僧道阶层也在发生变化。上层僧道持有官方度牒，住在官方注册过的大寺院道观之中，但大多数所谓“在俗僧道”[②]则四处游荡，形同乞丐，这些僧道的宗教修行也就可想而知：“释道之教，其来已久，或则奉之，或则斥之，要皆一偏之说，不足据也。原立教之意，本与吾道不甚悬绝，逮其流既远，百弊丛生，不特为妖为妄者，不可胜计。甚全力背其师说，即为彼教中所不容不诛者，比比而是，固未可以尽信矣。”[③]

上层社会认为，旧时妇女在民间信仰活动中频繁与男性宗教从业者交往，会败坏妇女的名节，有伤风化。“人们认为，妇女在家念经并不可怕，可怕的是会被尼姑引诱出外，与和尚等男性混杂在一起，造成丑闻。”[④]《大明会典》也说：“有无知愚民，妄称道人，一概蛊惑。男女杂处无别，败坏风化。”[⑤]妇女在参与民间信仰具体实践过程中，必然会与很多下层僧道、尼姑打交道。对此，士绅们是竭力指责的：“湖俗信鬼神，好淫祀。每至春间，妇女无论老幼，俱艳妆入庙烧香，当事非不禁，此风竟不能止，皆由尼姑以轮回因果之说蛊惑，妇女日浸日渍，遂引诱出外，名为念佛听经受戒斋僧，布施其间。白雀、道场二处香火尤盛，画船箫鼓，士女杂遝。”[⑥]“俗多尚鬼，病不尚医药，稍愈则曰‘神力’。近来村庄流俗，以佛经插入劝世文俗语，什伍群集相倡和，名曰‘宣卷’，盖白莲之余习也，村妪更相为主，多为黠僧所诱，虽丈夫亦堕入其术中，大为善俗之累，当道宜严禁之”[⑦]；“浔人每至新正，妇女不分老幼，俱艳妆入庙、烧

---

① 民国《南浔志》卷三十三《风俗》。

② 关于明清时期普通僧道的生活状况及社会地位，可参见[美]孔飞力：《叫魂：1768年中国妖术大恐慌》，陈兼、刘昶译，上海三联书店2012年版。

③ 《阅世编》卷五《释道》。

④ 赵世瑜：《狂欢与日常——明清以来的庙会与民间社会》，生活·读书·新知三联书店2002年版，第268页。

⑤ 《大明会典》卷一百四《僧道》。

⑥ 乾隆《湖州府志》卷三十九《风俗》。

⑦ 同治《湖州府志》卷二十九《舆地略·风俗》。

香、念佛、酬愿，皆因僧尼以轮回因果之说蛊惑如是"①；"浔人重释，妇女烧香入庙，自昔已然，近时更甚。从前老妇及中年妇人居多，今则少年妇女不满三旬，均艳妆拜佛诵经，甚有皈依僧侣为师而自居弟子之列者，又有带发修行集资建造庵堂居住者。佛友往来甚伙，有闺女不愿受聘愿居庵堂，父母不能禁，是僧尼而外又开一法门也。且西洋天主、耶稣两教近颇盛行，到处开堂招人入教。吾镇教堂已设数年，无知男女之入教者亦复不少，是尤人心风俗之忧也。"②

除僧道、尼姑外，社会"大传统"对民间信仰从业者也深恶痛绝："迷信惑人，女巫最烈，彼盖假托淫昏之鬼，胡言乱道，愚者信以为真，且嘱病者忌医药，诳保许（谓可保许其无碍也）。愈则诩其功，死则诿为命。每见十有九死者，可哀亦可恨矣。"③现实中也确有民间信仰从业者"恶行"的发生：

安吉县村落间有孕妇，日馌其夫于田间，每取道自丛祠之侧以往。祠前有野人，以卜为业。日见其往，因扣之，情寖洽。一日，妇过之，卜者招之曰："今日做馄饨，可来共食。"妇人就之，同入庙中一僻静处，笑曰："汝腹甚大，必双生子也。"妇曰："汝何从知之？"曰："可伸舌出看，可验男女。"妇即吐舌，其人以物钩之，遂不可作声。遂刳其腹，果有孪子，因分其尸，烹以祀神。且以孪子炙作腊，为鸣童预报之神。至晚，妇家寻觅不归，偶有村翁云："其每日与卜者有往来之迹。"疑其为奸，遂入庙捕之，悉得其尸，并获其人，解县正罪。至元三十年(1293)壬辰之冬事。④

"不知鬼神之有无，乃心理之作用，此可以语上而不可以语下也。惟中国向迷信多神，一似动植飞潜之类，均能作祟于人间（有牛鬼、蛇神、花妖、木魅等名），以为天不能诛，人不能杀，惟有敬之而已。数千年迷信祸害甚于水火，何造化之不仁耶？传云：将兴事于民，将亡事于神，人定胜

---

① 同治《南浔镇志》卷二十三《风俗》。

② 民国《南浔志》卷三十三《风俗》引《见闻偶记》。

③ 民国《德清县新志》卷二《舆地志·风俗》。

④ 乾隆《湖州府志》卷五十《旧闻》引《癸辛杂识》。

天，亦可以知所返矣。辟而辟之，于以正清俗也。”[①]除了类似的呼吁外，各级地方官员禁止妇女参与民间信仰活动的作为也经常见诸史籍：“（长兴）县西有东岳庙，三月廿八日系帝诞日，县中妇女先晚入庙烧香，夜即于庙内外席地而坐，守至天明，不令瞌睡，次早方散，名曰‘宿山’，以祈育蚕种田丰收。男女杂众，不下万余人，其间窥探、争闹、饮酒、逞凶靡所不至。文官率役稽查，武弁援兵防守，长邑陋俗，由来非一日矣。基至莅任，先期出示严禁，妇女犯者，拿夫男枷责。庙僧容留，一体坐罪。遍贴城市乡落，届期，妇女仍蹈前弊者竟无一人，阖邑士民以为夙习一旦顿除，咸称快焉”[②]；“蔡召成，字义昭，号亦庄，前清优行廪贡生。……还双林，居乡不甘苟同，凡遇事之利害关系巨者，如寺僧之招致妇女诵经忏，日夕斋宿……皆为达于有司而以次禁革湔除。”[③]

明清以来的官方禁例往往是禁而不止：“（二月）十九日，观音大士诞辰，士女竞会佛殿烧香，城中慈感寺尤盛，太守陈幼学力行禁止”[④]，“封其门，至亲临其地镇之，此风稍息。今复如故”[⑤]；“春社、清明，妇女入庙烧香者络绎。前令桂公禁之，已息数年，今愈炽矣”[⑥]；“我里向来秋戏，南北四社每秋两本，曰‘太平戏’，相沿成例。其余则重修殿宇，神佛开光，谢土酬愿，间或有之。道、咸时，有奸滑豪民，于蚕事毕后，搭台演戏，勾引赌博，摇弄钱财。甚至于乡僻处演花鼓戏，旁列看台，男女杂坐，累月而止。当道不为严禁，绅士亦不为举发，听其自然而已”[⑦]。这种戏剧性的循环，似乎暗合“文化迫力”的本质。所谓“文化迫力”，是指人类为满足物质和精神生活的需要而创造文化并维系文化的压力。人类在社会群体生活中生存和繁衍，必须有维系群体生活所需要的各种制度，也需要实施这些制度的文化手段，还需要更多的文化条件，这就是文化迫力。这种文化迫力是必需和必要的。但是人既具有社会性，又具有生物性本能，因此文化迫力

① 民国《德清县新志》卷二《舆地志·风俗》。

② 乾隆《长兴县志》卷十《风俗》。

③ 民国《双林镇志》卷二十《人物》。

④ 崇祯《乌程县志》卷四《时序》。

⑤ 乾隆《乌程县志》卷十三《风俗》。

⑥ 乾隆《武康县志》卷三《风俗志》。

⑦ 同治《晟舍镇志》卷二《风俗》。

本身是对人本能的压迫与束缚。它使人的本能在文化的框架中受到压制,在制度、规范、礼仪、价值体系中被紧紧束缚。文化系统这种源于自身的压力和束缚必然会造成人的社会性和自然性的冲突。刘守华认为节日恰恰是文化对源于自身的压力和束缚的排泄和解压手段,其本身即是文化迫力的结果。从发生学的角度,文化发展的迫力无疑是民间信仰产生的诱因之一。[①]

① 刘守华:《文化学通论》,高等教育出版社 1992 年版,第 215—216 页。

第六章　区域社会视野下的"公共知识"探究

在我们的认识视界里，人类社会的存在不仅是一个抽象的理论范畴，而且是一个具体的、历史的、民族的实体形式。人类社会延续和发展的过程应当是人类生存知识、经验与技能的普遍性和特殊性的有机统一。对于一个具体的人类族群共同体来说，寻求和选择存续和发展的途径固然需要选用外来的普同性的科学知识，但是同样需要挖掘、整理和利用本土性的"公共知识"。作为文化的一个重要组成部分，类似民间信仰式的"公共知识"对于各个区域性民族（族群）来说，其存续的基本的价值就是维系当地民族人群的历史记忆。历史记忆既传承了历史延续性，又包含了被阐释的历史意义性，因而成为族群认同建构的有效方式，这也是人类学基于过去"真实"而建构当下"事实"的工作范式。作为族群历史记忆的民间信仰，在人类学视野中固然要追问过去的"事实"存在，但更应该关注当下人对"过去事实"的理解与阐释。如果把"公共知识"的存续理解为一个民族（族群）认同的文化与历史的建构过程，其实质就是对这个民族（族群）历史记忆的本土性叙述。在可以认识和理解的基础上，一切文化存续和表达的根本理由，就在于这种文化能够进行历史叙述。建构"公共知识"的本土性历史记忆及其跨文化理解，是其存续和表达的关键，而这种"建构"的基本要求是"公共知识"的历史叙述。通过前文的叙述，笔者一直在力图还原和描述湖州民间信仰的历史图像和实存状态，并探究这种作为"公共知识"的区域性民间信仰与江南地域之间的内在关联。事实上，几乎所有"公共知识"的研究背后，都隐藏着一种探寻普遍意义的"宏大叙事"目的：事实上，任何"公共知识"都不可能是脱离整体的一种绝对意义上的"地域特殊"。因此，对于湖州民间信仰历史镜像与实存状态的描述，应当始终被放置于江南民间信仰传承及其变迁的整体背景之中。与此同时，在描绘民间信仰湖州镜像的基础上,我们又应进一步探究从这种地方性的"公共"知识扩展到普适型江南民间信仰"全息镜像"的可能性前景及其限度。

一、"文化叙事学"激活下的"公共知识"

在国际叙事学界,早在 20 世纪 80 年代,就已有学者做了将叙事学与文化研究结合起来的尝试。此后,又有学者进一步明确地提出了"文化叙事学"的构想。英国学者马克·柯里在其《后现代叙事理论》一书中明确提出:"我想有两种观点能赋予文化叙事学的想法以意义。第一个观点是,叙事在当今世界中无所不在,普遍至极,以至于在考虑意识形态和文化形式的问题时不可能不碰到它。第二个观点是,文化不仅包括了叙事作品,而且由叙事所包含,因为文化的概念——不管就其一般性还是特殊性来说——就是一种叙事。"[①]在笔者看来,文化叙事学是基于某一特定的文化语境,梳理特定社会共同体或文化社群的生活经验及其观念的生成与演变脉络,基于特殊地域文化传统及其具体语境所创立的一种叙事方式。运用这一方法,我们无疑可以基于旧时尤其是明清至民国时期湖州民间信仰的流变向度及其历史演进脉络,探究一种"区域性(地方性)的公共知识"的生成、演化和特征。

从认知过程来看,"公共知识"具有稳定适应性和族群认同性。旧时的湖州,自然与江南乃至全国其他区域一样,处于中央王权的统一支配下,国家的政策、理念在区域社会中的作用无疑会映射到民间信仰的问题上。一般而言,国家对地方民间信仰的态度主要分为两类:其一是怀柔式的"神道设教",其二是激进式的"禁毁淫祠"。正如前文提到的,"神道设教"是湖州民间信仰的地域特色之一。"阴阳表里以为守"对当时大多数的湖州地方官员来说,并不是一句虚言。只要看看他们一年之中有多少天是拈香礼拜于神灵之前就可以明了这一点。同时,地方官员还力图将那些有影响的土著神祇纳入国家祭祀的行列,通过改造以为己用;既然神力无远而弗届,那么与他们合力管理地方自然也是可能的。"禁毁淫祠"虽然在湖州地方志中着墨不多,但却记录了当时的地方官员、士绅对待庙

① [英]马克·柯里:《后现代叙事理论》,宁一中译,北京大学出版社 2003 年版,第 106 页。

会尤其是妇女参与庙会活动的“精英”态度和“底层”实践。

从认知生成来看,“公共知识”是感性知识。“公共知识”是民众在文化适应实践中直接形成和积累的经验与技能,是直接地感知自然界和社会的经验和习惯,是经验知识,而非抽象化后基于概念生成的理论知识。在作为一种资源为政治所操弄的同时,从文化观念的角度看,民间信仰在传统中国社会的存在又必然要面对儒家学说的质询。对旧时湖州熟读诗书的地方“精英”如官员、士绅来说,在观念上,他们无疑应该对儒家经典的内容了然于胸,但是作为个体,他们对各式神祇的功利性期许却又丝毫不亚于普通民众,在面对神祇时根深蒂固的“自然主义倾向”亦并无二致。尤其是对于旧时湖州的地方“精英”而言,个中上焉者希图以神祇化育民众,实践礼制;下焉者则以此为谋利之一端,礼义原则荡然无存,信与不信全系乎“利”字。

从认知的时间和空间来看,公共知识具有历史性和专属性。“公共知识”是“传统”知识,是一代代先民们的文化适应的经验结晶,是代代相传的认知过程,是“活着”的经验与认知。历史性是“公共知识”持续不衰的生命力的表现。同时,“公共知识”具有与生俱来的空间适用的专属性,是一种“当地”知识,其价值取向是直接服务于“当地”民众的生存需要和精神慰藉。旧时尤其是明清时期,湖州的民间信仰置身于明代晚期以来江南经济成长的进程之中。经济变迁与民间信仰的发展亦有着相互的引导或制约的作用,民间信仰是南浔镇及其他市镇兴起的途径之一,所谓“有庙必有镇,有镇必有庙”,而市镇经济的兴衰变迁又会引起民间信仰形态尤其是迎神赛会形态与内容的变化,这正是湖州民间信仰中尤其引人注目的地方。

二、一个无法克隆的“地域特殊”

在前文中,伴随着本书的叙述所展现出的逻辑思路,一个以不断呈现“地域特殊”式民间信仰从而建构起来的“公共知识”框架逐渐显现。湖州特殊的地理位置和自然条件,产生了传统农耕时代特殊的生产和生活方式。作为湖州地域文化母体的吴文化或江南文化,也因此具备了自身的特殊性。湖州的民间信仰,正是在这种特殊的生产、生活方式和特殊的地域文化背景中形成的。在为数众多的江南地域文化研究中,湖州是较为特殊的一个坐标点。从横向来说,湖州与杭州、嘉兴、苏州、松江等一样,拥有其他地域难以企及的丰厚资源,制度、习俗、经济、科技、艺术、文献、器物、建筑等各种元素的极大丰富,让它能够包含人类学、历史学、经济学、社会学、文学等多重语义空间,拥有更为开阔的学术视野和更为丰富的研究手段;从纵向而言,"数千年中国文明模铸了中国人的共性与同一性,同时,文明的演进又不断融入地域的、个性化的色彩,于是,中国人又有许许多多的地域国民性"[①]。湖州在漫长的吴文化或江南文化发展长河中已经成长为一种重要的精神符号,提到江南的民间信仰,就意味着"好淫祀,信巫鬼"这一普遍性经验。

首先,一种"公共知识"的湖州民间信仰,就是将民间信仰视为一种在区域民族(族群)发展史上代代相传,并且使人们得以沟通、绵延、传续的符号体系,这种纵向视野既能够顾及湖州民间信仰发展的自身延续性,即"公共知识"所具有的历史传承性,又能够通过"深描"捕捉到它形成的"具体情境",尤其是进入到 20 世纪现代社会之后,"民俗知识"重塑的语境能够有效地沟通不同时代语境下的民间信仰,既不否认传统"公共知识"的影响力,也能够关注现代"公共知识"是如何形成的,这样在面对新中国成立以后湖州乃至整个江南民间信仰非物质遗产化、民俗化进程中的文本和文化行为时,就能够以一种可持续发展的眼光去探究其背后丰富的文化脉络。同时,从横向来看,湖州的民间信仰是在神圣与凡俗之间有规律地交替的,各种祭祀、迎神、演戏等信仰活动经常性地出现于日常生活之中。民间信仰活动的目的是娱神,更为娱人,民间信仰的真谛就是具有功利性的狂欢活动。其独特之处在于对具有地域特色的土著神祇(如庞杂的蚕神谱系)的信仰,以及众多信仰神灵的儒化(即生前的"义行")形象,包括风俗、宗教、法律、艺术、道德等民间信仰内蕴的文化符号之间又能形成一个彼此联系的有机整体,这也正契合了湖州固有的丰富文化资源,有助于扩大江南民间信仰研究的背景。

其次,"公共知识"视野中的湖州民间信仰灵验故事、神话传说、碑记文献,可以视为"公共知识"的文本性符号,是"公共知识"深远影响力的外化。在谈及作为一种文化体系的"艺术"时,吉尔兹指出:"在任何社会里,

---

① 倪建中、辛向阳主编:《人文中国:中国的南北情貌与人文精神》,中国社会出版社 1996 年版,第 76 页。

艺术的定义，更不可能全然纯属美学范畴……艺术用什么样的形式，以及何种可以导致技巧的结果来表现；怎样把它融入其他社会化的活动的模式，如何使之和一些特定的生活范式的前后关联协调导入。而且，这种赋予艺术客体以文化性的导入，总是一种地域性的课题。”①在运用“深描法”对作为“公共知识”范畴的灵验故事、神话传说、碑记文献等进行分析时，一方面要对符号细节和文化行为进行微观式的“细读”，另一方面更要求研究者“以一种参与式的理解态度去面对这些符号细节和文化行为”，即以近似于“文化持有者”（也即作者本人）的眼光深入其中去探究他们的创作，从而摸索出其背后的文化脉络，加深对符号细节和文化行为的理解。最为典型的就是防风口承神话传说的发现，不仅与典籍记载相印证，在总体上扩大了防风神话的容量、增加了防风神话的深度，有利于对防风神话的原生态的探索与重构，而且对大禹治水、华夏与百越民族的战争与融合等夏朝前期的历史及江南稻作文化的研究等也是大有裨益的。

再次，作为一种“公共知识”的湖州民间信仰，其是建立在反思以一体化、全球化为表征的现代性神话的基础之上的，因此它可以在全球化语境愈演愈烈的情境下，以一种地方经验参与到当下的“非物质文化遗产化”的进程之中。毋庸讳言，民间信仰是中国传统节日形成与传承的重要文化背景，传统民间艺术有相当大一部分也都植根于民间信仰的土壤，或是源于祭祀神灵的仪式，或是古老神话的演绎，或是从祈福驱邪的巫术中脱胎而出，人生礼俗、生产技艺、民间知识等往往也与民间信仰水乳交融在一起②。2009 年 9 月，以环太湖流域地区（包括杭州、嘉兴、湖州和苏州等市）、四川成都的蚕桑生产技术及民俗活动，清水丝绵制作技术，绫绢、杭罗、宋锦、蜀锦、缂丝织造技艺为主要内容的“中国蚕桑丝织技艺”，被联合国教科文组织列入“人类非物质文化遗产代表作名录”，成为中华民族认同的文化标识。湖州地区的绫绢织造技艺、轧蚕花民俗等被纳入世界范围内的“非物质文化遗产”系列，旧时湖州民间蚕神信仰及其衍生意象在江南文化“公共知识”的烛照下无疑显得意义非凡。

---

① ［美］克利福德・吉尔兹：《地方性知识——阐释人类学论文集》，王海龙、张家瑄译，中央编译出版社 2004 年版，第 124—125 页。

② 向柏松：《民间信仰与非物质文化遗产保护》，《中南民族大学学报》（人文社会科学版）2006 年第 5 期。

参考文献

[1] 施爱东. 走向新范式的中国民俗学[M]. 北京:中国社会科学出版社,2015.

[2] 徐赣丽. 文化遗产在当代中国——来自田野的民俗学研究[M]. 北京:中国社会科学出版社,2014.

[3] 岳永逸. 行好:乡土的逻辑与庙会[M]. 杭州:浙江大学出版社,2014.

[4] 户晓辉. 民间文学的自由叙事[M]. 北京:社会科学文献出版社,2014.

[5] 王宪昭. 中国神话母题 W 编目[M]. 北京:中国社会科学出版社,2014.

[6] 邓启耀. 我看与他观——在镜像自我与他性间探问[M]. 北京:清华大学出版社,2013.

[7] 翁敏华. 古剧民俗论[M]. 上海:上海古籍出版社,2012.

[8] 向柏松. 传统民间信仰与现代生活[M]. 北京:中国社会科学出版社,2011.

[9] 周星. 乡土生活的逻辑:人类学视野中的民俗研究[M]. 北京:北京大学出版社,2011.

[10] 刘道超. 筑梦民生——中国民间信仰新思维[M]. 北京:人民出版社,2011.

[11] 王健. 利害相关:明清以来江南苏松地区民间信仰研究[M]. 上海:上海人民出版社,2010.

[12] 李向平. 信仰但不认同:当代中国信仰的社会学诠释[M]. 北京:社会科学文献出版社,2010.

[13] 岳永逸. 灵验·磕头·传说:民众信仰的阴面与阳面[M]. 北京:生活·读书·新知三联书店,2010.

[14] 陈国灿. 中国古代江南城市化研究[M]. 北京:人民出版社,2010.

[15] 高丙中.中国人的生活世界:民俗学的路径[M].北京:北京大学出版社,2010.

[16] 嵇发根.湖州歌[M].北京:中华诗词出版社,2010.

[17] 景秀明.江南城市:文化记忆与审美想象[M].北京:中国社会科学出版社,2009.

[18] 王守恩.诸神与众生:清代、民国山西太谷的民间信仰与乡村社会[M].北京:中国社会科学出版社,2009.

[19] 高丙中.中国民俗概论[M].北京:北京大学出版社,2009.

[20] 色音.宗教民俗学[M].北京:北京师范大学出版社,2009.

[21] 朱海滨.祭祀政策与民间信仰变迁:近世浙江民间信仰研究[M].上海:复旦大学出版社,2008.

[22] 高丙中.民间文化与公民社会:中国现代历程的文化研究[M].北京:北京大学出版社,2008.

[23] 陈华文等.浙江民俗史[M].杭州:杭州出版社,2008.

[24] 叶美芬.南浔古镇史料研究[M].上海:上海远东出版社,2008.

[25] 陈国灿.浙江城镇发展史[M].杭州:杭州出版社,2008.

[26] 叶涛.中国民俗[M].北京:中国社会出版社,2006.

[27] 陈淑君,陈华文.民间丧葬习俗[M].北京:中国社会出版社,2008.

[28] 皮庆生.宋代民众祠神信仰研究[M].上海:上海古籍出版社,2008.

[29] 蒲慕州.追寻一己之福:中国古代的信仰世界[M].上海:上海古籍出版社,2007.

[30] 小田.江南场景:社会史的跨学科对话[M].上海:上海人民出版社,2007.

[31] 徐可.人家都住水云乡:湖州民俗文化研究[M].杭州:杭州出版社,2007.

[32] 彭兆荣.人类学仪式的理论与实践[M].北京:民族出版社,2007.

[33] 何新.诸神的起源[M].北京:北京工业大学出版社,2007.

[34] 费孝通.乡土中国[M].上海:上海人民出版社,2007.

[35] 陈江.明代中后期的江南社会与社会生活[M].上海:上海社会科学院出版社,2006.

[36] 常建华.清代的国家与社会研究[M].北京:人民出版社,2006.

[37] 王水.江南民间信仰调查[M].上海:上海文艺出版社,2006.

[38] 王铭铭.社会人类学与中国研究[M].桂林:广西师范大学出版社,2005.

[39] 樊树志.江南市镇:传统的变革[M].上海:复旦大学出版社,2005.

[40] 罗开富.湖州人文甲天下[M].北京:经济日报出版社,2005.

[41] 马西沙.中国民间宗教简史[M].上海:上海人民出版社,2005.

[42] 沈慧.湖州古代史稿[M].北京:方志出版社,2005.

[43] 冯旭文.南浔民俗[M].杭州:浙江摄影出版社,2005.

[44] 徐茂明.江南士绅与江南社会:1368—1911 年[M].北京:商务印书馆,2004.

[45] 梁景之.清代民间宗教与乡土社会[M].北京:社会科学文献出版社,2004.

[46] 赵世瑜.狂欢与日常:明清以来的庙会与民间社会[M].北京:生活·读书·新知三联书店,2002.

[47] 顾希佳.祭坛古歌与中国文化:吴越神歌研究[M].北京:人民出版社,2001.

[48] 余方德.吴越杂识[M].黄山:黄山书社,2001.

[49] 陈华文.文化学概论[M].上海:上海文艺出版社,2001.

[50] 鲍伊.宗教人类学导论[M].金泽,等,译.北京:中国人民大学出版社,2004.

[51] 欧阳习庸,钟伟今.防风氏资料汇编[G].黑龙江:黑龙江人民出版社,2013.

[52] 余方德,嵇发根.湖州掌故集[M].西安:三秦出版社,1997.

[53] 费三多.含山故事民俗集:蚕乡山海经[G].海口:海南国际新闻出版中心,1996.

[54] 姜彬.稻作文化与江南民俗[M].北京:上海文艺出版社,1996.

[55] 钟伟今.防风神话研究[M].合肥:安徽文艺出版社,1996.

[56] 李亦园.人类的视野[M].上海:上海文艺出版社,1997.

[57] 乌丙安.中国民间信仰[M].上海:上海人民出版社,1995.

[58] 吕洪年.江南口碑:从民间文学到民俗文化[M].杭州:杭州大学出版社,1993.

[59] 王克文等.吴兴郡与吴兴大族的文化现象[M].北京:团结出版社,1993.
[60] 姜彬.吴越民间信仰民俗[M].上海:上海文艺出版社,1992.
[61] 顾希佳.东南蚕桑文化[M].北京:中国民间文艺出版社,1991.
[62] 刘桂秋.吴地节日风俗[M].南京:河海大学出版社,1999.
[63] 张国洪.吴地人生礼俗[M].南京:河海大学出版社,1999.